# 力耕勤读

杨凌职业技术学院『优质校』『双高校』建设案例

王周锁 等著

西北大学出版社
·西安·

**图书在版编目(CIP)数据**

力耕勤读:杨凌职业技术学院"优质校""双高校"建设案例/王周锁等著. —西安:西北大学出版社,2023.11
ISBN 978-7-5604-5282-1

Ⅰ.①力… Ⅱ.①王… Ⅲ.①杨凌职业技术学院—教育建设—案例 Ⅳ.①G719.2

中国国家版本馆CIP数据核字(2023)第236633号

**力耕勤读:杨凌职业技术学院"优质校""双高校"建设案例**
LIGENGQINDU: YANGLING ZHIYE JISHU XUEYUAN "YOUZHIXIAO" "SHUANGGAOXIAO" JIANSHE ANLI

王周锁 等著

出版发行　西北大学出版社
(西北大学校内　邮编:710069　电话:029-88303042 88303593)
http://nwupress.nwu.edu.cn　E-mail:xdpress@nwu.edu.cn

| 经　销 | 全国新华书店 |
|---|---|
| 印　刷 | 西安华新彩印有限责任公司 |
| 开　本 | 787毫米×1092毫米　1/16 |
| 印　张 | 20.5 |
| 版　次 | 2023年11月第1版 |
| 印　次 | 2023年11月第1次印刷 |
| 字　数 | 364千字 |
| 书　号 | ISBN 978-7-5604-5282-1 |
| 定　价 | 49.00元 |

本版图书如有印装质量问题,请拨打电话029-88302966予以调换。

# 序　言

教育是国之大计、党之大计。职业教育是国民教育体系和人力资源开发的重要组成部分，肩负着培养多样化人才、传承技术技能、促进就业创业的重要职责，是实现高质量发展和中国式现代化的重要基础。党的十八大以来，习近平总书记多次对职业教育做出重要指示并强调，在全面建设社会主义现代化国家新征程中，职业教育前途广阔、大有可为。国家先后出台了《关于加快发展现代职业教育的决定》《高等职业教育创新发展行动计划（2015—2018年）》《国家职业教育改革实施方案》《职业教育提质培优行动计划（2020—2023年）》《关于推动现代职业教育高质量发展的意见》《关于加快推进现代职业教育体系建设改革重点任务的通知》，修订了《中华人民共和国职业教育法》等一系列支持职业教育发展的政策法规，启动实施了职业教育优质校建设、中国特色高水平高职院校和专业（群）建设等一系列重大行动计划，有效地推动了职业教育迈上新台阶，实现新跨越。

杨凌职业技术学院地处全国首个国家级农业高新技术产业示范区——杨凌。作为一所因农而生、因农而兴的高职院校，杨凌职业技术学院在90年筚路蓝缕的办学历程中，以立德树人为根本、以强农兴农为己任，积淀形成了"经国本、解民生、尚科学"的办学理念和"明德强能，言物行恒"的校训，确立了"以农为本，扎根陕西，服务西部，面向全国，走向世界"的办学定位和"德技并修、全面可持续发展"的育人理念，所培养的25万余名毕业生一代一代接续奋战在祖国的大地上，为国家粮食安全、生态文明、农业发展、水利发展、人类健康辛勤耕耘，默默奉献。

"十三五"以来，杨凌职业技术学院以习近平新时代中国特色社会主义思想为指导，及时抓住职业教育改革发展的历史机遇，将自身发展与国家发展相契合，将办学改革与职教规律相融合，守正创新、大胆改革，锐意进取、力耕勤读，成功入选国家优质院校建设、中国特色高水平高职院校建设单位（简称"双高校"）。为了及时总结反映学校"优质校""双高校"建设过程中形成的新成果、新见解、新经验、新做法，为学校办学治校、改革发展提供决策依据，也为兄弟院校、政府主管部门提供借鉴参考，我们梳理修订了一批具有引领、带动、支撑作用的杨凌职业技术学院教育教学典型案例成果，编著成书以供学习交流。案例分为党建思政类、人才培养类、专业建设类、产教融合（校企合作）类、科研社会服务类、内部治理类、校园文化类、国际交流类八个板块，在整体上展现了新时代杨凌职业技术学院"优质校""双高校"建设的"全景图像"与"立体景观"，体现了新征程"杨职人"艰辛求索、锐意革新的"奋进强音"与"铿锵步履"。

本书是全校师生集体智慧的结晶，各二级学院和部门做了大量工作，在梳理和修编的过程中，党养性、祝战斌、张朝晖、郑爱泉、刘新燕、郑伟、张宏辉、拜存有等同志做出了较大贡献，在此表示感谢！

万里征程风正劲，千钧重任再扬帆。当前，"杨职人"正在锚定"中国特色 世界一流"职业大学的宏伟目标，举校一致、勠力同心，以高质量发展助力教育强国建设，为中国式现代化建设贡献杨职力量！

# 目　录

## 党建思政类

六统筹　六强化　推进从严治党纵深发展 ················································· 2

党建业务双融双促　打造全国样板支部
　　——动物医学党支部党建品牌创建经验 ············································· 5

"三着力、三关键、三举措"促进新时代高校党建工作固本提质 ············· 10

思政小课堂融入乡村大课堂　构建思政教育大格局 ································· 13

创新实施"正禾"育人工程　构建"三全二元一心"特色育人模式 ··········· 16

"党建+三金"协同育人　提升学生职业综合素养 ··································· 19

以微见著、传承经典、守正创新
　　——"动物微生物"课程思政建设 ····················································· 22

力耕勤读　尚德强能　打造杨职课程思政"耕读教育"品牌 ····················· 26

立足"四高"　提升"四力"　打造科教兴农主阵地 ···································· 29

激发"红色引擎"　助力乡村全面振兴 ···················································· 32

"一主两体七着力"　夯基增优聚合力 ····················································· 35

以文化人　构筑"红金绿"交融育人的大思政课 ······································ 40

## 人才培养类

以标准为主线的"1+8"人才培养体系构建 ·············································· 44

德技并修的"四位一体"人才培养课程体系的设计与实践 ························ 47

注重通识教育　助力学生全面持续发展 ·················································· 50

让劳动成为职业教育鲜亮底色 ································································ 55

涉农高职院校高素质农民（村干部）学历教育"334"培养模式 ……… 58

"订单式"培养为三江源提供水利人才支持 ……… 61

电子商务专业"训、赛、创、服"四位一体实践教学模式创新 ……… 63

打造"杨职金课" 深化"三教"改革 推进课堂革命 ……… 68

构建中、高、本衔接"立交桥" 畅通分阶段多元化人才培养途径 ……… 73

搭建"教授/博士＋高职生"工作室 培养技术技能人才 ……… 76

八协同 四结合 建成"五位一体"实践教学基地 ……… 79

三阶六化四保障 服务大学生创新创业 ……… 82

构建"三四五"大赛训练模式 培育技能拔尖人才 ……… 85

"四对接、五融通、六维度"培养ICT高素质技术技能人才 ……… 88

构建模块化特色精品课程 推动水利工程专业群高质量发展 ……… 91

畜牧兽医专业对口援藏"1＋1＋1"人才培养模式 ……… 94

## ▎专业建设类 ▎

建体系 整资源 创路径 打造旱区大农业专业集群 ……… 100

顺应产业发展 规范专业建设 打造农业生物技术专业教学新标准 ……… 103

涉农质检类专业岗课赛证"四对接、五融通"人才培养体系 ……… 105

标准相融、模块相通、育训一体 推进"1＋X"有效衔接 ……… 109

创新"说专业"机制 推动专业高质量发展 ……… 113

水利工程专业群"五对接、六融合、多方向、组合式"人才培养模式 ……… 116

电子商务专业群"双线双主体、三阶五融合"人才培养模式 ……… 121

计算机应用技术专业群"双主体、四递进、五融通"人才培养模式 ……… 126

药品生产技术专业群"三阶四岗五融合"人才培养模式 ……… 132

畜牧兽医专业群"EPI"人才培养模式 ……… 136

道路与桥梁工程技术专业群"双主体、六育化、四阶段、三融合"人才培养模式 ……… 143

园林工程技术专业群"双主体、四阶段、六对接"人才培养模式 ……… 148

旅游管理专业群"导师制"（2323）人才培养模式 ……… 152

建筑工程技术专业群"双主体、情境化、模块式"人才培养模式……156

## 产教融合（校企合作）类

校企共建水利"云大脑" 产教融合赋能专业"三提升"……162
"四方"联建中水学院 产业搭桥共谋发展……164
打造校企命运共同体 产教共育现代畜牧人才……166
双向嵌入八对接 产教融合共育智慧园艺专业人才……170
产教对接筑基 引推联动施策 打造职业教育高质量就业样板……172
校企深度融合 构建现代学徒制人才培养模式新路径……175
工学交替 三阶递进 课岗对接 校企共育"宠医菁英"……178
测绘地理信息类专业"四方共建、六位一体"产教融合实训基地……182
"一园多企、四岗轮训"校企协同育人 培养现代药品制造业高素质技能人才……186
校企深度合作 共育工程造价拔尖技能人才……189
依托行业龙头 加大校企合作力度 助推产教深度融合……192
坚持问题导向 共建机电类校外产教融合实训基地……195
以现代学徒制提升摄影测量与遥感技术专业实践教学水平……198
与国家级农业示范区"四维四化"产教融合育人模式创新与实践……201

## 科研社会服务类

"一体两翼"聚力打造知农爱农新型人才队伍……206
培育旱区小麦新品系 服务国家粮食安全……210
攻克草莓生产"卡脖子"关键技术 激活草莓产业发展新动能……212
构建"三果一菌一蜂"新品种研发推广体系……214
紧贴需求 精准培训 助力农产品质量安全监管……217
首席引领 专家支撑 "小蜜蜂"带动"大产业"……219
深耕山茱萸种业创新 激活秦巴山区"芯"动能……221

三大技术助力土壤改良　新型产品赋能绿色发展……223
教授进村　技术上门　百团下乡支农"问诊"……225
渭北旱塬农业技术集成推广模式……229
聚焦羊肚菌种植技术　为农户撑起"致富伞"……231
基于渭北生态农业建设的农技推广"金桥模式"……234
夯基垒台聚力科技创新　提升服务农业产业效能……237
校企协同　"五联一抓"　打造乡村振兴全国样板……240
"五共一建"赋能乡村振兴　校政行企携手再开新局……242

## 内部治理类

五线并行　全面建设　典型引领　推进信息技术与教育教学融合创新……246
"讲学做评"联动　构建常态化师德水平提升体系……248
"放管服"激活力　教育评价促改革　全面推进学校治理水平……250
构建"引培激评服"新机制　着力打造高水平教师队伍……253
双向绩效考核"指挥棒"跑出专业群高质量发展"加速度"……257
深化教育教学改革　打造高水平职业院校教师教学创新团队……261
智能财务：让数据活起来　让师生更便捷……264
围绕"三关键"　用好"三杠杆"　激发学校改革创新高质量发展的内生动力……267
"四聚焦""四注重"扎实推进教师评价改革……272

## 校园文化类

开展经典晨读活动　提升学生文化素养……276
挖掘后稷文化　传承千年文脉　构建新时代耕读教育范式……279
弘扬匠心文化　传承木雕技艺
　　——生态环境工程学院吴文军技能大师工作室建设案例……283
以二十四节气为载体　创新农耕文化传承教育……286

"秦人治水"文化在西部旱区水利人才培养中的深度实践 …………………… 289

"大师+教师+学生"师徒三方联动 共筑水利匠心 …………………………… 292

## | 国际交流类 |

抢抓上合新机遇 播撒职教金种子
——中国—哈萨克斯坦农业创新园建设 ………………………………… 296

办分校 设中心 建基地 助推职业教育走出国门 …………………………… 298

开创中乌教育合作新模式 为旱区农业发展提供中国方案 ………………… 300

推广高水平专业标准 培养海外本土化水利人才 …………………………… 302

发挥教育培训优势 服务"走出去"企业 ……………………………………… 304

探索四方合作新机制 打造"一带一路"职教发展共同体 …………………… 306

企校定制国际班 为"走出去"企业精准培养人才 …………………………… 309

创新来华留学生教学模式 培养中国技术标准的国际人才 ………………… 311

依托上合农业基地 加强技术技能分享 ……………………………………… 313

以订单模式培养国际游轮复合技能人才 ……………………………………… 315

# 党建思政类

  高校在育人工作中应始终坚持党的领导，全面贯彻党的教育方针，不断强化党建工作，为高校优化发展筑牢根基，确保高校教育教学改革工作始终沿着正确方向开展。思政教育是高校落实立德树人根本任务的关键。习近平总书记指出，要坚持把立德树人作为中心环节，把思想政治工作贯穿教育教学全过程，实现全程育人、全方位育人，努力开创我国高等教育事业发展新局面。高校应充分发挥党建引领作用，坚持立德树人，贯彻把思想政治工作贯穿教育教学全过程要求，促进大学生素质能力整体提升，为党和人民事业培养出更多高素质人才。

# 六统筹 六强化 推进从严治党纵深发展

杨凌职业技术学院坚持以习近平新时代中国特色社会主义思想为指导，全面学习贯彻党的二十大精神，以立德树人为根本、以强农兴农为己任，紧扣"强基础、深改革、促提升"的工作总基调，念好"统、融、严"三字诀，坚持以政治建设为统领，以基层组织全面过硬为基石，以创先争优树标杆为驱动，以"一融双高"促发展为重点，以深化"党建+X"工作机制为引领，全面推动各项事业高质量发展。

## 一、经验做法

### （一）统筹学习践行，强化政治建设

坚持党委领导下的校长负责制，突出政治首位，落实常态化常效化学习制度。创新党委中心组板块化、开放式研学结合的学习方式，坚持处级干部专题化、班组式交流学习读书班教育培训。按照"五个一"抓好师生政治理论学习。以"坚持六新发展方略，打造农业职教新高地"为支撑，提出"七个结合""六个强化"，通过多种形式推动学习贯彻党的二十大精神。

### （二）统筹夯基提质，强化组织建设

针对基层党建"上热中温下凉"现象，提出"上层保温、中层增温、底层加热"工作要求，加强指导，精准施策，标杆引领，夯基础、强规范、提质量。坚持将"十四五"党建规划与"双高"任务同步策划，逐项细化，统筹推进。全面贯彻《基层组织条例》，印发《党总支工作手册》《党支部工作手册》，实行表格化、台账式、挂图对标性业务指导。修订《基层党组织党建工作考核办法》，突出量化考核和绩效评价。建立国、省、校三级党建标杆体系，在建国、省级双创项目5个，建成省级项目2个，建成五星级支部9个、"双带头人"4个，在研党建课题61个。二级学院党政负责人实现交叉任职，"双带头人"支部书记100%全覆盖，专职组织员队伍、辅导员队伍、思政教师队伍选配到位。

## （三）统筹田间课堂，强化思政成效

深化耕读教育，将思政课搬进田间地头，打造鲜活生动、灵活高效的乡村振兴思政大课堂（图1）。聚焦提高思政课入脑入心，创新实施"正禾"育人工程，通过60项必选活动和认领活动，促进思政教育与教学要点、专业特色深度融合。每年暑期组织师生开展"三下乡"文明实践活动，学生学农爱农为农积极性普遍提高。

## （四）统筹产教融合，强化党建引领

以"党建+X"工作机制创新为抓手，以"不忘初心，树立公心，铸就匠心，实干用心"铸魂引领，推动党建与教学、教改、大赛、人才培养、科技服务等深度融合，全面发力。构建"党建+学生公寓'三全'育人""党建+学生'四自'育人""党建+经典校园行"等14个体现抓党建促融合发展，彰显分院鲜明特色的党建品牌。党建引领"五联一抓""五共一建"促乡村振兴工作机制创新成为新的亮点。"德技并修、五育并举"在校园落地，"耕读"教育体系、"后稷"文化品牌和劳动教育成效显著。

图1　校领导班子成员调研小麦长势情况

### （五）统筹疫情安全，强化组织功能

各级党组织和广大党员干部坚持党委统一领导，坚持抗疫情、促发展、保安全统筹兼顾，全面抓实。四级疫情防控责任网格体系完善，运行有力。坚持院领导住校带班带头包片，全体干部下沉一线、专班住校办公，各级组织和党员织密疫情防护责任网，舍小家保大家，确保校园平稳有序。

### （六）统筹标本兼治，强化党风作风

制定加强对"一把手"和领导班子监督意见的任务落实台账，完成了教育领域突出问题专项整治，启动了校内首轮巡察，推动巡察整改上下贯通。制定《作风建设专项行动方案》，通过"三个一"抓学习、"作风十问"和"四自检"抓对照自查，"四项活动"抓担当作为，"六方面"抓查摆问题，"四重点"开展专项治理。制定实施《清廉高校建设工作方案》，建立廉洁风险责任制，实行四级监督，加强对"关键少数"和关键领域的重点监督。坚持严的主基调，加大执纪问责力度，建立健全《纪委议事规则》《监督工作实施细则》等15项制度，持续强化党风和作风建设。

## 二、主要成效

学校坚持融会贯通学、联系实际学、紧密工作学，将理论武装转化为坚定理想、锤炼党性的强大力量和指导实践，推动工作的实招硬招，全面引导广大党员、干部、师生深刻领悟"两个确立"的决定性意义，不断增强"四个意识"、坚定"四个自信"、做到"两个维护"。

通过夯实党性根基，永葆共产党人的政治本色，不断增强自我净化、自我完善、自我革新、自我提高能力；强化实干担当，营造干事创业的浓厚氛围，严负其责、严管所辖，攻坚克难、创新突破，以干在实处推动走在前列，以作风持续改善推动党风政风全面提升。"正禾"育人工程入选陕西高校"大思政课"建设"一校一品"创建项目、全国职业院校文化素质教育工作案例。学校共主持教育部、陕西省思政类项目16项，获陕西省高校思政教育研究成果奖3项，国家"双高"建设学校课程思政专项研究课题立项257项；2个教师团队入选首批国家课程思政教学名师团队；马克思主义学院获批省级重点马克思主义学院培育单位；牵头成立陕西省高职院校"大思政课"建设发展协同联盟；学校党委获评全省示范党委。

# 党建业务双融双促 打造全国样板支部
## ——动物医学党支部党建品牌创建经验

动物医学党支部自2012年成立以来，学习贯彻《中国共产党普通高等学校基层组织工作条例》，全面对标全国党建工作样板支部建设标准，贯彻落实党的教育方针，培养合格人才，持续推进党建与业务全方位深度融合，使基层党支部的战斗堡垒作用和党员先锋模范作用得到了充分彰显。

动物医学党支部通过加强支部建设体制机制创新，规范组织民主生活，深化育人模式改革创新，培育重点党建育人品牌，持续推动支部高质量、标准化、示范性发展。支部现有党员58名，其中，硕博士18人，高级职称12人，国家级教学名师1人，省级教学名师1人，校级教学名师3人，省级科技特派员及专业团体骨干7人。支部下设"双带头人"工作室1个、优秀班主任工作室2个、"博士+高职生"工作室3个、党员示范岗4个。支部成功入选第三批"全国党建工作样板支部"培育创建、国家和省级高校黄大年式教师团队。"动物微生物"课程入选国家级职业教育在线精品课程、教育部课程思政示范课。

## 一、经验做法

### （一）加强政治理论学习

**1. 实行"一周一学"培训制度**

实行"一周一学"内涵提升制度，即教职工单周开展政治理论学习，双周进行业务能力培训，分类编印学习资料，开展"全员大学习"活动；学生每周开展政治理论学习和青年大学习。以党支部为单位、以学生党小组为基础，将参加党课培训、党内活动、社会服务、公益活动、专业劳动等培养内容系统化、清单化，责任到支部，任务到党员，提高党员和入党积极分子的培养效果和管理水平。

**2. 加强思想政治教育**

（1）实行"一事一落"传达机制，及时落实上级决议。严格执行上级党组织的安排部署，做到件件有落实，事事有回音，认真贯彻落实党的路线方针政策，及时学习传达上级党组织的决议。

（2）建立"一识一树"宣传机制，扩大感召影响力。通过新媒体公众号、宣讲报告等形式树立榜样；用身边事教育身边人，引导广大师生学习先进、争当先进；开展"百名企业精英、百名优秀毕业生进校园"报告会，扩大典型人典型事的影响力。

## （二）夯实基层党组织建设

**1. 严格落实党内政治生活**

严明"三会一课"、主题党日活动、组织生活会、民主评议党员、党员联系服务群众等组织生活制度，持续开展支部委员系统化教育培训。通过带领党员赴扶眉烈士纪念馆、马栏革命纪念馆、于右任纪念馆等地开展红色基地主题教育活动，以及知识竞赛、红歌颂党、红色观影等主题活动，加强党员的思想教育，丰富党员的精神文化生活，厚植爱国爱党情怀。

**2. 组建党性教育导师团**

聘请张涌院士、郑增忍研究员、马乃祥教授、赵瑜研究员等行业知名专家组成党性教育导师团，定期为师生开展党性教育讲座；成立红歌颂党合唱团，定期为青年师生教唱红色歌曲；成立红色经典读书会，定期组织师生党员（入党积极分子）诵读红色经典；以"提问＋微党课"为抓手，推进党史学习教育往深里走；以党建微信公众号为平台，推进党史学习教育往心里走；以党史线上答题为载体，推进党史学习教育往实里走，深入推进"两学一做"和党史学习教育常态化。

**3. 构建"三级述职考评"机制**

建立支部学生党员向党小组述职、支部教工党员向党支部述职、支部书记向党总支述职的"三级述职考评"机制，推动支部工作精细化，突出实效性。定期专题研究落实党风廉政工作，通过开展典型案例、现场教育、知识问答等多种形式的党风廉政教育，增强党员干部和教职工讲政治、明法纪、守规矩意识。

**4. 建立"五统一"标准，加强过程监督**

支部建立"五统一"（档案盒统一、标签格式统一、封面格式统一、目录格式统一、规整格式统一）的档案资料归档标准，定期检查支部成员日常工作资料归档的完备性和规范性，强化过程性考核。

### （三）创新党建引领育人模式

**1."三级递进"劳动育人**

以学校"正禾"育人工程为抓手，构建"日常劳动—专业技能劳动—企业生产劳动"三级递进式"321"劳动育人模式（3指贯穿三年始终的日常劳动教育；2指从二年级开始融入专业技能劳动教育；1指在三年级一整年融入企业生产劳动教育），将劳动教育与专业技能培养有机结合起来，将劳动精神内涵融入专业技能培养，注重学生精益求精和工匠精神的养成。

**2."一核三芯四要素"社团育人**

以社会主义核心价值观为核心，以"技能竞赛+科研项目+创意实践""思政+专业+企业""理论指导+实践训练+素质拓展""四自管理+过程监督+结果评价"组成不同层次的"三芯"，以社团活动、指导教师团队、培训体系、监督管理机制为四要素，构建以社团良性自治为方向，以专业素养提升为目标，以监督管理为保障的专业型社团育人模式。

**3."五级网格化"管理育人**

按照"划分网格、落实责任、全面覆盖"的原则，以宿舍为单元，按照自上而下和自下而上两条管理路径，抓住安全教育、劳动教育、思想教育三条主线，以夜不归宿检查、应急事件处理、宿舍安全卫生、第二课堂辅导为内容节点，形成网格化、数字化技术管理服务学生，构建起"党总支书记—学工办主任—辅导员（班主任）—学生党员（学生干部）—宿舍舍长"的"五级网格化"育人机制。

**4."党建+"多元育人**

实施了"党建+"学生第二课堂辅导、"三困学生"帮教、"151"育人、我为标本代言、红色文化育人、学生安全管理、就业创业服务、招生宣传等举措。创新建立"151"工作法传承优秀的校风、教风和学风，构建"三查三见"精准帮扶困难学生，与陕西省内12家企业设立企业党建工作示范基地，通过构建校企技术培训和党的建设双重育人平台，制定了相应管理办法，实现育人全覆盖、无死角。

### （四）创新思政教育模式，促进党建与业务深度融合

围绕动物医学和动物药学两个专业的教育教学改革，发挥支部战斗堡垒作用，将

党建思想引领贯穿于教育教学各个领域和环节，融入专业建设、人才培养、课程建设、教材建设、实验实训、教学实施、课堂创新等教学环节，积极动员教研室教师申报教育教学和思政课题，教师团队入选教育部课程思政教学名师和优秀团队。

## 二、主要成效

动物医学党支部始终牢记为党育人、为国育才的初心使命，站稳贴近师生、联系师生的"最后一公里"，在建设全国样板支部的创新发展中取得了显著成效。

### （一）党建育人品牌彰显

党建品牌化创建是激发高校党支部创造力和教师内驱力的重要动力。支部创新构建的"151"党建育人品牌已成为学校党委战略性、系统性"正禾"育人工程的必选活动，经过两年的普及推广和实施，在全校12个党总支所辖55个党支部掀起了"151"传承育人模式学习和实践热潮。近三年，动物医学党支部学生党员及入党积极分子中获技能大赛、"互联网+"创新创业大赛、国家奖学金、省级以上三好学生、优秀学生干部等国家级、省级奖励57人次，参加各类大赛人数及获奖人数逐年增加，学生综合素质明显提升，党建品牌彰显立德树人成效。目前，"151"育人模式已经发展成为学校典型党建品牌，被推荐到陕西省委教育工委。

### （二）课程思政全国示范

依托动物医学党支部组建的以10名党员为骨干的"动物微生物"课程团队，先后入选国家级职业教育在线精品课程和教育部课程思政示范课，代表学校参加2021年全国职业院校农林牧渔大类课程思政集体备课展示。课程教学团队荣获教育部课程思政教学名师、优秀团队、陕西省课程育人"教学能手"等殊荣。3位团队成员荣获全国涉农职业院校教学能力大赛一等奖，课程被评为"匠心杨职"课程思政金牌示范课。该课程被179个单位选用，共计1.97万人在线学习，累计登陆3467万人次，互动4.96万人次，全面发挥了辐射示范效应。依托"动物微生物"课程思政品牌，获批相关教改研究项目6项，其中陕西省教育厅重点项目1项，陕西省职业教育技术学会项目3项，校级项目2项。

## （三）教育教学成果丰硕

动物医学专业教学团队入选国家职业教育教师教学创新团队，专业所属核心实验室入选陕西省高校工程研究中心，支部党员中 1 人被评为省级教学名师，1 人被聘为国家动物疫病净化评估专家，1 人入选陕西省青年杰出人才，1 人被评为杨凌示范区道德模范，2 人被聘为陕西省科技特派员，2 人被聘为陕西省产业体系岗位专家；支部党员主持地厅级以上教科研项目 3 项，获陕西省科学技术奖 2 项；支部教职工共发表论文 34 篇，其中核心论文 10 篇，申请专利 3 项，获国家及省级大赛奖励共计 31 项次；82%的毕业生被企业聘为技术骨干。

## （四）社会服务助力振兴

近三年，动物医学党支部结合星级支部创建、百名教授进百村活动，主动参与脱贫攻坚，先后帮助太白县、麟游县等 5 个县区发展养殖产业，利用现代媒体等平台开展技术培训、远程服务，受益人数达 6 万人次；支部书记沈文正教授在央视七套农业节目中向养殖户普及林下养鸡和疾病防治知识；在支部教师的指导下，2019 年麟游县紫石崖村 8 户村民养猪年收入超过 100 万元，2020 年又有 11 户村民年总收入超过 100 万元。

## （五）招生就业稳步提升

动物医学和动物药学专业招生数量逐年递增，目前动物医学党支部所辖的动物医学、动物药学两个专业的在校学生数由 2019 年的 319 人增加到 2021 年的 452 人，增长了 42%。近三年，学生就业率保持在 96%以上。职业生涯规划课程全部由副教授及以上的党员教师授课，毕业生在就业择业观、社会公德、遵纪守法、人生态度、工作态度等方面得到了显著提升，企业用人满意度保持在 98%以上。

# "三着力、三关键、三举措"
# 促进新时代高校党建工作固本提质

"三着力、三关键、三举措"是我校顺应新时代高校党建工作的最新要求，充分体现党在学校各个领域、各个环节的领导地位和政治核心作用，找准切入点、抓住关键点、紧盯着力点，抓实措施、抓强基础、抓细环节，在自身建设、凝人心、聚合力、提升组织力以及创新机制、促进融合、引领改革发展、提升战斗力等方面提质增效，为学校"双高建设"高质量推进提供坚强保障。

## 一、经验做法

### （一）建强组织"夯基"

着力党建基层组织建设，抓住建强组织、提升组织力这一关键，构建组织建设新体系。通过基层组织换届，突出以总支建专业群、支部建专业教研室为主线条，有效破解党建与业务"两张皮"、教师党员与学生党员组织生活"两分离"问题。突出拓展组织能力，建立灵活高效的功能性党组织。如结合村干部及"百万扩招"学历教育，建立村干部学历班临时党支部、农民学历班临时党支部等；结合科技创新和服务产业，破除专业壁垒组建博士联盟党小组、科技服务团队党小组等；结合不同专业学生在同一地域同一企业实习实际，组建顶岗实习学生党小组；结合区校融合，建立地方非公企业联合党支部等。

### （二）创新机制"聚力"

着力守正创新、特色发展，抓住党建与中心工作深度融合这一关键，推动"党建+X"工作机制创新。多点发力、做出样板、互学互促，激发基层组织战斗力和党员、师生干事创业活力。目前已在"党建+学生公寓三全育人""党建+学风建设""党建+脱贫攻坚""党建+教学改革"等诸多方面取得明显成效，并结合涉农高职特点，将党建延伸至田间地头、社区乡镇等领域。如组建"党建+（专家、教授、博士）科技创新团队"服务乡村振兴（图1），推广农业新技术26项，为企业解决技术难题17项；组建"党建+杨凌非公企业"助力地方企业发展，为中小微企业培训技术人员500人。同时围绕实践开展党建工作专项课题研究，在研课题31个。

（三）星级创建"提质"

着力党建自身能力建设，抓住党建提质培优这一关键，开展支部"星级创建、追赶超越"活动，推动党建三级培优体系建设。以"七个有力"为基准，实施支部"星级创建、追赶超越"方案，按照15％、35％、50％的比例建设学院五星级、四星级、三星级党支部，实行动态评估机制，按照倒扣分办法设立7大项15小项54个评分点，形成考核验收评分细则，提出"六个一"成果验收要求。

## 二、主要成效

通过"建强组织"夯基础，各类基层党组织政治功能不断强化，战斗堡垒作用充分发挥，为推动各项工作提供有力保障。

通过"机制创新"凝心聚力，将全体师生凝聚到党的周围，全面激发学院教职员工干事创业的精气神。

图1 组建"党建+（专家、教授、博士）科技创新团队"服务乡村振兴

通过"星级创建"提质，学校先后培育校级先进党总支 4 个、五星级支部 14 个，建设双带头人工作室 10 个，建成省级标杆院系 1 个、样板支部 1 个，为国家级党建"双创"标杆奠定坚实基础。

# 思政小课堂融入乡村大课堂　构建思政教育大格局

强国必先强农，农强方能国强。农业强国是社会主义现代化强国的根基，推进农业现代化是实现高质量发展的必然要求。近年来，杨凌职业技术学院始终践行强农兴农使命，坚持走中国特色科教兴农之路，围绕"培养什么人、怎样培养人、为谁培养人"这一根本问题，根据涉农院校办学特色和学生特点，全面推动思政课改革创新，把课堂学习和乡村振兴伟大实践紧密结合起来，多措并举推动思政小课堂融入乡村大课堂，打造乡村振兴"大思政课"，构建思政教育大格局，让学生在现实的场景、鲜活的事例、火热的生活、亲身的体验中"学思践悟"，引导学生塑造奋发有为的精神风貌和培育报效家国的厚重情怀，为"乡村振兴，强国有我"倾注青春力量（图1）。

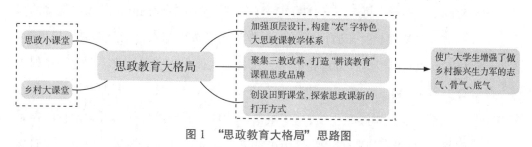

图1　"思政教育大格局"思路图

## 一、经验做法

### （一）加强顶层设计，构建"农"字特色大思政课教学体系

学校以入选陕西高校"大思政课"建设试点项目为抓手，强化顶层设计，加强过程管理，构建"农"字特色大思政课教学体系，全面推进大思政课综合改革。建立课堂意识形态规范制度，将通识课、专业课、个性发展课和创新创业课共同作为育人主阵地，完善课程设置管理制度，建立课程标准审核和教案评价制度，强化课程的德育元素和思政功能，使教师人人都是"思政教师"、课程门门都有"思政功能"。此外，还推动实施"正禾"育人工程，构建思政课实践大课堂，建立健全推进"正禾"育人工程落实的有效机制，以机制创新提升工程建设质效，构建全员、全课程的大思政课

程体系，推动"课程思政"与思政课程同向同行、合力育人。

### （二）聚焦三教改革，打造"耕读教育"课程思政品牌

学校着眼破解思政教育"入耳入眼易、入脑入心难"等难题，因事而化、因时而进、因势而新，在课程思政建设与研究过程中，结合涉农院校办学特色，秉承"力耕勤读、尚德强能"的耕读文化传统，以立德树人为根本，以强农兴农为己任，在涉农专业中将耕读文化与专业教育深度融合，打造以"耕读教育"为抓手的课程思政品牌，形成了"通识课（耕读文化传承经典课）+专业课（课程思政融入耕读文化）+第二课堂实践课"的耕读文化课程。通过实践与探索，学校"耕读教育"品牌的影响力进一步扩大，学生学农的热情持续高涨，许多学生回乡创立农业企业、开办农民专业合作社、创办家庭农场，成为乡村振兴的践行者和农村致富的带头人，涌现出了一批深入农村创新创业的优秀典型。

### （三）创设田野课堂，探索思政课新的打开方式

学校营造丰富多彩的沉浸式、体验式教学情景，创设从校内到校外多种形式的田野课堂。一方面，搭建教师田野课堂，组织教师到周边广阔农村亲身体悟历史环境，收集经验材料，以直接经验反哺理论教学，从教师主体角度实现思政小课堂与乡村大课堂的融合。另一方面，为学生搭建校内和校外田野课堂，校内田野课堂从田野教学环境的营造入手，建设耕读文化馆、《郑国渠》情景剧等场景打造田野教学校园微景观，通过引导学生"回到现场"，感悟历史情境，从而提升责任担当。在校外田野课堂，依托杨凌示范区丰富的农业农村优势资源，将"课堂"搬到"田间"，推行思政名师专场报告、基层干部返乡创业助力乡村振兴的经历分享、思政骨干教师现场教学、师生田间劳动教育等多种形式串联的特色田野课堂，用"实践"武装"思想"，推动思政课教学入脑入心。通过沉浸式、体验式教学，引导学生用双眼观察城乡融合新图景，提高服务国家战略、投身乡村振兴的主人翁意识，主动把乡村基层作为踏实苦干、砥砺自我的"练兵场"。

## 二、主要成效

推动思政小课堂与乡村大课堂相结合，既是高校思想政治理论课的必然要求，也是完成立德树人、铸魂育人根本任务的重要途径。学校通过加强顶层设计、聚焦"三

教"改革、创设田野课堂，推动思政小课堂与乡村大课堂互联互促，使青年在"田间地头"的切身体验中，洞悉乡情民情，厚植乡土情怀，练就兴农本领，增强做乡村振兴生力军的志气、骨气、底气。

  目前，学校思政课改革创新成效显著，学生学农的热情持续高涨，校园内知农爱农、强农兴农的氛围日益浓厚。许多学生回乡创立农业企业、开办农民专业合作社、创办家庭农场，成为乡村振兴的践行者和农村致富的带头人。学校涌现出了一批深入农村创新创业的优秀典型。

# 创新实施"正禾"育人工程
# 构建"三全二元一心"特色育人模式

围绕落实立德树人根本任务，近年来，学校先后制定了《关于进一步加强学生综合素质教育的意见》《关于全面推进"三全育人"工作的实施方案》，开展了多项提升学生综合素质的活动，取得了良好育人实效，但是由于缺乏长期性、系统性，未能形成独具学校特色的育人品牌。因此，学校围绕"加强党建工作，推进'三全育人'，深化思政课教学改革"三大目标，提出实施"正禾"育人工程（图1）。

工程取名"正禾"，意为用正确的思想观念教育引导学生，像雨露阳光一样滋润禾苗茁壮成长。这与习近平总书记在学校思想政治理论课教师座谈会上强调的"青少年阶段是人生的'拔节孕穗期'，最需要精心引导和栽培"相契合。

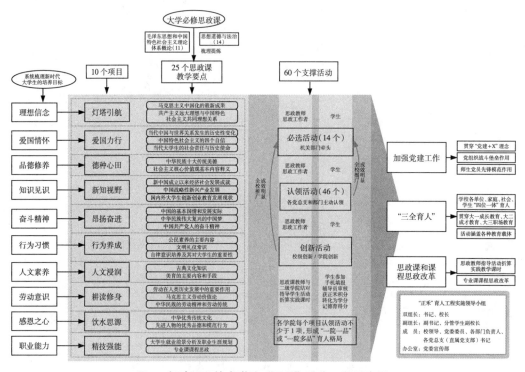

图1 杨凌职业技术学院"正禾"育人工程示意图

该工程自实施以来，有近 2 万名师生参与其中，教师队伍的精神风貌、广大学生的综合素质不断提升。学校的育人品质和文化内涵持续加强，并建设了一支政治素质高、业务能力强的思想政治工作队伍，形成了学校各单位、家庭、社会、学生"四位一体"协同育人机制，构建了"三全二元一心"育人模式，得到了广大师生的一致认可和好评。

"三全"即全员育人、全程育人、全方位育人。"正禾"育人工程聚合了思政课教师、辅导员、班主任和党员干部等多种育人力量，形成了强大育人合力，实现了校内的知识传授、技能教育、价值引领与校外实践的知识内化、技能强化、素质优化等功能深度融合，促进了校内外各种实践教育资源共建共享、有效利用，统筹了学校、家庭和社会的育人资源，建立了以学生为中心的"三全育人"长效机制、以学校为阵地的一体化育人体系。

"二元"即以教师为主导、以学生为主体。通过全体师生的共同参与，使广大教师着眼于落实立德树人根本任务、推进思政课改革创新，全面提升开展"思政课程"和"课程思政"的意识和能力，做好学生成长成才的引路人，使广大学生从各项实践活动中汲取养分、丰富思想，成为目光远大、奉公守法、道德高尚、关心社会，且具有浓厚学习兴趣、扎实专业基础、强烈创新意识和较强创造能力的新时代青年。

"一心"即以学生全面发展为中心。"正禾"育人工程坚持以习近平新时代中国特色社会主义思想为指导，进一步加强社会主义核心价值观的引领作用，使广大学生坚定了理想信念、厚植了爱国主义情怀、加强了品德修养、增长了知识见识、培养了奋斗精神、增强了综合素质。

## 一、经验做法

"正禾"育人工程通过系统梳理新时代大学生的培养目标，有针对性地提出"灯塔引航""爱国力行""德种心田""新知视野""昂扬奋进""行为养成""人文浸润""耕读修身""饮水思源""精技强能"10 个项目，对应设计 60 个支撑活动。每项活动合理赋予相应"正禾积分"，学生参加各项活动获得的积分情况计入个人《"正禾"育人工程成绩单》，最终根据德育学分评分标准转化成学分，纳入学生德育得分。同时，结合大学必修的"毛泽东思想和中国特色社会主义理论体系概论""思想道德与法治""形势与政策"三门思政课，系统梳理提炼 25 个项目实施教学要点，使思政课贯穿课上课下，实现课堂教学与实践教学的有机结合，推动思政课教学方法改革创新，形成了"目标引领、项目实施、要点突出、学分明确、活动支撑"育人体系。此外，学校把握不同年级学生的成长特点和成才需求，将大一学生的成长教育、大二学生的成才教育、大三学生的职场教育贯穿始终，提高了"正禾"育人工程的针对性和实效性。

"正禾"育人工程的主要内容即60个支撑活动，而支撑活动分为必选活动、认领活动和创新活动。必选活动由学校相关部门牵头，结合上级有关要求和学校工作实际，制定具体落实方案；认领活动由各党总支结合实际主动认领，并制定具体落实方案，以形成"一院一品"或"一院多品"育人格局，打造一批特色鲜明、影响力大的品牌活动；创新活动分校级创新活动和学院创新活动，即相关部门和学院每年在开展各项活动的基础上，在活动的内容与形式上有所创新，形成品牌效应。

为确保"正禾"育人工程深入实施、有力推进，学校从以下方面入手：一是加强组织领导。成立了由党委书记和校长任双组长的"正禾"育人工程实施领导小组，负责工程实施过程中的督导与考核。二是建立结对制度。建立了思政课教师与二级学院结对制度，由思政课教师指导配合各二级学院开展"正禾"育人工程各项活动，指导配合活动所用的课时折算为思政课实践教学课时，确保每项支撑活动都有思政课教师的参与和指导。三是建立考评体系。与相关部门和各党总支每年签订一次"正禾"育人工程目标责任书，对"正禾"育人工程实施情况进行年度考核评价，考核评价结果将作为各部门、二级学院年度目标责任考核的重要依据。四是开发积分系统。开发了"正禾"积分系统，以实现学生参加、手机填报、辅导员审核、获正禾积分、转化为学分、计德育得分的"互联网+德育"模式。

## 二、主要成效

"正禾"育人工程实施以来，学校将校内资源和校外资源有效衔接、有机整合，各部门、各党总支把"党建+X"的工作理念贯穿于"正禾"育人工程实施过程，充分发挥党组织的战斗堡垒作用和党员的先锋模范作用，紧扣立德树人根本任务，紧密结合高职教育特点，推动党建工作与"正禾"育人工程各项活动深度融合、相互促进，不断提升育人能力，更好服务学生成长成才。该工程入选陕西高校"大思政课"建设"一校一品"创建项目、全国职业院校文化素质教育工作案例。

# "党建+三金"协同育人 提升学生职业综合素养

近年来，旅游与管理学院开设专业受疫情冲击较大，招生数量不足，加之部分学生基础薄弱，学习能力较低，学习积极性不高，缺乏良好学习习惯等原因，学院整体策划、深度推进教育教学综合改革，以党建为引领，从日常学业、课外阅读、实践教学、特长培养、体育美育、特色及加分项等6大类18项具体任务全面督促学生综合发展，通过"金领导师、金牌辅导员和金牌班主任"创建活动，形成学业导师授业导学、辅导员思政导航、班主任精细管理、全体学生"四自教育"的"党建+三金"协同育人工作机制，实现了党建与教育教学深度融合，党政协同发力，全面提升学生职业能力和职业素质。

## 一、经验做法

### （一）党建引领教育教学改革，保证正确的办学方向

"党建+三金"协同育人机制坚持分工协作、日常考核、综合评价、结果导向的工作原则，学院成立了以党总支书记、院长为组长，党总支委员、支部书记、两办主任、教研室主任为成员的"党建+"协同育人工作领导小组，全面负责各项工作的管理、运行与考核。成立以办公室和学院二级督导组成的考核组，党总支纪检委员任督导组长，负责学业导师的过程考核及评价。制定了《旅游与管理学院学业导师暂行办法》《旅游与管理学院学业导师实施方案》《旅游与管理学院教学督导工作实施办法》，印制了《导师工作手册》，确保教育教学改革及人才培养模式的正确方向。

### （二）创建"金领"导师团队，全面实施导师制培养

打破固定课堂以老师讲授为主要教学形式的教育现状，激发学生主动学习，全面提升学生内在学习动力；实施学生学业成绩单，依据成绩单，导师督学，督导督教。以学业督促为抓手，以培养习惯为重点，以成人成才为目标，大力营造浓郁的学习氛围，不断提高人才培养质量。导师对学生个性化的导思、导学、导能、导业，不仅指

导学生认识自我、完善自我、提高自我，不断提高职业能力，还对学生塑造价值观念、培育职业精神、确定职业目标、培养社会责任感等职业素质产生重要影响，全面提升学生职业能力和职业素质。

（三）创建"金牌"辅导员团队，提升辅导员职业能力

按照《高等学校辅导员职业能力标准》，打造"党建＋金牌辅导员"模式，对标"全国高校辅导员年度人物"，培养"十佳辅导员"、省级优秀辅导员，每周开展一次理论学习，对辅导员日常工作中出现的典型案例进行工作研讨。建立"一对一以老带新"制度，由经验丰富的辅导员带领新入职辅导员，互相借鉴学习，提升育人实践。要求辅导员朝"职业化、专业化"发展，鼓励其积极申报课题项目，提升理论水平。依托辅导员职业能力大赛平台，将理论融汇实践，提升育人质量和成效。

（四）创建"金禾"名班主任工作室，培养名班主任团队

班主任从理想信念教育、公民道德教育等方面开展专题教育，做好班级规范管理工作，营造优良班风学风；做好学生日常管理，如入学教育、综合素质测评、推优评先、奖学金和助学金、纪律教育等；从学生行为养成上督促学生养成良好的行为习惯，关注学生学习能力的提升，加强学生的纪律、安全、心理健康等教育；配合辅导员完成就业指导、劳动教育，协助导师做好学生职业规划和学业指导工作，切实提升学生职业能力和职业素质。

## 二、主要成效

"党建＋三金"协同育人工作机制是旅游与管理学院重大的教育教学改革举措，是对标职业本科高层次人才培养的重要探索与实践。自实施以来，学生生活愉快充实，教师的教育价值得到凸显，师生之间的感情越来越好，学院师生整体精神面貌焕然一新，协同育人作用充分发挥。

（一）促进学生全面发展

在学生智育培养层面，自"三金"策略实施以来，我院学生斩获多项奖项：2019年英语口语国赛一等奖，2021年高职院校技能大赛"餐厅服务"赛项国家三等奖，2022年陕西省高职院校技能大赛"餐厅服务"赛项一等奖，等等。在德育层面，在疫情防

控期间，金牌班主任为学生讲解书法知识，指导学生练习毛笔字，传播传统文化，和学生一起走进图书馆，补充知识，开阔视野。在体育层面，教师带领学生进行体育锻炼，师生们共同参与丰富多彩的学习生活，寓教于学，寓教于乐，在活动中增进师生感情，引导学生快乐学习，快乐生活。

（二）提升教师职业能力

旅游与管理学院实施"三金"策略以来，全院教师不断提升自身职业能力，先后发表学术论文 5 篇，分别为《高职学生职业能力结构研究》《高职大学生就业能力研究》《高职毕业生就业能力现状研究》《高职院校"党建+学风建设"育人工作的研究与实践——以杨凌职业技术学院为例》《高职院校英语类专业实施"导师制"教学改革的实践探索》；申请课题 4 项，分别为《"党建+学风建设"育人工作的实践与探索》《"三全育人"背景下劳动育人的实施路径研究——以杨凌职业技术学院为例》《"正禾"育人之就业视阈下高职劳动教育的问题与对策研究》《高职院校大学生创新创业云课堂建设初探》。

（三）示范引领价值凸显

自 2016 年应用英语专业实施"导师制"以来，旅游与管理学院人才培养质量大幅提升，招生人数逐年上升，由最初 2016 年的 10 多人到 2019 年的 109 人。2021 年 12 月 4 日，"三金"策略育人机制在我校旅游与管理学院所有专业推广实施，建立了全员全过程全方位的育人机制，助力提升高职院校教育教学能力和管理水平，提高大学生综合素养和职业能力。构建的工作机制和形成的研究成果在高职院校具有可借鉴、可复制、可推广价值。

# 以微见著、传承经典、守正创新
## ——"动物微生物"课程思政建设

"动物微生物"课程思政坚持"以微见著、传承经典、守正创新"思政主题，通过课岗赛证创德"六维一体"的建设路径，强化教学团队、重塑教学目标、优化课程思政体系，融入信息化教学，创新课程评价机制，形成专业教育与思政教育同向同行的教育模式，为学生提供良好的课程思政德育育人氛围。

## 一、经验做法

### （一）专业和思政相结合，组建双融合团队

在课程现有专业教师团队基础上，邀请思政课程教师加入，形成一支专业课与思政课教师融合型教学团队，围绕"动物微生物"课程思政，定期开展座谈交流。

### （二）重塑教学目标，优化课程思政体系

根据课程目标及特点，对焦学生专业技能素质和岗位素养需求，在课程思政为主线的前提下，明确课岗赛证创德"六维一体"的建设路径。通过将课程与岗位、大赛、证书、科创、德育相融合，确定各章节的课程思政教学目标，深挖相关思政元素，摸索德育融入方式，构建"动物微生物"课程思政教学体系（图1）。

### （三）融入信息化教学，构建课程思政案例库

以本课程线上精品在线课程为载体，以课程思政教学体系为框架，将各章节课程思政切入点形成章节思政案例，以PPT或视频等方式展现，完成本课程信息化思政案例库构建与优化。

### （四）经典思政案例进课本，铸造德技并修新型教材

在传统教材中融入本课程经典课程思政案例，使学生在学习专业知识与技能的同

图 1 "动物微生物"课程思政教学体系

时，强化新时代社会主义核心价值观、大国工匠、科技创新等意识，激发专业认知和"三农"情怀。

（五）创新三维课程考核，全面评价学生学习成效

对焦课程教学知识、技能和素质目标，创新设计课程相应考核方式，优化原有的理实双考核，将素质考核纳入，形成知识、技能和素质三维考核模式，从课中、课外、线下、线上等多层面多角度对学生课程学习成效进行综合评价。

（六）学校机制不断更新，保障课程思政落实

近两年学校高度关注课程思政建设，增加了课程思政建设项目、教师课程思政培训渠道等，鼓励教师积极探索课程思政建设方法，支持教师参与全国课程思政建设交流，在人力、物力及财力上均有较大投入，为"动物微生物"课程思政建设提供了良好的机制保障。

## 二、主要成效

（一）课程建设及推广应用的辐射作用更加广泛

自 2019 年，本课程搭载超星泛雅学习通平台上线运行以来，累计访问量已突破 2500 万次，选课人数 1.524 万人，选课单位已覆盖全国 29 个省、直辖市及自治区。本课程受到了省内外高校师生及企业人员一致好评。反馈显示，通过本课程应用，学习可愉悦、教学可便捷、目标可达成、岗位可对接。

2020年本课程被陕西省教育厅认定为陕西省职业教育在线精品课程，2021年被教育部认定为首批国家级职业教育课程思政示范课程（图2）。

（二）教师团队建设成绩更加突出

为巩固和提升本课程思政建设成效，团队教师在课程思政建设上进行了积极思考和创新，主持完成相关课程思政建设项目1项，在研项目3项，申报项目1项（表1）。教师在教学能力上也得到大幅提高：2021年荣获第五届全国涉农职业院校教学能力大赛一等奖；同年5月被认定为教育部课程思政示范教学名师和教学团队；同年9月本课程团队在全国职业院校农林牧渔专业大类课程思政集体备课会上，线上与全国同类院校进行展示交流；同年10月参加陕西省委教育工委、省教育厅举办的陕西学校思政课教师"大练兵"省级展示活动，并应邀参与现场展示活动。

图2 "动物微生物"入选课程思政示范课程证书

（三）学生成长成才效果更加显著

自该课程实施课程思政建设以来，学生的学习热情、成绩和思想觉悟显著提高。在线课程学习中，本校2019级和2020级学生参与教学活动率不低于90%，主动学习率不低于70%；学习成绩明显高于传统教学模式下的2017级和2018级，平均分由67.03分增长至82.89分，成绩优良率可达50%以上；学生课外主动参与实验室劳动的参与率可达100%。

学生技能大赛水平与创新创业能力都得到大幅提升：2021年获得全国职业院校技能大赛二等奖1项；2020年、2021年获得中国国际"互联网＋"大学生创新创业大赛陕西赛区银奖2项、金奖1项。学生参与教师科研项目5个，参与申报专利2个，参与科研论文撰写1篇。

表1  动物微生物课程思政建设相关项目信息

| 序号 | 项目名称 | 项目来源 |
| --- | --- | --- |
| 1 | 动物微生物课程思政示范课程建设、教学名师和团队建设项目 | 教育部 |
| 2 | 动物微生物课程实验实训教学信息化改革探索 | 杨凌职业技术学院 |
| 3 | 动物微生物课程思政建设的探索与实践 | 陕西省职业技术教育学会 |
| 4 | 动物微生物课程实验实训教学信息化改革的探索 | 杨凌职业技术学院 |
| 5 | "互联网＋"模式下创新动物微生物课程思政教学实践与研究 | 陕西省教育厅 |

# 力耕勤读　尚德强能
# 打造杨职课程思政"耕读教育"品牌

为贯彻落实习近平总书记给全国涉农高校的书记校长和专家代表的回信精神，和教育部关于在涉农高校开展"耕读教育"的通知要求，学校秉承"力耕勤读　尚德强能"的耕读文化传统，以立德树人为根本，以强农兴农为己任，培养"一懂两爱"农业技术技能人才。创新实施了"读学看践赛悟"的课程思政"耕读教育"新模式。推动第一课堂与第二课堂深度融合，打造杨职课程思政"耕读教育"品牌。

## 一、经验做法

### （一）构建深度融入耕读文化的课程体系

近年来学校在课程思政建设与研究过程中，结合涉农院校特色，打造"耕读教育"文化品牌，在涉农专业中将耕读文化与专业教育深度融合，形成了"通识课（耕读文化传承经典课）+专业课（融入课程思政、耕读文化）+第二课堂实践课（劳动课、实践锻炼）"的耕读文化课程体系（图1）。

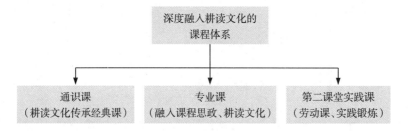

图1　深度融入耕读文化的课程体系

开发建设了"耕读人生""二十四节气与农耕文明"等耕读文化传承经典课程；在所有涉农专业课程深度融入课程思政、耕读文化，遴选出耕读文化课程思政优秀案例160个；借助杨凌示范区平台优势和乡村振兴计划项目等开设耕读文化校外实践课10门。

## （二）创新"读学看践赛悟"的课程思政教育新模式（图2）

### 1. 读——开展经典晨读活动

组织学生以班级为单位，利用早晨课前十分钟，开展包含农耕文化、二十四节气、经典古诗文等内容的中华经典晨读，同时将考评成绩纳入"大学生第二课堂成绩单"考评体系。通过晨读传承农耕文化等中华优秀传统文化，促进学生学习热情和阅读行为的养成。

### 2. 学——农科专家精神事迹

在专业课程教学中融入后稷教民稼穑等农业行业历史名人的励志素材，邀请农业专家、院士现场授课，让学生树立"知农爱农、强农兴农"的思想认识。

### 3. 看——现代农业发展成就

利用杨凌农业高新技术产业示范区现代农业产业优势条件，在涉农专业学生中开展"进企业看示范"活动，让学生了解现代农业发展的成就，坚定服务"三农"的信心。

### 4. 践——行万里路实践育人

带领学生走进农村、走近农民、走向农业，深入田间地头、深入绿水青山，把乡情乡愁融入血脉中，拓展课程思政建设方法和途径。

### 5. 赛——开展各类竞赛比赛

定期举办中华传统诗歌诵读比赛、耕读文化书画展、二十四节气摄影展、知识竞赛、主题征文等展演活动。尤其是在冬至节气举办的"冬至节气两万名学子免费饺子宴"活动，数十家媒体竞相报道，在全国高校学生中引起了强烈反响。

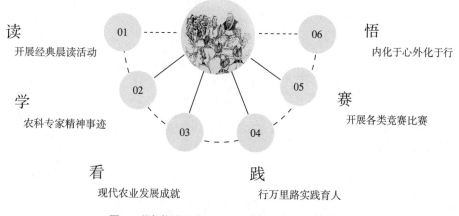

图2 "读学看践赛悟"的课程思政教育新模式

### 6. 悟——内化于心外化于行

通过全方位的引导、教育，帮助学生更好地理解国家发展战略、增强"四个自信"，培养学生的"大国三农"情怀，引导学生不断增强服务农业农村现代化、服务乡村振兴的使命感和责任感。

## 二、主要成效

通过实践与探索，在教学组织过程中，结合涉农类专业特点，坚持教学内容与生产实际相结合，教学组织与农事安排相结合，形成了理论教学与实践操作相结合的"农学结合、半耕半读"教学组织模式。近年来杨职课程思政"耕读教育"品牌的影响力进一步扩大，学生学农的热情持续高涨，涌现出了一批深入农村创新创业的优秀典型，一批学生回乡从事农业合作社、创办家庭农场、助力乡村振兴，成为乡村致富带头人并带动乡亲脱贫致富。我院融入耕读文化的"十大节庆"主题教育工程被共青团中央评定为"全国学校共青团重点工作创新试点项目"，获全国学校共青团优秀研究成果二等奖2项，全省高校校园文化建设优秀成果一等奖1项、二等奖1项。

# 立足"四高" 提升"四力" 打造科教兴农主阵地

生物工程学院（简称"生工学院"）党总支秉承"经国本、解民生、尚科学"理念，坚持立德树人根本、坚守为农育才初心、勇担兴农强农使命，打造"五新党建格局"，在思政教育、服务三农、大战大考中充分发挥了战斗堡垒和先锋模范作用，先后荣获陕西省高等学校先进基层党组织、陕西省新时代高校党建"双创"工作标杆院系、杨凌示范区农业科技示范推广先进集体、杨凌五一劳动先进集体、学院先进党总支等称号。

## 一、经验做法

### （一）高标准党建强化政治引领，提高总支组织力

生工学院党总支创新支部设置，着力强化自身建设，探索形成了"五新党建格局"。总支下设植保生技、质检食品检测和园艺3个专业党支部，同时结合学院特色，设立地方非公企业联合党支部、村干部学历班和农民学历班2个临时党支部，组建博士联盟科技创新和农业专家科技服务团队2个党小组，党建引领1个院士工作室（下设4个创新青年团队）和1个"双一流样板+双高校标杆"涉农高职科研创新团队，在专业建设、教学科研、人才培养、为农服务中发挥了政治核心作用。

### （二）高水平党建铸就高素质团队，增强总支凝聚力

生工学院党总支现有党员99人，教师党员42人（其中博士9人，教授5人），学生党员57人。教师党员中省级科技特派员11人，农业产业技术体系专家8人。高级职称党员占教师党员比例一半以上，农科教专家比例达到67%。近年来，总支党员先后获得国家级教学成果奖二等奖、陕西教学成果奖特等奖、陕西高等学校科学技术奖等省部级以上教科研奖励，获批陕西省教育厅青年创新团队，组建康振生院士植物生物技术工作室、博士+高职生和教授+基地+科研成果团队和2个小麦育种团队。多名党员获评陕西省教育系统优秀党员、陕西省最美科技工作者、农业科技示范推广先进

个人、劳动模范、三八红旗手。

（三）高质量党建助推高质量发展，提升总支战斗力

党建与业务同频共振，推动学院事业发展，实现"双促进、双提高"。生工学院承担国家高水平农业生物技术专业群、国家级食品与营养专业资源库建设任务，农业生物技术专业教学标准通过教育部审批。同时，生工学院党总支和杨凌示范区两级非公党工委在全省率先建立了地方非公企业联合党支部，助推区域经济社会高质量发展。党员张迪博士等5人担任联谊企业科技副总，党员亢菊侠副教授等担任王上村等6个村科技第一书记，创新做法受到陕西省委组织部部长张广智等领导的充分肯定。

（四）高起点开展"十育人"工作，提升总支发展力

生工学院党总支通过创新开展"十育人"工作机制，全面做好大学生理想信念、学业指导、职业规划和就业发展。生工学院党总支每年组织开展"农业二十四节气"主题科普活动，弘扬中华优秀传统文化、传承农耕文明，培养学生知农爱农情怀。生工学院党总支与李台东苑社区共建杨凌首个"留守儿童之家"，开展"关苗行动志愿服务"，总支党员志愿服务累计长达2000小时以上，获杨陵新时代文明实践特色志愿服务项目，"阳光暖心"团队荣获陕西省优秀社会实践团队，书记李岩和学生陈奕佳、周一菡获陕西省最美志愿者，其先进事迹被"学习强国"等报道。总支党员指导学生获得国家级、省级技能大赛一等奖、陕西省"互联网+"创新创业金奖等14项，涌现出了张高磊、吕江江等10余名省级大学生创业明星，受到李克强总理接见。

## 二、主要成效

（一）党建引领"三农"人才培养

成立村干部学历班和农民学历班2个临时党支部，构建了特色鲜明的"334"高素质农民（村干部）学历教育模式，培养了大量"一懂两爱"的"三农"人才。2016年起，在全国首创职业农民学历教育，相继开展村干部学历提升教育和职业农民百万扩招，共培育2000余名职业农民和农村基层干部。2020年教育部新闻发布会上特别报道："陕西杨凌职业技术学院，针对职业农民、乡村干部特点，精准设置适合扩招生源特点的专业，开展职业农民、村干部的学历提升。"中央电视台、新华网等20多家媒体对此进行了专题报道。

## （二）党建支持决胜脱贫攻坚

生工学院党总支全力帮扶陕西麟游县、太白县、略阳县发展产业，增收致富，决战决胜脱贫攻坚。总支委员、陕西省科技特派员、园艺果蔬专家马文哲教授主动请缨，自2016年起长期入驻麟游县紫石崖村，建设核桃产业示范基地，进村入户开展优质丰产和省力化高效技术培训，促进了当地核桃特色产业发展。总支组建的博士联盟科技创新和农业技术专家服务团队2个党小组，在"两联一包"的太白县棉寺坝村，建立食用菌综合基地，因户施策，精准开展果树、蔬菜、养殖等农技服务，助力该村脱贫摘帽。党员强磊副教授受陕西省委组织部委派于2019年起在略阳县挂职扶贫，筹措资金100万元，帮扶略阳县乌鸡、天麻、黄精产业发展，基地带动贫困户户均增收达万元。

## （三）党建护航助力复工复产

在疫情防控和复工复产的特殊战场上，生工学院党总支统筹协调，由6名教授党员和8名博士党员组成专家技术服务团，先后赴大唐种业等10余家企业，为企业复工复产提供技术咨询和帮扶指导，解决难题20余项。国家二级心理咨询师李岩积极加入陕西高校战"疫"心理援助志愿服务队，通过心理热线、H5小视频等开展心理健康网络直播辅导。党总支涌现出了示范区抗疫先锋人物万传慧、全国抗疫先进个人王琪等感人典型。

## （四）党建保障服务乡村振兴

总支党员依托产学研基地开展为农服务，助推乡村全面振兴。优秀共产党员赵瑜潜心小麦育种事业60年，培育出8个小麦品种，推广面积达8000多万亩，为农民增收48亿元。周济铭、黄璞等12名党员先后深入全省21个县为100多个村做了美丽乡村和产业发展规划。党员党战平、范学科等主建的彬县、凤县等5个产学研基地累计推广新品种、新技术33个，推广面积48.5万亩，每年举办农业技术培训200余场，培训农民26978人，累计推广效益达7.86亿元。

# 激发"红色引擎" 助力乡村全面振兴

生物工程学院党总支在省级党建工作标杆院系培育过程中,着力构建以党总支为核心,以植保生技、质检食品检测和园艺3个专业师生党支部为特色,以党员活动室、谈心谈话室、"双带头人"支部书记工作室和党史学习室为基础的"一总三支加四室"工作管理架构(图1),探索形成"一领双促三结合"党建工作思路(图2),充分利用农业专家优势,联通杨凌示范区的农业资源,打造"红色引擎助力乡村振兴"党建品牌,将党建和乡村振兴深度融合,切实解决服务农业"最后一公里"问题。

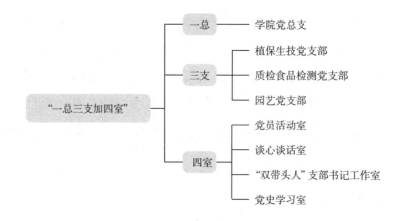

图1 生物工程学院党总支组织结构

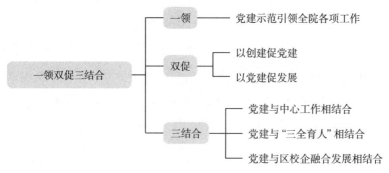

图2 "一领双促三结合"党建工作思路

## 一、经验做法

### （一）一支部一特色，党建与专业"融"起来

狠抓党支部建设，严格落实"三会一课"制度，将党建融入专业中，打造有典型、有亮点、有特色的党支部。植保生技党支部以产教融合为特色，园艺党支部以社会服务为特色，质检食品检测党支部以教学引领为特色。

### （二）"3515"党员发展模式，提高党员发展质量

探索出了三投票、五公示、一答辩、五齐备的"3515"党员发展模式（图3），提高党员发展质量。

### （三）"1+2+3"主题党日活动，建强战斗堡垒

组织党员、教职工赴延安、照金、马栏等20余处党性教育基地参观学习，凝心聚魂、锤炼党性，形成了"1+2+3"特色主题党日活动（图4）。

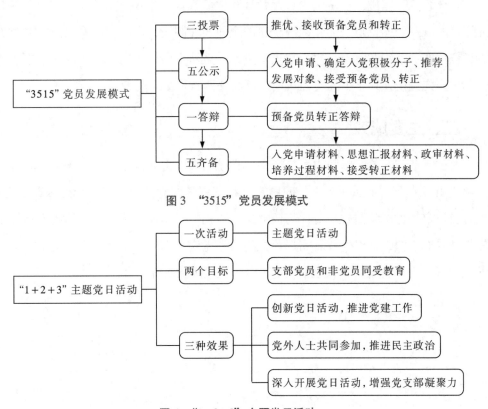

图3 "3515"党员发展模式

图4 "1+2+3"主题党日活动

## （四）组建"第一书记第一团"，打通科技兴农最后"一公里"

围绕乡村振兴和农业农村现代化发展需求，组建"第一书记第一团"科技队伍，组织马文哲、周济铭、尚晓峰、康克功等 20 余名教师先后深入全省近 80 个县的农村进行技术指导，为近 100 多个村做了美丽乡村规划和产业规划，开展技术培训 100 余次，培训人数近 20000 人；选派教师党员、食用菌专家强磊担任略阳县科技局副局长、草莓专家杨振华担任太白县棉寺坝村党支部副书记，打通科技兴农最后"一公里"，为乡村振兴贡献生物工程学院专家教授的智慧与力量。

## （五）深挖课程思政元素，提升育人实效

党总支坚持以立德树人为根本，以课程思政为抓手，推进"三全育人"显实效。一是充分利用陕西省内红色资源和农学专业特色，探索课程思政体系建设，使各项课程与思想政治理论课同向同行，形成协同效应。二是形成了"十育人"工作机制，增强第二课堂的思想性、示范性和实践性，巩固、拓展和延伸第一课堂的教育效果，夯实"三全育人"基础。三是引入目标管理和微信教育，深入挖掘各项工作蕴含的育人元素，实现党、团、班一体化，健全党的全面领导制度，用制度体系保障立德树人根本任务落实、落细和落地。村干部班学员万传慧获全国优秀党务工作者；学生王琪获全国抗疫先进个人；学生陈奕佳、周一菡获陕西省最美志愿者。

# 二、主要成效

通过打造"红色引擎助力乡村振兴"党建品牌，将党建和乡村振兴深度融合，切实解决服务农业"最后一公里"问题。生物工程学院党总支党建工作也因此获得省、校各级肯定。建成陕西省新时代高校党建"双创"工作标杆院系，获陕西省高等学校先进基层党组织；植保生技党支部获批陕西省党建工作样板支部培育创建单位；建成学校"双带头人"党支部书记工作室 1 个、五星级党支部 1 个。

# "一主两体七着力" 夯基增优聚合力

水利水电建筑工程专业第一党支部按照校党委将支部建在教研室的总部署，基于深厚的专业基础（首批示范建设中央财政支持重点专业、国家骨干专业、全国水利职教示范专业、全国优质水利专业、省级一流建设专业、全国"双高"建设专业群），凝聚12名教师党员（其中省级师德标兵1名，全国水利职教名师2名，全国水利行业"双师型"教师6名）和13名学生党员，形成政治过硬、专业过硬的精干高效团队。

支部以"党建+X"机制创新为统领，以《高校基层党支部工作条例》为遵循，以"七个有力"为基准对照检查，从严从实，按标准建设，以标准保证质量，探索形成了"一主两体七着力"的工作机制（图1），形成以样板支部建设要求为目标，以规范建设和模范引领为主体，着力支部建设。先后通过了陕西省新时代高校党建"双创"样板支部验收，获批立项省级"双带头人"教工党支部书记工作室，并荣获杨凌示范区三八红旗集体、学校创新示范岗、校级五星级党支部、校级"双带头人"教工党支部书记工作室、省级和校级先进党支部等称号。

## 一、经验做法

（一）着力教育党员抓牢"四环节"，坚持学习研讨"四结合"、学习活动"五个一"、学习效果"四突出"

在党员学习教育方面，支部坚持集中学习与分组学习相结合，讲党课与引领学相结合，主题讨论与学习交流相结合，线上与线下相结合的"四结合"学习要求。支部坚持开展学一个榜样事迹，唱一首红歌嘹亮，忆一颗入党初心，传一袭文化自信，话一次与时俱进"五个一"学习活动。学习安排，突出一个"细"，精心筹划安排学习内容、组织形式等细节；双向互动，突出一个"带"，学习教育由党员带动非党员，由支部带动团部，将学习辐射全体师生；知行合一，突出一个"实"，学的关键在于践行，支部党员充分发挥专业优势，全方位、全过程、全员参与提升人才培养质量；组织生

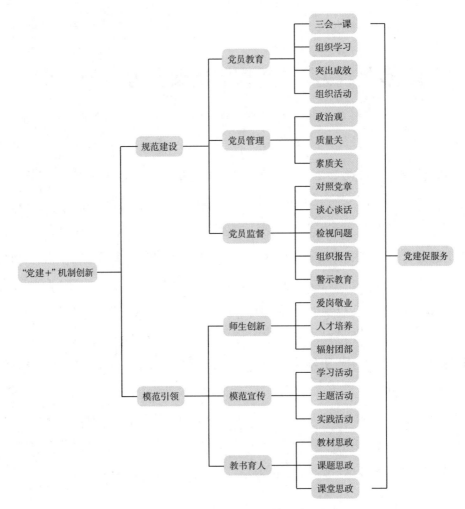

图1 "一主两体七着力"的工作机制

活,突出一个"全",支部组织生活做到全过程、全覆盖,形成对标准、找差距,做计划、定措施,重实施、常检查的螺旋形循环上升环。

(二)着力管理党员严把"四关",坚持"五标准、四负责、重质量、观长效"

支部在党员发展过程中,入口严把"政治关",坚持"五标准"(政治思想首要标准、学习成绩达标标准、工作能力合格标准、群众基础基本标准、平常表现优秀标准);培养严把"责任关",坚持"四负责"(谁介绍谁负责,谁培养谁负责,谁考察谁负责,谁审批谁负责);预备严把"质量关",坚持重点培养;毕业严把"素质关",坚持追踪培养。建立顶岗实习预备党员谈心谈话制度,通过定期谈话、定期汇报思想等形式,使培养人及时把握学生党员校外学习生活工作情况，及时指导和培养，确保顶岗实习学生预备党员的培养质量。

（三）着力监督党员重"警示"，坚持"一面镜子"对照标准、"一把戒尺"自省检视、"一刻钟案例"警钟长鸣

把党章作为"一面镜子"，对照标准、检视问题找差距；把党规党纪作为"一把戒尺"，时刻提醒监督管理党员。支部履行谈心谈话全方位，及时掌握了解党员的思想动态。警示教育常态化，实行支部会前案例警示，充分利用会前"一刻钟"，对存在的苗头性、倾向性问题及时进行警示，定期观看警示短片，增强警示教育的震慑力和说服力。

（四）着力组织师生加强"两覆盖"，坚持"四统一、五融合、三带动"

1. 坚持"四统一"加强师德引领

支部注重加强政治功能，积极响应并落实"双带头人"工作职能，引导教师党员将教书与育人相统一，言传与身教相统一，潜心问道与关注社会相统一，学术自由与学术规范相统一，争做"四有"好教师。

2. 坚持"五融合"，推动中心工作

支部将党建目标任务与水建专业的建设和发展相统一，引领支部党员在专业建设中发挥先锋模范作用。支部党建工作与专业教学改革深度融合，创新水建专业"合格＋特长"人才培养模式。支部党建推动校企合作的广度和深度不断延伸，以校企合作、工学结合为突破口，组建了企业学院，开设企业订单班，为水利相关企业培养了大批优秀人才。支部开展校政联动，精准扶贫地方政府，与青海政府协作组建了玉树、果洛、黄南三个水利人才订单班，毕业学生已经为保护和发展"中华水塔"三江源做出了贡献。

3. 党建带团建，实现"三带动"

以党支部建设带动团支部建设，形成点、线、面"三带动"模式，支部党员带动宿舍，在宿舍内形成良好学风，良好学风影响班级班风提升，优良班风辐射支部，为组织吸纳优秀的积极分子奠定了基础。

（五）着力宣传"载体"创新，坚持"广搭平台、畅通渠道、深入实践"

支部充分利用新媒体平台，创建了"杨凌职院水建一支部"微信公众号及 QQ 群

进行学习交流活动，搭建优慕课平台建成精品微党课。支部将学习教育与专业实践相结合，精心筹划组织"立足岗位学先进、做模范"一系列主题党日活动。组织学生党员参与暑期实践活动，如"世界水日 中国水周""寻美家乡河"及"爱水爱国北京行"等活动，使他们的思想信念和专业理想得到进一步提升。

（六）着力"三全育人"，坚持"三进三提升"

**1."思政教育"进教材——提升教工党员引领作用**

支部鼓励教师编写教材，将思政元素"现形"于教材中，让学生看得到、老师讲得到。围绕思政元素开展课程建设，使专业技能培养课与思想政治理论课同向同行，实现了"课程思政"教育过程的科学化、规范化。

**2."思政教育"进课题——提升教工党员科研智慧**

基于水建专业课程特点，支部鼓励和引导教师党员深入挖掘提炼各门课程中蕴含的思想政治教育元素，发挥"课程思政"育人功能。教师党员承担陕西省教育厅"课程思政"重点研究课题。

**3."思政教育"进课堂——提升教工党员育人风采**

为了推动"思政育人"与专业教育的有机融合，将价值观引导于知识传授之中。教师党员把思政元素带入课堂，培养学生的家国情怀和人文关怀，培养学生的职业素养和责任意识。教师党员在陕西省高校思政课教师"大练兵"中获奖。

（七）着力问题导向，坚持"三个一、四帮"工作模式

支部建立健全帮扶制度，通过教师联系帮扶一个成绩不佳学生、联系帮扶一个班级、联系帮扶一个家庭经济困难学生，形成"三个一"有效帮扶机制。落实支部教师党员"四帮"工作模式：帮学习上有困难的学生；帮心理上有问题的学生；帮家庭经济上有困难的学生；帮就业困难的合格毕业生。该专业学生优秀率、就业率显著提升。

## 二、主要成效

（一）党的基层阵地全面加强

形成了一套完整的支部工作标准和制度；凝练出一套可供借鉴和复制的典型案例；建立了一个高效运作的支部新媒体；形成了5种"党建+"支部工作模式。支部2021年被评为省级高校先进党支部，党支部书记荣获陕西省高校优秀党务工作者；2021年

建成校级五星级支部、校级"双带头人"教师党支部书记工作室。

（二）党建业务实现双融双促

坚持党建工作与教育教学改革相结合，落实双带头人机制，创新教学团队"256"建设模式，建成全国水利行业教学创新团队，获省级以上集体荣誉2项、个人荣誉26项和各类成果10项，申报立项各级教改科研项目20余项，参加各类教学大赛获奖11项，获得实用专利5项，混合课程建设12门及教材建设5部。支部党员作为主持人获省级教学成果奖二等奖1项，校级教学成果奖一等奖1项。支部有省级"优秀辅导员"1人，校级"十佳辅导员"1人。

（三）党建带团建提升人才培养质量

以党支部建设带动团支部建设，形成点、线、面"三带动"模式，促进了良好学风的形成和人才培养质量的提升。近五年水利水电建筑工程专业学生报考率由120%逐年增加到261%，报到率常年保持在92%以上，就业率保持在96%以上。有90%的学生在顶岗实习期间被企业录用，在世界500强企业就业比例由23.7%增加到54.6%，学生满意度逐年提高。近五年，专业学生获全国技能大赛一等奖20余项、二等奖40余项、三等奖20余项；在互联网＋大赛中获国赛银奖1项、省赛金奖4项，获奖数量与质量位居全国水利职业院校第一方阵。

# 以文化人 构筑"红金绿"交融育人的大思政课

文化是一个国家、一个民族的灵魂，文化自信是更基础、更广泛、更深厚的自信。陕西历史遗存丰富，文化积淀深厚，更是一片红色热土。近年来，杨凌职业技术学院立足省情校情，围绕新时代伟大实践，在推进"大思政课"建设进程中注重以文化人，将陕西丰厚独特文化与学校鲜明办学特色相结合、思政小课堂与社会大课堂相结合，深入挖掘和充分利用陕西丰富的革命文化、博大的优秀传统文化、厚重的农耕文化蕴含的资源、故事和精神，构筑以红色文化为底色、以优秀传统文化为本色、以农耕文化为特色的"红金绿"交融育人的大思政课。

## 一、经验做法

### （一）以红色文化铸魂，传承红色基因

学校深入挖掘陕西红色文化资源，聚合渭华起义纪念馆、凤县革命纪念馆、川陕革命根据地纪念馆、陕甘边革命根据地照金纪念馆、马栏革命纪念馆、西安事变纪念馆、扶眉战役纪念馆、延安革命旧址等地蕴含的一系列伟大精神、实践成就以及英雄事迹等各类思政元素融入课堂、融进课程，打造地域鲜明的红色思政课程群，为新时代青年坚定文化自信、厚植家国情怀、心怀复兴大任提供丰富的文化课程给养。充分利用陕西红色旧址遗址，着力建设一批"大思政课"实践教学基地，倾力打造红色文化陕西之光虚拟仿真教学资源，创设情景式、体验式、沉浸式教学，让学生追红色记忆、走红色足迹、悟红色精神，使学生读懂历史、铭记历史，增强思政"金课"铸魂育人实效。

### （二）以优秀传统文化润心，涵养家国情怀

学校以优秀传统文化滋养思政课育人实践，在眉县张载祠、武功县苏武纪念馆等地组织开展现场教学，让广大学生体验张载以天下为己任、忧患民命民生的胸怀，感悟苏武宁死不屈、不辱使命的气节等，激发学生强烈的民族意识和建功立业新时代的

责任感。学校推出首部师生原创舞台情景剧《郑国渠》，全面展现古代大型水利工程郑国渠修建的历史背景和艰难过程，充分展示郑国胸怀天下的为民情怀、精益求精的工匠精神以及我国劳动人民艰苦奋斗、勤劳勇敢的优秀品质。创新文化育人的新路径、新方法，开展校园"中华经典晨读"，让广大学生在诵读中华经典文化中启迪心志、陶冶情操、加强修养，以节庆文化为抓手，实施十大节庆主题教育活动，打造"生活式"思政教育暨人文素质教育模式，举办非遗、古典文学、周文化等中华优秀传统文化专题讲座，用优秀传统文化教育培养、感染熏陶学生，开展校园文化艺术节活动等，引导广大学生传承中国精神、践行中国价值，增强作为中华儿女的志气、骨气和底气。

（三）以农耕文化固本，服务乡村振兴

学校把课堂学习和乡村实践紧密结合起来，将"思政小课堂"融入"社会大课堂"，充分发挥陕西厚重的农耕文化底蕴和杨凌独特的农科资源优势，在杨凌上合组织农业基地、田西村、王上村、职业农民创业创新园、学校豆村农场等地，把"课堂"搬到"现场"，用"实践"武装"思想"，创设田间地头思政课，强化劳动教育实践，让广大学生知农时、体农情、察农需、志农事，组织师生开展"三下乡"社会实践活动，引导和帮助广大学生上好行走的"大思政课"，在社会课堂中受教育、长才干、做贡献。构建农耕文化全方位教育教学体系，创新实施"正禾"育人工程，建成耕读文化馆，创设后稷文化为核心的校园文化，组织"百名教授进百村""万名学子进万村"乡村振兴大调研活动，开发《耕读人生》《二十四节气暨农耕文化》等教育读本，开展"二十四节气暨农耕文化"教育活动，形成"通识教育课（后稷文化传承课）+专业教育课（在专业教学中融入"耕读教育"元素）+第二课堂实践课（以劳动课、社会实践、创新创业、志愿服务为主）"的课程体系等，让广大学生把论文写在祖国大地上，在乡村振兴的大舞台上建功立业。

## 二、主要成效

学校紧扣立德树人根本任务，科学探索新时代思政教育改革新路径，构建环环互动、共融共促的"红金绿"交融育人的大思政课，充分发挥了文化育人功效，有效提升了思政教育实效性，持续推动了思政教育高质量发展，培养了一批批传承红色基因、涵养家国情怀、服务乡村振兴的时代新人。近年来，学校获批教育部思政课教师研究专项、陕西高等职业教育教学改革研究项目、陕西省哲学社会科学研究专项等省部级科研项目 20 余项；教师在陕西学校思政课教师"大练兵"、陕西省职业院校教师教学能力比赛、陕西省高等职业院校课堂教学创新大赛等省级教学展示中获奖 10 余项，在全国高校大学讲思政课公开课、"我心中的思政课"全国高校大学生微电影、陕西大学生网络文化节等省部级展示活动中获奖 10 余项；87% 的涉农专业毕业生返乡投身乡村振兴建设，创立农业企业、开办农民专业合作社、创办家庭农场，成为乡村振兴的践行者和农村致富的带头人，涌现出李松、姜凯、薛晓康等一批批深入农村创新创业的优秀典型。

# 人才培养类

高校的首要职能和本质职能是人才培养。党的二十大报告指出:"教育是国之大计、党之大计。培养什么人、怎样培养人、为谁培养人是教育的根本问题。育人的根本在于立德。全面贯彻党的教育方针,落实立德树人根本任务,培养德智体美劳全面发展的社会主义建设者和接班人。"

# 以标准为主线的"1+8"人才培养体系构建

学校始终坚持以立德树人为根本标准,秉承"德技并修,全面可持续发展"的育人理念,探索构建了融思想政治工作和职业行为能力为一体的"1+8"职业教育高素质技术技能人才培养体系。"1"是指培养"信念坚定、吃苦耐劳"的思想政治工作体系,"8"是指涵盖专业建设、教学标准、培养模式、课程内容、实践教学、教材建设、师资队伍、教学管理等8个子体系,形成了"勤于学习、技能精湛、勇于创新"的职业行为能力培养体系。通过"1+8"人才培养体系构建,旨在将"德技并修"的育人理念贯彻到人才培养的各个领域,培养"德智体美劳"全面可持续发展的高素质技术技能人才。

## 一、经验做法

### (一)思想政治工作体系

坚持以习近平新时代中国特色社会主义思想为指导,以学生为中心,把社会主义核心价值观等有机融入人才培养的思想道德教育、文化知识教育、社会实践和劳动教育等各个环节,创新实施"正禾"育人工程,开展"耕读教育"课程思政建设和品牌特色教育活动,确保思想政治工作进教材、进课堂、进头脑。按照"目标化引领、项目化管理、活动化支撑"的架构,系统梳理出25个教学要点,根据教学要点将新时代大学生培养目标确定为理想信念、爱国情怀、品德修养、知识见识、奋斗精神、行为习惯、人文素养、劳动意识、感恩之心、职业能力等10个方面。有针对性地设置了"灯塔引航""爱国力行""德种心田""新知视野""昂扬奋进""行为养成""人文浸润""耕读修身""饮水思源""精技强能"10个项目,结合25个教学要点和10个育人项目,精心设计60多项主题鲜明、操作性强的支撑活动,确保思想政治教育工作有力度、深度和温度,促进学生全面发展和成长成才。

## （二）职业行动能力培养体系

一是对接产业标准，服务旱区粮食安全、生态文明、乡村振兴等国家战略，顺应新农科、新工科等产业发展新业态，建立了以国家高水平专业群为引领，包含国、省、校三级专业群发展体系。

二是对接行业标准，形成了以专业目录为指引，以专业为单元，由专业教学标准、课程标准、实习标准组成的中高本贯通、贯穿整个教学过程的专业标准体系。

三是对接岗位标准，形成了多个适应旱区现代农业、节水灌溉、生态保护等产业需求的特色人才培养模式。

四是遵循人才发展规律，形成了以思政引领、通专融合为主线，由"通识课（含行为养成和劳动课）+专业课+个性发展课+创新创业课"组成的"四位一体"人才培养课程体系。

五是遵循"理论实践相结合"的原则，统筹校内外实践教学资源，紧抓集中教学实践和分散教学实践两个环节，遵循了解、验证、掌握、创新的4个逻辑层次，开展认知实习、课程实验、课程实训、专业综合技能实训和岗位实习5种实践教学，构建了"二环四层五类"的实践教学体系。

六是坚持正确的政治方向和价值导向，形成党的思想进思政课教材、课程思政元素进公共课和专业课教材、"新工艺、新技术、新方法"进专业课教材的，由活页式、工作手册式、融媒体等100多种新形态教材组成的教材建设体系。

七是按照分层分类的思路，建立了师德师风高尚、专兼结合、结构化的国、省、校三级教师教学创新团队体系。

八是以学分制改革为核心，建立"学分银行"，形成"教学规范""质量监控""教学激励"并重的现代职业教育教学管理体系。

## 二、主要成效

近五年来，学生参加职业技能大赛和创新创业大赛获国家级奖项270余项，就业率稳定在95%以上，500强企业就业率位列全国前列，就业质量稳步提升。主编国家级规划教材14本,获国家教材奖2项；获批国家和省级高校黄大年式教师团队各1个，全国职业教育教学创新团队1个、全国课程思政示范教学名师团队2个；获中国特色高水平高职学校建设单位（B档）、陕西省高水平高职院校建设单位（A档）、全国乡村振兴人才培养优质校、全国水利类优质高职院校、陕西省高技能人才培养基地等荣誉称号；获批国家级高水平专业群2个，省级高水平专业群7个；拥有中央财政支持建设的实训基地4个，省级示范性实训基地6个。此外，学校主持国家专业教学资源库3个，主持省级专业教学资源库6个，主持国、省级精品在线开放课程22门，获国家教学成果奖6项、省级教学成果奖31项。学校入选全国高职院校资源建设优势学校60强，教师发展指数100强，学生管理、实习管理、社会服务等50强全国典型。

# 德技并修的"四位一体"人才培养课程体系的设计与实践

《国务院关于加强发展职业教育的决定》指出:"坚持以立德树人为根本,全面实施素质教育,科学合理设置课程,将职业道德、人文素养教育贯穿培养全过程。"为全面贯彻落实文件精神,贯彻落实立德树人根本任务,为解决高职教育课程体系区别普通高等教育课程体系类型特色不鲜明、素质教育与专业教育"两张皮"等问题,学校成立专门的课题组,在调研分析的基础上,运用美国教育家、心理学家霍华德·加德纳(Howard Gardner)提出的"多元智力理论",结合高职学生的特点,创新构建了"通识课+专业课+个性发展课+创新创业课"的四位一体高职人才培养课程体系,并于2016年在全校所有专业推广应用,取得了良好的效果。依托该课程体系的教学成果获2019年度陕西省教学成果奖一等奖。

## 一、经验做法

"通识课+专业课+个性发展课+创新创业课"四位一体课程体系包括4个大模块、23个子模块,学生毕业时需完成必修课总学时2550学时120个左右学分,行为养成、个性特长、创新创业等课程获得最低45个学分,上不封顶。高职德技并修的"四位一体"人才培养课程体系框架如图1所示。

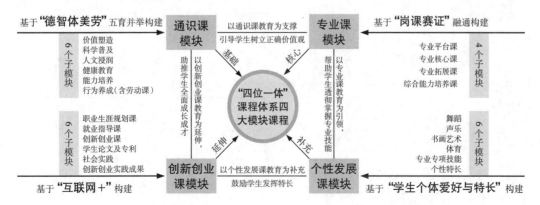

图1　高职德技并修的"四位一体"人才培养课程体系框架图

（1）基于"德智体美劳"五育并举构建通识课模块。突出培养学生的职业综合素质，包括学生的思想政治素质、人文素养、科学素养、职业道德、职业精神等综合素质，设置了价值塑造、科学普及、人文浸润、健康教育、能力培养、行为养成等6个子模块。

（2）基于"岗课赛证"融通构建专业课模块。培养学生的职业能力，以企业岗位典型工作任务、职业资格认证、技能竞赛的能力为目标整合教学内容，设置专业课程，包括专业平台课、专业核心课、专业拓展课和综合能力培养课4个子模块。专业课按18—20学时1个学分认定。

（3）基于"学生个体爱好与特长"构建个性发展课模块。遵循学生个性特长发展，以自修、选修的学习活动与成果，设置个性发展课程，包括舞蹈、声乐、书画艺术、体育、专业专项技能、个性特长等6个子模块。

（4）基于"互联网+"构建创新创业课模块。以"互联网+"理念为指导，设置多种形式培养学生创新创业能力的课程，包括职业生涯规划课、就业指导课、创新创业课、学生论文及专利、社会实践、创新创业实践成果等6个子模块。

"四位一体"人才培养课程体系四大模块课程学习组织实施与成果认定如图2所示。

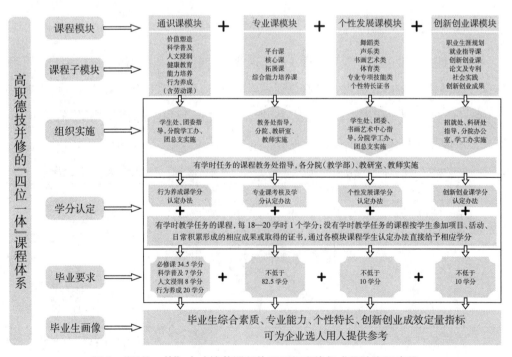

图2 "四位一体"人才培养课程体系组织实施与成果认定示意图

## 二、主要成效

### （一）学生素质教育成果丰硕

"四位一体"课程体系实施以来，"学生社团活动与思想政治教育工作路径研究"荣获 2016 年全国高职高专院校党委书记论坛一等奖。学校涌现出了火海救人道德模范张翼、贾文博，30 余人次分别获国、省大中专学生"三下乡"社会实践活动、陕西省最美志愿者、脱贫攻坚专项活动社会实践等先进典型。我校学生在陕西省大学生田径运动会上分别获团体总分第二名和男子团体第二名，在全国农业院校田径运动会上分别获团体总分第一名、男子团体第一名、女子团体第一名的好成绩。

### （二）学生创新创业教育成果显著

"四位一体"课程体系实施以来，我校学生共获得专利 16 项，创办企业 27 家，毕业生李松荣获"全国第三届大学生就业创业人物"称号，其创办的公司在陕西股权交易中心新四板农科板成功挂牌上市。我校学生在"互联网+"创新创业大赛中获国赛金奖 1 项、银奖 1 项、铜奖 6 项，省赛金奖 22 项，参赛数量和获奖成绩稳居全省高职院校前列。许彦云等 4 名毕业生获全国及陕西省大学生创业明星。

### （三）教育教学质量显著提升

"四位一体"课程体系实施以来，我校学生先后在全国职业院校（含行业）技能大赛中获国赛优胜奖 1 项、国赛一等奖 15 项、国赛二等奖 35 项、国赛三等奖 30 项，省赛特等奖 2 项、省赛优胜奖 1 项、省赛一等奖 214 项、省赛二等奖 351 项、省赛三等奖 331 项。近五届毕业生调查数据显示，各专业就业率均在 95%以上。就业质量显著提升，据麦可思对学校毕业生的满意度调查显示，毕业生对母校的满意度为 97%。

### （四）课程建设取得了显著成果

"四位一体"课程体系实施以来，学校课程建设水平得到有力提升，推动了学校"三教"改革。学校先后获评国、省级精品在线开放课程 22 门，2022 年共有 41 门优质课程入驻国家高等教育智慧教育平台，建成学校线上线下混合课程 1538 门，项目组主要成员参与的"聚焦三新创建，系统推进高职线上线下混合教学改革的研究与实践"获 2021 年度陕西省教学成果奖一等奖。

# 注重通识教育　助力学生全面持续发展

通识教育是一种人文教育，目的是开发、挖掘出不同受教育者个体身上的潜质与精神气质。其本质是促进人的全面发展和可持续发展，教育理念与立德树人、素质教育等高度契合。大力开展通识教育是高职院校落实立德树人根本任务、提升学生核心技能和综合素质、服务学生持续发展的有效途径。为进一步强化学生可持续发展能力培养，从2016年起，学校坚持人本思想，转变教育理念，确立了德技并修、全面可持续发展的育人理念，五育并举，将通识教育融入教育教学全过程，强调整合不同领域的专业知识，重视培养学生的思维方法及敏锐的洞察力，强调对不同文化的了解，同时也重视人的情志的培养等，为学生未来人生做准备。

## 一、经验做法

### （一）科学搭建组织平台，建立通识教育工作机制

学校决策层面组建通识教育委员会，打破专业界限，对通识教育进行统一的规划与管理，站在学院人才培养目标的角度，对通识教育资源使用、课程开设、学分设计等进行统筹安排与整体设计。在院系实施层面，以文理学院、马克思主义学院、体育课教学部等为主体设置通识教育研究中心，对通识教育进行统一的规划与管理，探索构建适合高职人才培养要求的通识教育管理体系，实施通识教育模块化管理工作机制。

### （二）基于职业核心能力，重构通识教育课程体系

在遵循高职教育规律和高职学生成长规律的基础上，将通识课程纳入高职人才培养方案通盘考虑，优化课程结构，科学设计通识教育课程体系。按照"基本性、普适性、整合性、深刻性、时代性"五大原则，不断优化课程结构和课程内容。我校通识教育课程知识体系体现了高职教育特色，适合高职学生特点，具体涵盖价值塑造课、能力培养课、人文浸润课、科学普及课、行为养成课、身心健康课六大课程板块，30多门通识课程，近200个内容模块（表1）。

表 1 通识教育课程体系

| 课程体系 | 课程名称 | 课程类别 | 考核方式 | 考核部门 |
| --- | --- | --- | --- | --- |
| 价值塑造课 | 思想道德修养与法律基础 | 必修课 | 学分制 | 马克思主义学院 |
| | 马克思主义中国化 | | | |
| | 形式与政策 | | | |
| | 中国梦与核心价值观 | | | |
| 能力培养课 | 中文写作、中文沟通 | 必修课 | 学分制 | 语文教研室 |
| | 应用英语 | | | 英语教研室 |
| | 应用数学 | | | 数学教研室 |
| | 信息处理技术 | | | 计算机教研室 |
| 人文浸润课 | 艺术与审美、文学欣赏、历史常识、哲学基础、公共关系 | 选修课 | 学分制 | 各分院、教务处、团委学生处 |
| 科学普及课 | 社会科学常识、自然科学常识、创新与思维 | 选修课 | 学分制 | 教务处、学生处、马克思主义学院 |
| 行为养成课 | 军训课、劳动课、早操课、文明礼仪课、卫生与安全课 | 必修课 | 学分制 | 学生处、团委、各分院 |
| 身心健康课 | 体质锻炼、心理健康 | 必修课 | 学分制 | 体育部、学生处、马克思主义学院 |
| 个性发展课 | 根据学生兴趣自选 | 选修课 | 学分制 | 学生处、团委 |
| 创新创业课 | 假期社会调研，撰写调研（实践）报告或开具企业证明，自主创办企业 | 必修课 | 学分制 | 教务处、招就处、学生处 |

（三）优化师资结构，建设高水平通识教育教师团队

通过制定相应的激励措施，优化教师团队结构，鼓励教师外出学习培训，调动教师的积极性，不断提高教师通识教育课程的教学水平。一方面，通识教育教师要在思想上深刻认识到通识教育的重要性，广泛阅读，积累知识，使自己真正成为一个通才；另一方面，通识教育教师要立足学生需求和通识教育课程特点，突出教学重点和难点，注重培养学生分析问题和解决问题的能力，训练学生的批判思维和创新能力。因此，选拔思想品德优良、积极向上、有丰富相关课程教学经验、教学水平和能力强，以及具有一定学术研究能力的教师承担通识课程教育工作，建立起一支高水平、负责任、稳定的通识教育师资队伍。

### （四）充分应用信息技术，创新通识教育培养方式

积极推进以优质慕课、网络课、微课等为主要载体的课程内容改革，以线上线下混合式为主导的课程教学模式改革，引进了"尔雅通识教育网络课程"作为通识课程的补充，涉及国学传承、启迪思想、大学生涯、职业能力、艺术鉴赏与审美体验、创新创业教育等25个模块共98门通识教育课程。学生通过在线观看国内外著名学者专家、各学科领域名师的课程视频，完成网上作业、在线互动和考试等环节，完成网上课程的学习，获得相应通识课程学习学分。

### （五）以满足学生个性发展为需求，积极开展通识教育实践育人活动

（1）"学生社团百千万建设"工程。学校将一、二年级学生按兴趣、爱好、特长进行分类，全部纳入学生社团进行教育、管理及服务，促进学生个性发展。建好100个以上的学生社团，全年举办不少于1000次社团活动，每年参与学生社团活动的人数不少于10万人，促使学生走出宿舍、走出网吧，走进社团活动场所，活跃校园文化。

（2）"第二课堂成绩单"教育工程。学校2016年制定了"第二课堂成绩单"制度，组织编写了《大学生第二课堂成绩单指导教程》，有效回答和框定了共青团和学生工作者在第二课堂"该做什么"和"怎么做"，团员青年在第二课堂"该学什么"和"怎么学"的问题。为了增强学生参与第二课堂的积极性和主动性，学校为该课程设置了10分（占学生综合素质测评总分的1/10），体现在三好表彰、团员评议、团内表彰、推优入党等环节。

（3）"十大节庆"主题教育工程。学校启动实施了"新年之乐""清明之思""劳动之荣""五四之魂""端午之忆""爱党之情""中秋之韵""师恩之念""爱国之怀""重阳之孝"等"十大节庆"主题教育工程。

（4）"二十四节气暨农耕文化传承"工程。学校启动了"二十四节气暨农耕文化传承"工程，使青年学生知节气、晓气候，学节气、懂农事，读节气、晓地理，研节气、通天文，用节气、益养生。在指导青年学生学习、生活、工作、生产、养生的同时，丰富学校立德树人的内涵，提升学生的人文素质，促进中华优秀文化的传承。增强广大学生学农、爱农的兴趣和扎根基层、服务"三农"的情怀，激发广大师生的创新创造活力。

（5）"传统文化经典晨读朗诵"工程。学校创造性地提出了"经典晨读"教育活

动,印发了《杨凌职业技术学院关于开展"经典晨读"活动的通知》,编写出版了《中华经典晨读百篇》一书,师生人手一本。启动实施该活动以来,大一、大二学生每天第一节课前10分钟晨读,每周1篇文章。该活动让学生在朗读中体会中国传统文化的博大精深,陶冶了学生的思想情操,同时形成了良好的学习、生活习惯,提升了校园文化品味。

(6)"大学生公共文化艺术教育"工程。学校成立书画艺术、文学艺术、音乐艺术、舞蹈艺术、曲艺艺术、新闻宣传、摄影艺术和职业礼仪等8个公共文化艺术教育中心。学校把公共艺术课程教育纳入学校选修课统一管理,科学安排公共艺术教育课程教学,并在人才培养方案的毕业条件中对综合素质选修课提出了5个学分的要求,为学生通识教育选课提供广阔空间,发挥了艺术教育寓教于乐的育人功能。

(7)"双百励志教育"工程。学校启动实施了以"放飞梦想、励志青春"为主题的"双百励志教育"工程,即组织展播百部爱国主义影视片,教唱百首青春励志歌曲,着力讴歌伟大的祖国、伟大的人民、伟大的中华民族,集中展现广大学生热爱祖国、朝气蓬勃、昂扬向上的精神风貌,着力推动用实现中华民族伟大复兴的"中国梦"培养学生、凝聚学生、激励学生,营造良好的校园文化氛围,着力培育社会正能量。目前,各分院均形成了"每周一歌""周末影院"励志教育品牌。

(六)以学分制管理为导向,积极推进通识教育管理制度建设

学校出台了以学分制为导向的通识教育考核认定办法,编制了《"四位一体"人才培养课程学分登记表》,出台了"通识课程""行为养成课程""个性发展课程""创新创业课程"等课程考核原则意见及课程学分计算记载办法等制度,对行为养成课、个性发展课和创新创业课的学分认定与登记办法列表进行详细说明。在具体实施过程中,各分院在每学期结束后,按照学分认定细则,将学生获取行为养成课、个性发展课和创新创业课的学分进行审核认定,计入学生成绩卡,作为学生学籍档案的重要组成方面。

(七)以加大经费投入为保障,不断改善通识教育校园文化基础条件

学校高度重视通识教育教学基本条件建设,在人力、物力、财力等方面予以充分保证。学校通识教育专项经费投入不断加大,教学场地场馆、器材设备、图书资料等逐年增加。近年来,学校用于通识教育的各类经费投入达1500万元。目前,学校正在新区投资1亿元,启动建设2万平方米大学生活动中心,为全面实施通识教育创造更

加舒适、优美的校园环境。

## 二、主要成效

通过五年的实践，我校学生的综合素质全面提升，"能说会干、吃苦耐劳"成为用人单位对毕业生的普遍评价。学生在全国和陕西省各类技能大赛中取得了优异成绩，全校在校大学生参与创新创业大赛人数 13974 人次，申报创新创业参赛项目 973 个，在校学生获省级互联网＋创新创业大赛金奖 3 个、银奖 2 个、铜奖 14 个，获国家创新创业大赛铜奖 1 个，获优秀组织奖 2 个，获最佳带动就业单项奖 1 个。全校学生体育成绩和体能测试成绩达标率提升了 10 个百分点，学生身体综合素质明显增强。劳动成为学生的自觉行为。通过这些系列文化专题活动和技能大赛，学校将通识教育完全融入学院第二课堂，培养了学生爱岗敬业的职业操守和精益求精的工匠精神，增强了学生适应时代发展要求，适应专业行业发展要求，与时俱进、迁移拓展的能力，收到了良好的寓教于乐育人效果。学校涌现出了一批舍生取义、拾金不昧、自主创业的先进人物，如火海救人的张翼、贾文博两位同学荣获杨凌示范区第二届道德模范人物。

# 让劳动成为职业教育鲜亮底色

劳动教育是中国特色社会主义教育制度的重要内容，加强劳动教育，是实现立德树人根本任务的客观需要。而职业教育是与劳动教育关系最直接、最密切的教育。为认真贯彻落实习近平总书记关于全面加强劳动教育重要讲话和指示精神，大力推进素质教育，强化学生的劳动意识，实现思政劳育、专业劳育、实践劳育、课程劳育、科创劳育的融会贯通，让学生亲历劳动过程，促进学生全面可持续发展，提升育人实效。近年来，杨凌职业技术学院紧扣立德树人根本任务，充分发挥农耕文化资源和涉农专业学科优势，深入开展劳动教育研究和实践，通过以劳树德、以劳增智、以劳强体、以劳育美、以劳创新，不断提升学生的劳动意识和劳动习惯，在努力构建德智体美劳全面培养的教育体系方面取得了积极成效。

## 一、经验做法

### （一）建章立制，创新劳动教育模式

杨凌职业技术学院先后出台《劳动课实施办法》《"三全"育人工作实施方案》《"正禾"育人工程实施方案》《耕读教育实施方案》等，以构建全方位耕读教育体系为目标，以"力耕勤读"为主题，积极探索新时代耕读教育新内涵、新模式、新途径，提升学生的劳动意识和知农学农爱农情怀，推动劳动教育常态化长效化开展。

### （二）开展专项活动，推动劳动教育

学校通过以"耕读修身"为重要项目的"正禾"育人工程、二十四节气暨农耕文化传承活动、中华经典晨读、校园环境治理及卫生清洁劳动等专项活动的开展，多角度、全景式阐述耕读文化的历史积淀、人文精神和现实意义，教育引导学生崇尚劳动、尊重劳动，培育学生正确的劳动观念和劳动价值取向。

### (三）构建体系，推动劳动教育深度融入

通过"劳动课+特色劳动"项目，将必修课与学生活动相结合，充实劳动教育内容，注重劳动精神养成，形成了劳动教育与专业教育深度融合的劳动教育培育体系。

#### 1. 劳动教育融入通识教育必修模块中

杨凌职业技术学院成立学生劳动教育工作领导小组，全面落实《"四位一体"人才培养工作实施方案》中劳动课16学时的教学任务，明确劳动课考核内容与考核标准，深化对学生劳动教育的探索和实践，充实劳动课教育内容，完善劳动课程培育体系。

#### 2. 劳动教育融入农林教育特色模块中

依托农林劳动教育实践基地，学校探索出劳动教育课程项目与专业学习、专业文化建设与"工匠精神"融合培育的新路径，即以1门劳动教育通识课为基础，以"造园技艺""雕刻技艺""苗木花卉栽培""污水处理""果树生产""花卉生产""设施栽培""蔬菜栽培"等8门主题课程为基础的"1+8"涉农院校劳动育人课程体系，让学生在动手实践中感受春种的辛劳、秋收的喜悦，争做知农学农爱农的新时代青年。

#### 3. 劳动教育融入耕读教育拓展模块中

习近平总书记强调："农村是我国文明的发源地，耕读文明是我们的软实力。"我校将耕读教育作为课程思政的特色，修订完善涉农专业人才培养方案，强化耕读特色课程开发，将大国三农、中华农耕文明、中国农业发展史（杨凌农业）、乡土民俗文化、乡村治理等作为涉农专业必修课，置入人才培养方案之中，形成具有鲜明特色的耕读教育课程体系，在其他相关专业开设耕读教育选修课，培养学生"知农、爱农"情怀和"向下扎根、向上结果"的"种子"精神。

## 二、主要成效

经过系统规划、有效实践，构建了劳动教育与课程建设、技能培养、创新创业、研究项目、社会企业联动的劳动教育实践平台，有效提升了劳动教育的成效。

### （一）劳动教育与课程建设联动，建设出一批精品课程

根据我校涉农专业布局和特点，依托农林劳动教育实践基地，将工匠精神和劳动精神融入课程建设全过程，通过实训课、课外活动、技能训练、项目开发、技术研发等多个渠道，在课程教学设计和实施中，培育学生精益求精精神和劳动精神，建设了

8门国家级、省级精品课程。

（二）劳动教育与技能培养联动，涌现出一批技能工匠、创业明星

依托农林劳动教育实践基地等校内外实训基地，吸纳学生组建各类创新小组，通过对学生进行创业教育，开展创业实践，重视新知识、新技术、新工艺、新方法应用，引导学生积极参与创新创业和科技成果转化工作，提升创业能力，树立正确择业观。先后获中国"互联网+"创新创业大赛国家级奖项6项。

（三）劳动教育与教研项目联动，提升教师教研水平

在开展实践教学和劳动教育的同时，我校一方面为劳动教育研究、科研项目孵化、社会服务项目研究等提供平台，先后立项劳动教育相关教科研项目60余项，另一方面出台一系列专项奖励办法，鼓励青年教师积极参与科技研发与创新工作，提升劳动教育与教研项目融合水平。

# 涉农高职院校高素质农民（村干部）学历教育"334"培养模式

习近平总书记指出："农业强不强，农村美不美，农民富不富，决定着全面小康社会的成色和社会主义的质量。"2019年两会期间，时任国务院总理李克强在政府工作报告中提出"高职百万扩招"的决定，随后教育部发布了《高职扩招专项工作实施方案》。学校党政领导高度重视，第一时间进行专题学习，深刻认识领会高职院校百万扩招重要举措的重大现实意义，成立专门工作机构，结合学校涉农院校特点，认真总结2016年在全国首先开展的职业农民学历班的经验，积极探索、勇于实践，逐步形成了顺应"百万扩招专项工作"特色鲜明的高素质农民（村干部）学历教育"334"培养模式，即"三共同、三结合、四对接"，成为全省、全国的典范。

## 一、经验做法

### （一）校地合作"三共同"

#### 1. 共同招生

结合陕西省职业农民和村干部的分布现状及区域需求，学校与相关县区农业农村局、组织部等部门紧密对接，由县区农业部门和组织部门组织遴选培养对象，学校利用陕西省单独招生政策，因地制宜确定招生考试要求，组织单独招生考试，确定招录对象，确保培养对象满足地方经济发展需求及农村基层政权的巩固需求。

#### 2. 共订方案

根据职业农民和村干部的特点，学校开展深入调查研究，召开职业农民、村干部代表及县农业农村局等不同层次座谈会，征求意见，了解需求，共同协商，确定培养目标、职业能力、课程体系，制定符合职业农民和村干部培养特点的专业人才培养方案，确保定位准确、针对性强，能符合地域要求，体现地域特色。

### 3. 共同管理

为了确保培养质量，学校制定了《职业农民（村干部）教学管理办法》《职业农民（村干部）学生管理办法》，由学校、地方政府分别安排辅导员和工作人员参与班级管理，采取"双班主任制"，实施双线管理，确保学员在校集中学习和校外分散学习期间，管理不间断，时时有人管。同时，在村干部班成立临时党支部，结合校地实际开展政治学习及党日活动。

## （二）教学组织"三结合"

### 1. 农学结合

根据职业农民和村干部的实际现状，在教学组织上，采取农闲季节开展专业理论知识培训，农忙季节部署专业实践课题，要求结合生产实践，开展调查研究，发现生产中的问题，并不定期安排教师巡回指导，确保学习、生产两不误。

### 2. 课堂教学与田间地头结合

依据涉农专业特点，紧密结合农时季节安排教学环节，将课堂设在田间地头，按不同季节循环组织教学，使教学环节与农业生产环节紧密结合，强化实践能力培养。

### 3. 线上线下结合

充分利用互联网优势，搭建信息化教学平台，建设由专业网站、课程网站、教师空间、学习空间等构成的信息化教学中心，开展在线教学、在线学习、在线作业、在线辅导、在线答疑、在线考核等，并适时实施互动远程教学，打破时间、空间、地域限制，满足学员全方位学习需求。

## （三）精准培养"四对接"

### 1. 专业设置对接农业主导产业

依据教育部颁布的专业目录，结合职业农民（村干部）实际需求，根据陕西不同区域不同的农业主导产业，灵活设置专业及专业方向。针对富平班以种植大户为主体的现实，设置农业生物技术专业；针对杨凌示范区主抓农业安全、绿色生产的实际，以村干部为主体的杨凌班设置绿色食品生产技术专业；针对眉县猕猴桃主导产业，设置园艺技术专业。从专业设置上，满足精准培育。

### 2. 课程设置对接职业岗位

依据职业农民和村干部两类不同培养主体，在同一专业满足核心课程的同时，设置不同课程体系。针对村干部岗位，增加了村务管理、党务管理、农村财务管理、村镇建设及基层党建等特色课程，加大管理及基层党建类课程比例；针对职业农民群体，依据新时代下现代农业发展需求，增加市场营销、电子商务、农村物流、农村金融与保险等实用技术课程，满足职业农民的现实需求。

### 3. 教材编写对接专项技术

根据高素质农民（村干部）的特点，学校积极组织专家以单项农业技术为模块，编制14门活页教材。教材体现最新的技术、工艺和规范，并融入课程思政元素。以《农药化肥安全使用》为例，其设置苹果施肥项目、猕猴桃施肥项目及滥用农药化肥的危害项目等。

### 4. 考核评价对接能力培养

依据高素质农民（村干部）的特点，通过果树、蔬菜等田间生产实训考核村干部农产品生产技能；通过公文写作、总结报告考核村干部办公技能；通过村务管理等考核村干部行政管理技能，实现考核评价与能力培养无缝对接。

## 二、主要成效

杨凌职业技术学院已培养职业农民（村干部）毕业生近2000名，学员中约50%创办了种植、加工类企业，10%考取了乡镇公务员，15%通过换届选举实现了书记、主任"一肩挑"，25%已成为"两委"干部。为助力陕西脱贫攻坚、服务乡村振兴培养了一批"永久牌"人才，为乡村振兴背景下职业农民（村干部）学历教育提供了杨凌方案，为全国职业院校服务乡村振兴树立了典范，发挥了明显的示范带动作用。在教育部举办的教育2020"收官"系列新闻发布会上，教育部陈子季司长针对多元化生源如何保证"质量型扩招"的问题，对我校职业农民和村干部培养模式及根据不同生源特点精准设置适合专业给予充分肯定。此外，多家网络媒体做了相关宣传报道近80篇。职业农民和村干部学历教育已成为学校鲜亮的名片，也成为陕西高职教育的风景线。此模式获陕西省教学成果奖特等奖、国家级教学成果奖二等奖。

2018年陕西省委组织部、省教育厅专门委托学校开展全省村干部学历教育提升工作，先后在全省招收学员共2042名，已圆满完成学业的毕业生共160名，已毕业的学员中有25名学员创办企业，3名学员考取乡镇公务员，6名学员在社区村、街办镇政府工作，18名学员经营100亩以上的家庭农场，36名学员成为村后备干部。

# "订单式"培养为三江源提供水利人才支持

三江源中下游地区是国家生态安全的重要屏障,但该地区高寒缺氧、气候恶劣、条件艰苦,陷入了人才培养难、吸引难、留住更难的"三难"境地。通过政行企校"四方"联动,共同推动青海玉树、果洛、黄南3个藏族自治州引进水利人才"订单式"培养,从招生、人才培养方案制定、培养管理过程等方面创新体制机制,有效破解了基层水利人才的"三难"问题,为三江源地区生态保护及水利事业发展提供杨职方案,为当地水利部门培养了一批"思想靠得住""地方留得下""工作拿得动"的红色技术干部。时任中央组织部部长的赵乐际同志对解决藏区急需专业人才异地精准培养模式——玉树、果洛"订单式"培养模式给予充分肯定。

## 一、经验做法

### (一)玉树订单班组建

2016年9月,水利部牵线,杨凌职业技术学院积极配合,与青海省水利厅和玉树州共同推动,定向招收玉树州40名学生。学生学费采取3个1的方式,即:州政府包一年、学校免一年、学生交一年。随后2017年、2018年分别又在青海果洛、黄南两个藏族自治州以"订单式"招收80名学生。

### (二)校政创新定方案

杨凌职业技术学院根据青海玉树州对水利人才技术培养的要求,校政合作制定了适合玉树学生现状、满足水利人才技术要求的订单班人才培养方案。订单班学生多数是藏族,为了满足在校期间对学生的管理需要,实行"校政"两方分别指定的双班主任管理,并在高年级选派学生做助理辅导员,开展"大手拉小手"帮扶活动,形成"汉藏结对学习,学长示范同行"的德育教育氛围,帮助玉树藏族学生加快适应大学生活,融入汉族群体,促进民族团结。

## (三)思政教育育新果

玉树班 40 名学生中有 32 名向党组织递交了入党申请书,5 名学生光荣加入中国共产党,为玉树水利基层部门提供"思想靠得住""地方留得下""工作拿得动"的红色技术干部。他们也是加强基层治理、巩固基层政权的有生力量。

## 二、主要成效

2018 年 8 月 16 日,水利部在青海玉树藏族自治州召开水利人才"订单式"培养工作座谈会,水利部党组成员、副部长田学斌,青海省委常委、副省长严金海出席会议并讲话。中组部、教育部有关负责同志到会指导。会议总结了"订单式"培养的成效经验,研究加快推进中西部民族地区、贫困地区基层水利人才队伍建设。

在总结"订单式"杨凌经验的基础上,水利部人事司加大推广力度,不断取得新进展。2019 年湖北郧阳水利人才订单班开班,2020 年广西省、湖南省水利人才订单班相继开班。2020 年我校动物工程分院畜牧兽医专业与西藏职业技术学院联合开办订单班,是"订单式"培养模式在其他行业的推广应用。水利部《"订单式"人才培养为地区脱贫提供人才支持——青海省玉树藏族自治州"订单式"水利人才培养案例》,荣获"全球减贫案例有奖征集活动"最佳减贫案例(图 1)。

图 1 "全球减贫案例有奖征集活动"最佳减贫案例证书

# 电子商务专业"训、赛、创、服"四位一体实践教学模式创新

为了解决高职电子商务专业实践教学中存在的职业能力培养手段和途径单一,实践能力培养与社会需求、职场要求脱节,创新创业能力培养难以深度融入实践教学全过程等突出问题,杨凌职业技术学院电子商务专业实施了"训、赛、创、服"四位一体实践教学模式。该模式一是通过融"训、赛、创、服"于一体,解决了电子商务专业实践教学中职业能力培养手段和途径单一的问题,二是通过实施企业真实项目驱动的项目化实践教学,解决实践能力培养与社会需求、职场要求脱节的问题,三是通过"训、赛、创、服"一体化教学组织实施,解决创新创业能力培养难以深度融入实践教学的问题。

## 一、经验做法

电子商务专业"训、赛、创、服"四位一体的实践教学模式,通过构建"三段递进式"职业能力培养和课程体系,建立多方参与的产教融合、校企合作平台和运行机制,实施真实项目驱动教学,形成了"训、赛、创、服"四位一体的实践教学模式。

### (一)构建"三段递进式"职业能力培养体系

以立德树人为宗旨,以工匠精神为目标,以精技强能为核心,紧扣产业需求,产教融合、协同育人,以职业能力与创新创业能力培养为主线,以多方合作组织和实践教学基地为载体与平台,以真实经营项目为驱动,对接社会需求,系统构建了"职业基础能力—岗位单项能力—综合应用能力"为内容架构的"三段递进式"职业能力培养体系(图1)。

### (二)建立多方参与的产教融合、协同育人合作平台与运行机制

以"校、政、行、企、农户"多方密切合作为前提和基础,遵循产教融合的规律

与要求，搭建了实践教学组织管理实施平台、校内外项目化实践教学基地平台、产学对接社会服务平台和创新创业就业基地平台。按照"创新创业教育常态化、实践教学项目化、教学指导全程化、组织管理制度化、创业平台基地化"的五化理念，进行"基地管理员、项目经理、创业导师、咨询专家、商服机构"的五级培育，实施"利益、情感、共享、保障、规约"五要素监管，开展"学生自评、同学互评、教师点评、师傅参评、裁判考评"的五方考评，建立了"多方合作整合资源、平台搭建互利共赢、训赛实战强化能力、创新创业全程融入、社会服务提升功能、产教融合协同发展"的合作运行机制（图2）。

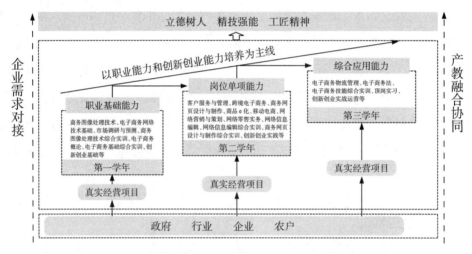

图1 电子商务专业"三段递进式"职业能力培养体系

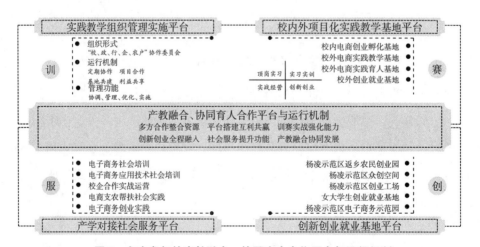

图2 多方参与的产教融合、协同育人合作平台与运行机制

## (三）建立以真实项目驱动的项目化实践教学运行体系

以"校、政、行、企、农户"多方合作平台为依托，以项目为载体，对接电商产业链众多行业、企业和社会需求，将各类实际经营项目按业务类型筛选分类，形成单一业务项目、综合业务项目、创新性项目等三类真实项目；对应电商专业学生各阶段培养的能力要求，将真实项目导入到专业认知实训、单项技能实训、综合实训等实践教学环节，学生分小组通过三类真实项目递进安排进行能力训练，在项目驱动中"学习—训练—提升—创新"，实现专业与产业、教学过程与生产过程的有效对接，完成职业能力培养（图3）。

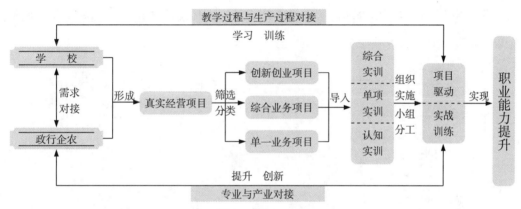

图3　电子商务专业真实项目驱动的项目化实践教学运行体系

## （四）创建"训、赛、创、服"四位一体的实践教学模式

以丰富培养手段、拓展培养路径为探索方向，以职业能力和创新创业能力培养为主线，按照"实训固基、竞赛精技、创新创业强能、社会服务提效"总体思路，创建了高职电子商务专业"训、赛、创、服"四位一体实践教学模式（图4）。该模式是以训为基础、以赛为助力、以创为提升、以服为延伸，聚焦职业能力与创新创业能力的培养，从实现途径和方式入手，实施"训、赛、创、服"四位一体的实践教学活动，使"训、赛、创、服"交融贯穿于实践教学全程，达到以训促学、以赛带训、以创助赛、以服促增的目的，实现能力和素养的同步提升。

"训"是以职业能力和综合素质培养为目标，依托校内外实践教学基地和平台，依据电子商务专业人才培养方案和"2+6W"人才培养模式，按照"三段递进式"职业能力培养体系设计，通过真实项目实战、技能比武、素质拓展、全程训练，强化职业素养的养成;"赛"是借助职业技能大赛和创新创业大赛,实施"以赛促教、以赛促学、以赛促创,师生同创、赛教一体、课赛融合"的教学实践,促进电子商务职业能力培养;"创"是依托创新创业项目训练与创新创业实践,提升电子商务职业能力和创新创业能力,即以真实项目驱动、以创新创业基地和创业联盟为平台,通过创新创业课程指导、专题培训、项目实施、技能大赛、联盟活动、社会服务和公司运营等增强学生实践能力;"服"是专业能力培养途径与方式的延伸和突破,是依托电商兴业兴农、电商精准扶贫项目,通过为政府、行业、企业、农户服务有机嵌入教学,以科技示范、精准扶贫、技术咨询等为"政"服务,以技术咨询推广、电子商务项目策划运营、人才输出等为"行、企"服务,以农业电子商务技术培训、项目策划、网店建设与运营等为农户服务,培养学生服务社会能力,助力精准扶贫和乡村振兴战略,促进区域经济发展,提升专业服务产业能力。

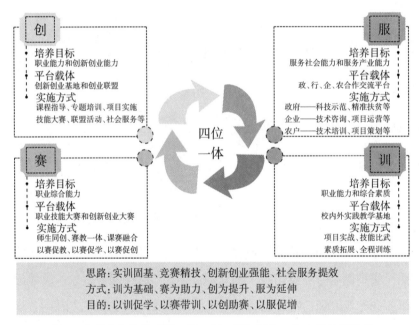

图4 电子商务专业"训、赛、创、服"四位一体实践教学模式

## 二、主要成效

### (一)人才培养质量提升显著,毕业生就业竞争力增强

成果应用以来,在校内全面实施,成效明显:学生电子商务师职业技能鉴定获证率96%以上;毕业生就业率97%以上,对口就业率80%以上,企业对毕业生满意率95%以上;学生参加全国行指委电子商务职业技能大赛获国家级奖7项、省级奖16项;

学校获行指委"全国电子商务职业教育'课赛融通'教学改革实验校"称号。

（二）创新创业教育成效显著，学生创新能力明显提升

成果应用以来，电子商务专业学生参加创新创业大赛140多项，获"互联网+"大学生创新创业大赛国家级铜奖1项，省级金奖2项、银奖1项、铜奖6项，获陕西省高校唯一"最佳带动就业奖"，获杨凌示范区、杨陵区创新创业大赛奖8项；学生创办公司30家，在校生创业率达8%以上，学生创业团队获杨凌示范区"青年创新创业创优标兵集体"；创业实训基地被杨陵区授予"创新创业示范基地"和"女大学生创业就业基地"；学院获陕西省首批"创新创业教育改革试点学院"。

（三）服务地方经济社会发展，电商产业综合效益显著

为杨凌示范区构建了农业电商全产业链发展模式，开展农业电子商务科技服务，携手杨凌示范区电商协会，在创业工场进行技术指导和科技推广，获杨凌示范区"农业科技示范推广基地"称号；90%的学生参与农业电子商务项目运营和社会服务，累计完成380多个社会服务项目；参与杨陵区农业电子商务创业孵化园运营，带动企业发展，技术服务每年直接效益1200万元；依托电子商务专业助力精准扶贫，为青海省玉树州和陕西省蓝田县、旬邑县、留坝县、勉县、周至县、杨凌示范区等开展技术培训500多场次，累计培训2万余人次。

（四）实践教学团队能力增强，双师型专家级团队形成

在成果探索和实践应用中，培养打造了一支教育教学理念新、实践操作能力强、教育教学水平高、综合素质硬的专兼结合"双师型"教学团队。团队成员受聘20多家企业担任技术指导。团队晋升教授3名，晋升副教授5名，培育省级教学名师1名、黄炎培职业教育奖杰出教师2名、行业及校级教学名师3名。发表相关论文23篇，建成省级精品课程2门，出版相关教材3部。立项省级、行业及校级探索课题8项，获国家教学成果奖二等奖、陕西省高等教育教学成果奖一等奖。

（五）省内外广泛推广与应用，辐射示范引领作用明显

本成果得到省内外职教专家和同行的高度认可与评价。在全国电商行指委论坛、陕西省电商行业大会等会议多次交流；中国高职高专教育网、《农业科技报》《陕西日报》、杨凌电视台等主流媒体多次宣传报道；被省内外20多所高职院校借鉴应用；百余所院校来校交流学习，较好地发挥了辐射、示范、引领作用。

# 打造"杨职金课" 深化"三教"改革 推进课堂革命

为贯彻全国教育大会精神、落实《国家职业教育改革实施方案》《职业教育提质培优行动计划（2020—2023年）》和《关于推动现代职业教育高质量发展的意见》相关部署，结合"双高计划"和"提质培优行动计划"建设，杨凌职业技术学院聚焦人才培养，坚持党对高校的全面领导，围绕立德树人这一根本任务，狠抓教学主责主业，以"杨职金课"建设为抓手，深化"三教"改革，注重课堂教学实效，推动教师主动实施课堂革命，开展教材、教法改革，扩展"课堂革命"外延，打造具有农林特色的"杨职金课"，提升人才培养质量，助力新时代高等职业教育高质量发展，为促进区域内经济社会发展和提高国家竞争力，培养更多更好德技并修的高素质劳动者和技术技能人才而努力奋斗。

## 一、经验做法

### （一）聚焦顶层设计，统筹高效推动"三教"改革

根据《关于推动现代职业教育高质量发展的意见》要求，为了进一步深化教育教学改革力度，学校出台了《"打造杨职金课 推进'三教'改革"实施方案》，成立了"杨职金课"建设领导小组，全面规划、领导和管理"杨职金课"建设全过程，并通过强化"双师型"教师队伍建设、创新教学模式与方法、改进教学内容与教材、健全和完善质量保证体系等举措，统筹高效推动"三教"改革，切实提高学校人才培养质量，以良好的精神面貌推进"双高"建设、提质培优行动计划和本科办学工作，推进学校高质量发展。

### （二）优化激励机制，激发教师积极实施课程改革

教师是教学改革的主体，是"三教"改革的关键。为激发教师主动实施课堂革命的积极性，学校在强化师德师风建设的基础上，对教师进行分类管理，制定各种激励

和奖励政策，对获整门金课的教师在职称晋升、评先评优、教学能力大赛、"提质培优计划"案例遴选推荐等方面给予政策倾斜支持；在后续3年内给予该门课程计划课时2倍的奖励课时，纳入二级学院奖励津贴分配，并按照《杨凌职业技术学院专项奖励办法（试行）》予以表彰奖励。同时，通过"金课"建设和"金师"打造，为课程建设和各类大赛取得标志性成果打基础、做铺垫（图1）。

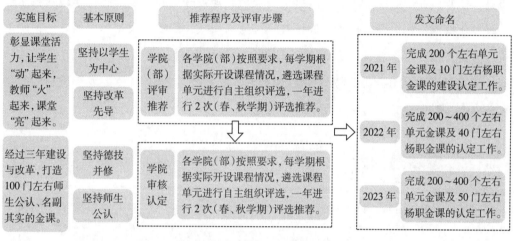

图1 "杨职金课"三年建设计划

## （三）细化教学设计，推动教学内容改革创新

对标国家专业教学目录和各专业教学标准，结合学校"双高"建设与"提质培优计划"任务，在"杨职金课"打造过程中，制定金课评审标准与细则，引导教师进行课堂教学内容改革与创新，有机融入课程思政元素，通过增、删、合、立、换等方式对教学内容进行改革创新，实施"1+X"书证融通，将新技术、新工艺、新规范、新业态融入金课各个学习项目（图2）。

图2 课程改革与创新成效

## （四）丰富教材形式，加大特色教材建设力度

教材是课程建设与教学内容改革的载体。学校成立了以党政主要领导为负责人的意识形态领导小组，对教材的意识形态进行审核，以学术委员会教材建设专门工作委员会负责对教材专业性进行审核的"双审核"机制，牢牢把握教材的社会主义属性；通过"杨职金课"组织实施，持续推动各类教材建设和更新力度，结合学校农林水牧学科专业特点，积极开展探索"岗课赛证"融通模式，组织开发工作手册式、说明书式、活页式教材100余本，开发"X"证书培训教材10本，开发技能大赛培训教材14本，开发双语教材10本，开发"现代学徒制"配套校本教材14本，确保教材内容具有前沿性、时代性、实用性（图3）。

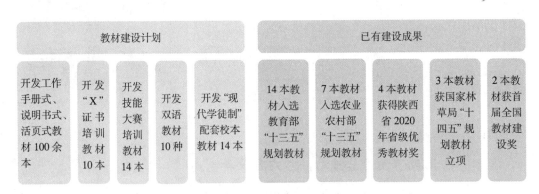

图3 教材建设计划及成果

## （五）融入信息技术，构建立体化课程体系

在"杨职金课"建设中，学校持续推动线上线下混合教学、理实一体化教学等教法改革。依托清华教育研究院优慕课在线开放平台，完成71个专业1529门公共课、专业平台课和专业核心课的建设任务，将信息技术与课堂教学融为一体，实现实体课堂学习和网络虚拟课堂学习有机结合；充分利用学校350余个实验室、80余个创新工作室、15个技能大师工作室、7个产教融合实训基地、6个技术技能协同创新中心、2个院士工作室等校内外实验实训条件，通过变革授课地点、变革授课内容、变革授课方式、变革工作任务，积极开展"杨职金课"的课堂教学改革与创新，为学生提供技能训练"真实"环境，充分调动学生学习主动性和增强学生就业岗位的适应性，为企业培养更多具有真才实学的技术技能型人才（图4）。

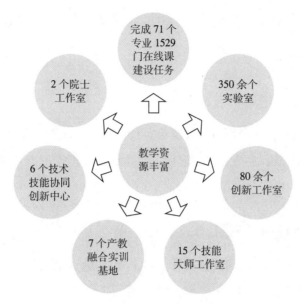

图 4　教学模式改革与创新

## （六）深化评价改革，确保课堂教学质量

根据《深化新时代教育评价改革总体方案》，在"杨职金课"建设中，改变"一张卷子定终身"的成绩评定模式，出台《杨凌职业技术学院课程考试改革实施办法（试行）》，建立能够体现职业教育特色，全面、系统、多元、多样的课程考核体系。打破传统的"期末集中考试周"考核模式，使学生走进实验室、工作室、实训基地、创新中心，把"枯燥"的笔试转变为"生动"的半开卷、开卷、实践操作、口试或课题答辩、论文写作、专业作品制作、情景模拟、证书考核等形式。科学合理设计课程考核成绩权重，实施"平时—过程考核，期末—最终考核"相结合方式，注重课程学习过程性评价（图 5）。目前我校 14 个二级学院（部）共计完成 300 余门次的考试改革任

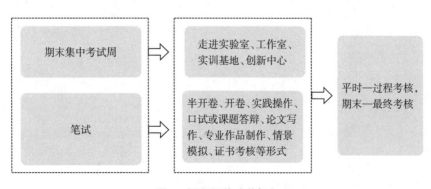

图 5　课程评价改革框架

务，极大调动了学生学习的积极性和主动性，确保教育教学质量的持续提高。

## 二、主要成效

### （一）师资队伍建设卓有成效

学校教师 11 人入选教育部行指委委员，1 个教学团队被教育部确定为国家级职业教育教师教学创新团队，主持参与制定专业教学标准等国家标准 62 项。学校荣登高职院校教师发展指数 100 所优秀院校名单。

### （二）课程建设硕果累累

学校已实现全校 1529 门课程优慕课平台上线应用；结合"双高"建设任务，建成 1 门国家级、22 门省级（行指委）、56 门校级精品在线开放课程，41 门优质课程入驻国家高等教育智慧教育平台，面向全国共享，国、省、校三级精品在线开放课程体系构架成型；2 门课程被认定为国家级课程思政示范课；学校获高职院校资源建设优势学校 60 强。

### （三）教材建设成绩显著

学校 14 本教材入选教育部"十三五"规划教材，7 本教材入选农业农村部"十三五"规划教材，4 本教材获陕西省 2020 年省级优秀教材奖，3 本教材获国家林草局"十四五"规划教材立项，2 本教材获首届全国教材建设奖。

# 构建中、高、本衔接"立交桥"
# 畅通分阶段多元化人才培养途径

职业教育是教育的一种类型，从纵向上看有中、高、本三个层次。为了探索三个层次的区别与联系，贯通三个层次的上升渠道，促进专业群高质量发展，杨凌职业技术学院联合中国杨凌现代农业职教集团、渭南师范学院、洛川职业中学等，以"贯通设计、分段实施、分工合作"为原则，构建"一核心、三贯通、三共同"中、高、本衔接人才培养体系，培养一批高层次技术技能应用型人才。

## 一、经验做法

### （一）"一核心"，服务产业发展

学校联合中国杨凌现代农业职教集团、洛川职业中学、渭南师范学院等院校机构，紧密围绕"培养层次技能应用型人才"核心，聚集优质资源，挖掘互补优势，服务农业产业高质量发展，选择了"园艺技术"等专业的中、高、本三个层次职业教育，目的是为当地培养初级、中级、高级层次技能应用型人才。

### （二）"三贯通"，畅通培养途径

为了让中、高、本三级人才在培养过程中既有联系，又有侧重，学校采取以下培养途径：

**1. 学制贯通**

我校与多所中职、本科院校签订专业人才培养协议，搭建了分阶段多元化人才培养途径，即中职3年制+高职2年制+本科2年制（外校就读或本校委托培养）。

**2. 方案贯通**

各合作院校以座谈研讨等方式建立常态化的交流机制，依据各阶段国家专业教学标准，协同制订中、高、本一体化阶梯式专业人才培养方案，包括培养目标、课程设置、学时安排等，从而实现有计划、有目标地培养人才。

3. 课程贯通

中职、高职、本科的三阶模块化课程体系划分为公共基础课程、职业基础课程、职业核心课程和职业拓展课程四模块，采用课程"上移""下移""铺垫"等手段，形成在教学设计、教学组织和教学内容等方面逐层推进的中、高、本一体化课程内容。

（三）"三共同"，助力阶梯式人才衔接培养

1. 师资共享

从中职、高职、本科院校选聘一批专业水平高、指导能力强、教学效果好的优秀教师，组建"双师型"教学团队，以便下一阶段院校教师每学期与上一阶段院校教师进行课程更新、提升等交流。

2. 资源共建

本科院校实验室多以科研为目的，而中、高职院校实验实训室则以增强学生技能为目的。通过签订教学资源共建共享协议，合作院校可充分利用对方的教育资源，改善自身办学硬件条件。

3. 质量共评

加强对招生录取、教学考核、转段升学等环节管控，合作院校共定教学质量评价与考核标准，监督人才培养方案实施，保障育人体系完善提升。

## 二、主要成效

（一）人才培养质量提升

学校自"双高"建设以来，不断探索中、高、本衔接人才培养模式，努力构建高层次应用型人才培养体系，不断深化"三教"改革，不断完善人才培养方案、课程标准等教育教学标准，不断推进学院职业教育高质量发展，主动对接中职和本科院校相关专业。如与我院专业对口的渭南师范学院录取联办本科三年共147人，学院的人才培养质量得到本科院校认可，我院农林生物技术专业群（国家高水平专业群）多人被录取，"双高"建设成效得到初步显现。我校与11家学校开展"3+2"联合办学，涉及专业19个，为我校提供生源年均达到500余人。

## （二）毕业生就业质量提升

我校中、高、本贯通培养班学生就业率达 92% 以上，多数于中水、中建、中交等土木建筑类世界 500 强企业和温氏、牧原、中粮等农林类大型企业，陕西果业、华圣果业、荷兰豪根道集团等龙头企业任职，学生满意度高，就业满意度平均都在 95% 以上，毕业生的职业期待吻合度为 89%。40% 的毕业生在毕业一年内薪资有增长或职位有提升。企业对我校毕业生（含中、高、本贯通专业类型毕业生）的总体满意度为 95%。

## （三）技能大赛和创新创业大赛成绩突出

相关专业学生参加全国职业院校技能大赛、陕西省职业院校技能大赛和各类行业技能大赛，获国家级三等奖 1 项，省级一等奖 3 项、二等奖 2 项、三等奖 2 项。学生参与"互联网+"大学生创新创业大赛获国家级铜奖 1 项，陕西省赛区金奖 2 项、银奖 2 项、铜奖 3 项。多名学生顺利考取西北农林科技大学、西安建筑科技大学、陕西科技大学等重点大学硕士研究生。"3+2"中高职联办专业学生专升本参考率和录取率也逐年上升。

# 搭建"教授/博士+高职生"工作室培养技术技能人才

学校在深化产学研融合发展和高技能人才队伍建设中,聚焦区域行业产业一线,瞄准中小微企业"急难愁盼"技术难题,由教授、博士牵头组建科研创新服务团队,创新构建了"博士+高职生"工作室和"教授+科研成果+推广"工作室模式,在协同科研创新服务中培养高素质技术技能人才,实现了科技创新、技术服务与人才培养多赢成效。

## 一、经验做法

### (一)成立"教授/博士+高职生"工作室,搭建技术技能创新服务平台

学校科技与教育研究处针对"双高"建设任务,打造技术技能创新服务平台,提升专业服务产业发展能力,充分发挥高层次人才的优势,针对区域行业产业发展需求,通过广泛调研论证,出台了《"教授+科研成果+推广"工作室管理办法(试行)》和《"博士+高职生"工作室管理办法(试行)》等文件,从制度层面上规范管理实施。

学校成立"教授/博士+"工作室管理办公室,办公室设在学校科技与教育研究处,成员由教务处、产教融合处、财务处、发展规划处等相关教学以及管理部门组成。工作室实行校院两级管理制度。工作室所在分院负责工作室的日常管理,指导工作室制定并落实相关制度、办法,协调工作室以及分院公共实验室、实训基地的使用,督促其按期完成工作任务。学校与工作室负责人签订责任书,明确学校的支持政策和工作室的职责、任务、产出等。工作室负责人为第一责任人,负责工作室的一切工作任务并且承担相应的责任。

学校搭建起了良好的大学生参与科研活动和科技成果推广、参加各种类型比赛的平台。目前学校建立了38个"博士+高职生"工作室,每个工作室获得支持经费5万元,共计190万元,建立了11个"教授+科研成果+推广"工作室,每个工作室获得

支持经费10万元，总计110万元。工作室以博士教师、有科研成果的教授为骨干，吸纳了多名年轻教师以及在校优秀学生参与工作室。

### （二）教授/博士领衔组建多个专业技术技能创新服务团队

学校要求根据工作室需要，由负责人组建工作室团队，团队成员5~8人，其中学生不少于4人。工作室团队中博士至少1名，其他教师3~5人。组建小而精的工作室，确保每个成员参与实际工作。工作室以教研室为依托，以专业人才培养为主导，以科研+实践为纽带，以解决行业企业"急难愁盼"技术难题为目标。通过校企双方共同支持的科技服务项目，提高团队科研和动手能力。

建立工作室旨在发挥博士在科技创新、创新创业、加强学生动手能力、促进专业课程教学改革等方面的示范作用，鼓励各分院推荐选拔所在部门的博士，依托校内外实验平台、实验实训基地建立工作室，依托工作室，申报上级单位科研项目、孵化省厅以及国家项目。

### （三）实施项目驱动，提升学校服务发展水平

学校科技与教育研究处每年通过行业企业调研，结合学校办学方向和行业企业需求，适时出台服务区域行业企业技术技能创新服务的项目指南，鼓励各工作室结合自身专业方向和专业人才培养目标，积极组织申报。同时也鼓励各工作室，自主根据合作企业需求，自选项目进行申报。学校按照科研项目管理程序组织专家进行评审遴选，对通过项目予以项目资金支持，其中对"教授+高职生"工作室项目每项支持10万元，对"博士+高职生"工作室项目每项支持5万元。通过两年实践，共支持项目近49个，支持资金近300万元，其中争取企业支持资金100余万元。

## 二、主要成效

### （一）教师"双师"素质和科研能力提升

"教授/博士+工作室"的绝大部分指导老师都是"双师"型教师，具备良好师德修养，具备企业工作或实践经历。同时，工作室培养年轻教师的理论教学能力和实践教学能力，紧跟产业发展趋势和行业人才需求，并把新技术、新工艺、新规范融入教学之中。工作室注重积极开展教学研究、科研推广和学术交流活动，专家教授切实履行对青年教师的"传、帮、带"作用，努力营造良好的学术氛围。提高了广大教师的

学术水平和业务素质，营造了良好的科研氛围。近年来，两个工作室公开发表论文 50 余篇，其中高水平 SCI 论文 10 篇；专利成果方面，授权发明专利 4 件，实用新型专利 20 余件，制定标准 5 个。

（二）学生技能水平和综合素质提升

杨凌职业技术学院火龙果产业研发中心，以牛永浩博士为首席专家，以学校"博士＋高职生"工作室为基础，带领学生团队，以产业发展为主抓手，在杨凌成功引种了火龙果，为现代特色农业发展开拓了新路径，做出了新示范。

目前工作室已发布并实施杨凌示范区设施火龙果种植技术标准 2 项，已通过省审火龙果新品种 1 个，正在培育新品种 1 个，申报实用新型专利 2 个。工作室带领学生团队参与了 2023 年中国国际"互联网＋"大学生创新创业大赛，取得了陕西省金奖的好成绩。

（三）学校科研社会服务整体提升

"博士＋高职生"工作室和"教授＋科研成果＋推广"工作室的建立，加快了杨凌职业技术学院产学研融合发展，提升了科研成果推广水平，为我国乡村振兴战略发展提供了科技力量。2020 年以来，两个工作室科研平台共获批省科技厅项目 12 项、横向课题 20 项，各级教改项目 60 余项，获"陕西苹果主要病虫害绿色防控标准化技术研究及示范推广"基金项目。工作室教师带领学生在中国国际"互联网＋"大学生创新创业大赛获国家级奖项 13 项。

# 八协同　四结合　建成"五位一体"实践教学基地

实践教学是高职院校专业人才培养方案的重要组成部分，实践教学不仅使学生学习知识、锻炼技能，培养其分析问题和解决问题的能力，而且培养学生的创新意识和创业意识，提高学生的综合素质。实践基地是学生实践的主要场所。提高教学质量，培养创新人才离不开实践基地的建设。水利工程专业群作为中国特色高水平专业群，始终把实践教学作为培养高素质技能人才的重要路径和抓手。在"双高"建设中，水利工程专业群围绕"八协同　四结合"的产教融合建设理念，实现了"实践教学、技能训练、业务培训、技术创新、科学研究"五位一体的建设目标，通过教学实践基地（中心）的建设与教学应用，学生技术技能水平和教师教学创新能力显著提升。

## 一、经验做法

### （一）以八协同建设理念，实现校企两融合

按照专业匹配、设施配套、产业代表性、目标定位、合作关系稳定性、互惠共赢、共建共管、考核评价等八个协同建设理念，建立校企融合的实践教学基地。专业匹配要根据人才培养目标的定位和实践教学大纲规定，凸显专业优势和特色；实践基地的选择与建设要遵循合理布局、设施完善和安全科学进行设施配套；产业代表性体现为具备现代水利行业的典型性、示范性和辐射性；目标定位突出教学、科研、生产三大功能；合作关系稳定性表现在双方的稳定性、资源的供给、实践基地管理协调，以及提供实践教学服务四个方面；在人才培养、技术开发、科技培训、技术咨询、信息交流、开放实验室和人才需求等领域互惠共赢；发挥多部门共同建设与共同管理作用，形成"政府、行业、企业、高校"四位一体共建共管的管理体系；制定科学有效的考核评价体系。

### （二）以四结合方式，搭建产学研一体化的校内实践教学中心

以虚实结合、训创结合、教研结合、育训结合的四结合方式，制定水利工程专业

群校内实践教学基地中心建设体系（图1）。此体系由开放型实验室、校内实践教学中心和产教融合实训基地三个模块构成。目前校内已建成实践教学中心有施工实训中心、工程设计中心，正在升级改造的实践教学中心有建材检测实训中心、水工监测实训中心、安全急救实验室、水质监测实验室，新建实践教学中心有水利建筑BIM实训中心、水利云实训中心和灌溉排水实训中心。

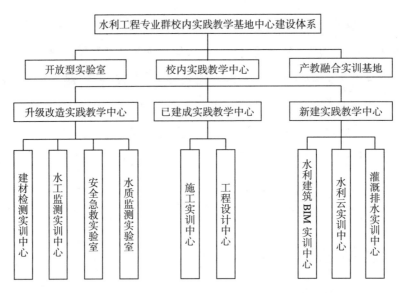

图1 水利工程专业群校内实践教学基地中心建设体系

（三）实现"五位一体"建设功能目标

水利工程专业群实践教学基地建设坚持服务干旱半干旱地区水利事业发展，坚持走"产教融合、知行合一、高位发展、德技并修"道路，坚持"政、行、企、校"四方共建共享机制，优化校内外资源配置，坚持打造"实践教学、技能训练、业务培训、技术创新、科学研究"五位一体的实践教学基地。水利工程专业群在建设过程中探索形成的"五位一体"的实践教学模式可在同类专业院校进行推广。

## 二、主要成效

（一）创建校企共建新型实践教学基地理念

实践教学基地条件改善和功能完善不仅提高了育人质量，同时给水利工程专业群科研团队提供了平台，通过开展横向项目研究，为企业解决技术难题，进一步促进了合作育人长效运行机制的巩固。2021年开展横向课题8项。

### （二）实践教学基地建设成绩丰硕

校企共建"产、学、研"三位一体化实践教学基地。目前，拥有校内实训基地3个，升级改造校内实训基地5个，共建校外实训基地4个。

### （三）学生技术技能水平显著提高

实践教学基地条件改善，功能完善，为实现专业群人才培养目标提供了有力保障，毕业生技术技能水平显著提升，深受用人单位欢迎，就业率保持在92%以上。毕业生与中国电力建设集团、中国能建葛洲坝集团等大中型国企签约率显著提高。59人参加陕西省首批"1+X"土木工程混凝土材料检测职业技能等级考试，53人获得技能等级证书，证书获得率89.8%。开放实验室培养学生创新能力，学生获"互联网+"省赛金奖、铜奖各1项。

### （四）教师教学创新能力显著提升

学校田园团队依托灌溉排水实训中心和BIM实训中心参加全国2021年"智水杯"全国水工程BIM应用大赛，获得院校组铜奖1项，是全国唯一获奖的高职院校。教师利用实践教学基地完成纵向科研项目14项，"博士+高职生"项目3项，"教授+科研推广"项目1项。

# 三阶六化四保障　服务大学生创新创业

杨凌职业技术学院是国家级杨凌农业高新技术产业示范区内唯一一所高职院校。近年来，学校与杨凌示范区共建区校融合科创中心——大学科技园，并将此作为区校融合的重要基地、创新创业的核心载体、校企资源共享的枢纽平台，建立"全方位多层次一站式"就业创业教育培训体系。

杨凌职业技术学院以"双高"建设为抓手，紧扣立德树人根本任务，将创新创业教育同专业教育、思想政治教育有机融合，依托国家级双创示范基地，以学生为中心，构建了"教育—实践—孵化"三阶段双创实践体系。建立了"教育情境化、指导全程化、实践项目化、平台基地化、管理制度化、合作社会化"六化创业管理模式。形成了"创业有基金、实践有载体、培训有导师、训练有体系"四保障机制，实现"产教融合、校企合作、协同育人、专创结合"四个维度贯穿教育教学全过程（图1）。

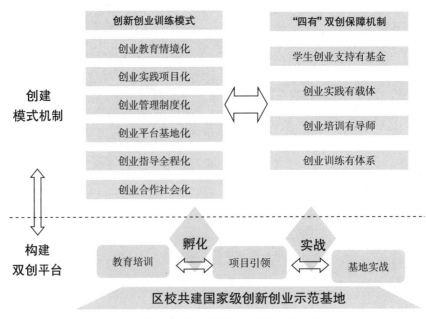

图1　"三阶六化四保障"创新创业体系图

## 一、经验做法

### （一）创业有基金，提供梦想的"羽翼"

学校每年设立创新创业专项基金400万元，开发创新创业课程、建设创新创业基地、开发学生创新创业项目、支持教师指导学生开展创新创业活动。与此同时，学校每年设立500万元教学科研基金，鼓励师生参与校企合作的重大科研项目。对接杨凌示范区科技金融服务平台，学校为创业团队提供各类金融支持，协助创业团队落实示范区各类创新创业扶持政策。在杨凌示范区种子孵化基金的资助下，我校已有32个项目完成产品研发和成果转化。

### （二）实践有载体，打通高校与产业间的"防火墙"

以"共建共享"为原则，学校与杨凌示范区科创中心共建了区校融合科创中心、智慧农业示范园区种植园基地、杨凌示范区创客中心基地等，并强化过程融合，促进共同体作用的发挥，设定科创中心的目标和架构，制定创新人才培养的管理办法，确保各项创业资源科学、合理、有效利用。学校充分借助示范区创业平台和资源，引导社会共同关注和参与创新创业教育，常态化开展创业大学、430路演会、创业训练营、导师巡演等品牌孵化活动，发挥自身优势，发掘实践项目的专业性和创业性，通过平台有效促进创新项目成果转化，提高创业实践育人实效。

### （三）培训有导师，组建"专创融通＋专兼结合"的师资队伍

学校不断优化教师队伍结构，成立创新创业教研室，组建"专创融通＋专兼结合"的双创教育师资队伍，创新课程体系，培养学生"专业＋创业"能力。学校以产教融合、校企合作为契机，积极与政府部门、行业、企业以及科研院所交流，利用校友会，建立各行业优秀的创业导师库，促进高质量的创新创业成果，提升创业项目成果转化率。

### （四）训练有体系，构建"三路径四维五提升"的训练模式

学校借助区校融合科创中心载体，通过"专业技能训练、职业技能竞赛、工作室"三条路径驱动能力提升，实现"产教融合、校企合作、协同育人、专创结合"的四个维度贯穿教育教学全过程。将创新创业教育融入课堂教学，形成"实践项目—双创项

目—科创竞赛—项目孵化—成果转化"逐级提升的训练模式,实现大学生创业能力的提升。

## 二、主要成效

2022年8月31日,教育部公布了国家级创新创业学院、国家级创新创业教育实践基地建设名单,杨凌职业技术学院入选国家级创新创业教育实践基地立项建设单位,成为陕西省唯一一所入选的高职院校。

在"三阶六化四保障"双创基地的实施保障下,校企合作开发了各专业创新创业课程,开发了能满足创新创业实践的系统化项目,建立了一套系列管理制度,建设了一批创新创业实践教育基地,建立了创业导师库,形成创新创业"教育课程化、实践项目化、管理制度化、平台基地化、指导全程化"五化育人体系。目前,科创中心等基地入驻团队38支,完成专利20项,其中孵化培育大学生创业企业10家,产值1000余万元。参与创新创业教育活动达1.3万人次,申报创新创业参赛项目4000余个,在杨凌就业创业人数占比超过20%。五年内获国赛金奖1个、银奖2个、铜奖6个,省赛金奖16项、银奖28项、铜奖42项,其中,2020年省赛获奖率为100%。

# 构建"三四五"大赛训练模式 培育技能拔尖人才

职业技能是高职院校教育的重要组成部分，技能大赛是培养高素质技术技能人才的重要途径。近年来，信息工程学院以技能大赛为抓手，构建"三四五"大赛训练模式，即"三梯队、四递进、五对接"，大力推进学生职业技能大赛，培育了多项技能大赛标志性成果，推动职业教育高质量发展。

## 一、经验做法

### （一）建三级备赛梯队

根据学生认知规律及技能大赛竞技能力培养过程，按照"夯基础、提能力、强综合"三个阶段，开展大赛组织、训练，形成一、二、三年级学生技能大赛成员备赛梯队。

（1）夯基础。吸纳入校大一新生加入师生创新工作室，配备指导教师，二、三年级工作室成员进行"传、帮、带"，开展技能竞赛基础知识及技能知识的传授，夯实赛项竞技理论、实践能力的基础。

（2）提能力。对工作室内二年级学生采用"赛前集训"，一年级学生采用"课余跟训"的方式，开展高强度、针对性的赛前训练，整体提高学生团队赛项竞技核心能力。

（3）强综合。聘请行、企业专家，校内外教师等，共同培训拔尖大三学生，实行学校与企业结合、理论与实践结合、大赛与训练结合、教师与专家结合的"四结合"指导模式，着力提升拔尖学生赛项竞技综合水平。

### （二）分四层梯级备赛

按照"校—行—省—国"四级大赛体系，引导和鼓励学生参加各级各类大赛，分级参赛，层层优选，以赛促练强技能、以赛促学砺精兵，从敬业精神、心理素质、专业能力三个维度，综合考量，选出最优秀学生参加国赛。

（1）参加校级大赛。每年开展校内职业技能竞赛活动，重点面向专业内一、二年级学生，考察参赛选手的专业能力基本功。初、决赛分别以笔试、实操形式开展，经过两轮淘汰赛，评出一、二、三等奖，发掘和储备优质学生。

（2）参加行业大赛。遴选与国、省赛赛项关联度大、结合度高的行业赛，结合校赛的选拔结果，通过校内训练和多轮考核，确立参加行业赛的选手。

（3）参加国、省级大赛。结合前期参赛成绩，确立赛项负责人，组建赛项师生团队，明确赛项参赛目标，夯实指导教师职责，制定赛项训练方案，细化每日训练任务，开展赛前集训，包括理论培训、实践培训、心理培训。通过集训考勤和集训任务熟练度、完成度，考察学生的敬业精神；通过校内组队PK、校际PK等，模拟真实比赛现场，锻炼参赛学生的心理素质；通过理论测试、实践测试和往届国、省赛真题等，锻炼参赛学生的专业能力。结合敬业精神、心理素质、专业能力，定期检验学生的竞技水平，经多轮筛选，确立国、省赛参赛选手。

（三）实施"五对接"训练

遴选参赛赛项，研读竞赛规程，引进大赛仪器设备，联系大赛专家、技术支持企业，做到"五对接"：对接国赛规程、对接国赛设备、对接国赛裁判、对接国赛获一等奖院校、对接国赛技术支持企业。

自2019年来，信息工程学院设立通信创新工作室，依托该平台，组建师生团队，按照"夯基础、提能力、强综合"三阶段，开展5G全网建设技术技能大赛常态化训练。建立大赛备赛梯队，组织学生参加5G全网建设技术赛项校赛、省赛、行业赛、国赛，多轮磨砺，遴选出参赛选手。精研国赛规程，融于通信创新工作室学生日常训练；对接大赛平台，定期更新国赛软硬件设备；与国赛裁判、国赛一等奖院校、国赛技术支持企业建立联系，着力提升学生赛项竞技综合水平。

## 二、主要成效

"三四五"大赛训练模式实施以来，信息工程学院学生参加校、行、省、国家级学生技能大赛累计人数900余人。获国家级奖项4项、省级奖项34项、行业赛奖项12项、校级奖项186项。在2022年全国职业院校学生技能大赛5G全网建设技术赛项中，获得一等奖（第一名）的成绩，其中参赛的两名学生从一年级进校就加入通信创新工作室，与高年级学生一起学习和训练，能力逐步提升，二年级进入大赛集训队，三年级代表学校参加全国赛。这两名学生在成长的过程中，先后参加了5G全网建设技术赛项的校赛、省赛、行业赛等一系列比赛，积累了丰富的大赛经验，从心理上可以应

对各种复杂局面。另外，在学生训练过程中，紧密对接国赛规程、国赛设备、国赛裁判、国赛获一等奖院校、国赛技术支持企业，通过实践"三梯队、四递进、五对接"的"三四五"大赛训练模式，学生在国赛赛场获得一等奖。同时，教师的教学研究能力也得到了极大的提升，先后在新形态教材开发、在线开放课程建设、课程思政教学案例、"课堂革命"典型案例、教学研究项目申报、社会服务等方面取得了较多成绩。用人单位给予我校学生，特别是参加过技能大赛的学生高度评价，他们的平均薪酬超过行业平均值20%以上。

# "四对接、五融通、六维度"培养 ICT 高素质技术技能人才

杨凌职业技术学院信息工程学院紧跟产业发展、精准对接企业人才需求，进一步深化产教融合、校企合作，不断提升学生的职业素养和技术技能水平，与华为技术有限公司合作建立华为 ICT 学院，培养 ICT 高素质技术技能人才。在人才培养过程中，紧密对接"企业岗位要求、职业技能要求、技能竞赛要求、社会服务要求"，实现"岗课融通、课证融通、课赛融通、赛训融通、训服融通"，探索形成了"工作岗位—课程教学—技能竞赛—实践训练—职业认证—社会服务"六个维度育人模式，全面提升技术技能人才的培养质量，增强职业教育的认可度和吸引力。

## 一、经验做法

### （一）实施学校和企业"四对接"全方位合作育人

在人才培养过程中，不断推进校企深度融合，寻找校企双方的结合点，探索校企合作新途径，构建合作新模式，形成校企双主体育人机制。在实施双主体育人过程中，校企共同制定人才培养方案、建设教学资源、组织理论与实践教学、开展职业技能培训与考核、开展实训就业等，搭建校企双主体育人平台，明确学校和企业在人才培养工作中的任务和要求，建立有效的沟通协调机制。学校与华为公司共建华为 ICT 学院，开展人才"订单式"培养，组建华为云 HCIE 工程师订单班，建设陕西省高职院校首家华为 VUE 考试中心，在校内外实训基地建设、学生实训、师资培养、教学资源开发、学生就业等方面开展深度合作。

## （二）实施"岗课融通、课证融通、课赛融通、赛训融通、训服融通"人才培养

### 1. 岗课融通

对接企业岗位工作要求，以职业技能为引线，校企双方共同确定培养目标，共同制定并实施人才培养方案，企业工程师和学校教师共同完成教学任务，不断将新技术、新行业标准、新规范融入课堂教学，避免课堂教学与工作岗位脱节，实现校企协同育人，培养高质量高素质的行业能工巧匠。

### 2. 课证融通

积极推进 1+X 证书试点工作，及时更新专业课程体系，让课程体系和 1+X 职业技能等级标准完美融合，使得教学内容、课堂内容、考核方法与 1+X 职业技能等级标准完美对接。根据华为 1+X 职业技能要求设置对应专业核心课程，使课程教学与 1+X 职业技能证书有效对接，达到专业教学即是职业技能培训的目的，实现学历教育与职业资格无缝衔接。鼓励学生参加华为 HCIA、HCIP 或 HCIE 认证考试，计算机技术与软件专业技术资格（水平）考试等。为学生考证提供培训、指导等服务，建设陕西省内首家校内 VUE 考试中心，方便学生考取证书。

### 3. 课赛融通

各类技能大赛是职业教育教学改革的推进器，将职业技能大赛、行业大赛项目内容有机融入日常教学环节中，将竞赛设备转为教学设备、比赛任务转为教学项目、赛项要求融入教学标准中，建立训练体系，提升训练水平。教师通过大赛及时了解专业发展的最新动态，同时，更新提升自身的知识水平和能力，在教学过程中，融入技能大赛的内容，激发学生的学习兴趣，实现以赛促学、以赛促教、赛教融合，向企业输送更多符合岗位需求的高技能人才。

### 4. 赛训融通

将技能大赛内容融入实训项目中，按照大赛训练方式开展实训教学，将实训和大赛相融合，以赛促训，实现"课—赛—训"融合模式，增强实训教学的针对性和时效性，提高学生的职业技能水平，同时，聘请企业技术人员承担实训任务，将企业真实项目引入实训中，从而实现学校人才培养与企业人才需求紧密对接。

### 5. 训服融通

定期开展企业培训，联合企业举办综合实训营，鼓励学生参加校内校外的社会服

务，将实践训练与社会服务相融合，同时，为学生参加社会服务创造条件并提供平台，从而通过社会服务培养细致认真、爱岗敬业的职业素养。

## 二、主要成效

近三年来，学生参加技能大赛获奖层次、人数逐年提高，在职业院校技能大赛、双创大赛、挑战杯、华为ICT大赛、5G行业赛等大赛中，累计参赛1100余人次，累计获国家级奖项18项、省级奖项117项，其中，获2022年全国职业院校技能大赛5G全网建设技术一等奖，获首届世界职业院校技能大赛通信网络系统管理赛项优胜奖，获2022年金砖国家职业技能大赛5G网络建设与运维技术应用赛项一等奖。学生获取职业资格证人数逐年提高，获取华为证书、"1+X"证书、计算机与软件专业技术资格证书等累计587人。学生就业率、对口率分别由2020年的96.38%、73.12%增长至2022年的98.12%、84.36%，初次就业平均薪酬由2020年的3628.4元/月增长至2022年的4673.6元/月。师生为政、企、校开展技术咨询、技术服务、设备维护等工作，累计参与1000余人，其中，王宁波等学生先后参与北京冬奥会、全运会、残奥会网络保障工作，荣获多项表彰。

# 构建模块化特色精品课程
# 推动水利工程专业群高质量发展

在国家示范院校建设中央财政重点支持专业群建设和教育部、财政部提升专业服务产业发展能力计划项目支持的基础上，学校水利工程专业依托教育部不断传承与创新，推动专业高质量发展，以其为核心专业，携水利大类其他三个专业组群在2019年成功入选国家"双高计划"高水平专业群，按照"专业群建设对接岗位群，课程内容对接岗位标准，人才培养对接企业需求"思路，坚持问题导向、需求导向和目标导向，解构和重构模块化课程内容，成就高职特色鲜明的精品课程，推动专业高质量发展。

## 一、经验做法

（一）坚持问题导向，推动模块化课程体系重构

以有效解决课程知识体系与岗位需求脱节的问题为导向，深入研究农业灌溉工程产业链和各主要"员级"岗位工作标准，解构原有课程框架和知识技能体系，对接新工艺、新技术、新标准，融入"忠诚、干净、担当，科学、求实、创新"新时代水利职业精神和分析解决问题能力的课程思政元素，重构基于恰当的工作过程，以职业活动导向和项目为载体的模块化内容，按照"培养方案—课程标准—课程内容—知识技能—教学设计"一体化贯通的建设思路，构建"底层共有、中层共享、顶层自选"的专业群课程体系构架，形成对接岗位紧密、职业特色鲜明、按需动态调整的模块化课程内容体系。

（二）坚持需求导向，推动模块化课程内容动态调整改革

以行、企业就业岗位需求为导向，坚持岗位能力培养为核心，结合行业产业发展趋势调研，依据水利工程建设一线主要"员级"工作岗位群工作特点，遵循职业教育规律，契合高职学生学习特点，结合学生可持续发展需要，按技术领域在水利工程专

业设置适应产业发展需求的水土保持技术、设施农业与装备、工程造价和工程测量技术四个方向的"微专业",对应每个"微专业"领域分别开设可调整的模块化课程满足岗位能力培养需求,建立适应社会和产业发展变化的动态调整模块化课程内容(图1)。

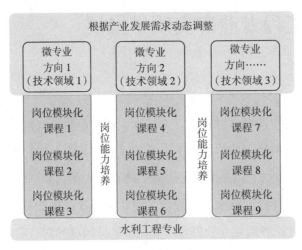

图1 "微专业"模块化课程示意图——水利工程专业为例

（三）坚持目标导向,推动精品课和金课建设

以建成国家级精品课和金课目标为导向,全面推动课程及资源建设。一是以资源库建设带动课程改革,以课程建设带动教材改革,构建课程建设以资源库、课标、教材、思政元素等为载体与学校和教师紧密相连的生态系统。二是开展"单元金课堂"改革活动,推动课堂革命,实施"教师名牌金课"计划,出台相关激励奖励政策,调动教师的积极主动性,全面提升课程建设和课堂育人成效。三是全面推进课程思政改革,推行针对专业特点的"两课融合"（思政课+专业课）模块化课程思政建设,建立思政课教师和专业课教师相结合的课程建设团队,研究符合农业灌溉工程岗位群的模块化思政教育内容,优化课程设置,完善教学设计,形成专业课程与思政课的协同效应,贯穿专业群课程体系,融入学业全过程,建设课程思政示范课和思政课程示范案例,体现职业教育特色的融工匠大师精神、职业精神和职业道德规范的课程思政。四是立项建设各级各类课程和教材,全面推动精品课和金课建设,打造融工匠精神的课程6门和精品资源在线开放课程18门,与国际接轨双语式、固化工作技能工作手册式、对接技术更新迭代活页式、适应技能培养的技能大赛培训、培养职业综合能力现代学徒制、基于实际工作流程的项目化等6类共计24部教材建设(图2)。

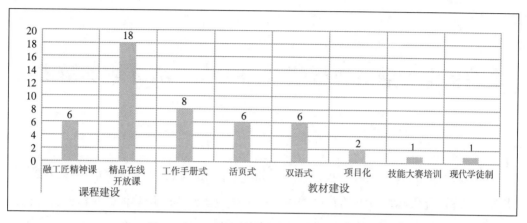

图 2　水利工程专业群课程与特色教材一览表

## 二、主要成效

模块化精品课程建设实施以来，水利工程专业群建成省级水利工程专业教学资源库 1 个，课程 8 门；获得省级精品在线开放课程 3 门；入选首批国家职业教育"十三五"规划教材 3 部，在水利大类占比 10.7%，位居全国水利大类前三。

基于模块化教学构建的"模块化构建、项目化呈现、情景化实施、过程化评价"教学模式，打造了新式教材，制作了互动式的精品网络课程，进一步促进了教学与产业的对接以及师生互动，提升了学生的学习兴趣，学生在知识学习、技能训练、文化传承方面效果突出。近两年完成编写活页式教材 3 部，手册式教材 6 部，项目教材 1 部。主编国家"十三五"职业教育规划教材 3 部，获得陕西省优秀教材建设二等奖教材 1 部。1 人被陕西省教育厅推荐参加全国教材建设先进个人评选。

# 畜牧兽医专业对口援藏"1+1+1"人才培养模式

畜牧兽医专业"1+1+1"特色班（西藏班）是杨凌职业技术学院承担的西藏职业技术学院和西北农林科技大学共建"1+1+1"畜牧兽医人才培养模式对口支援特色项目。"1+1+1"是指第一学年在西藏职业技术学院学习公共基础课，第二学年在杨凌职业技术学院学习专业课（协调西北农林科技大学师资），第三学年由杨凌职业技术学院负责开展学生顶岗实习和就业实习工作。经过2020—2021年度项目的实施，已经完成2019级和2020级2个西藏联合培养班84名学生的接收、教育教学和管理任务，其中2019级学生已经完成了一年的在校教学任务，目前进入大三实习阶段，2020级学生完成了大二第一学期的学习任务。两个班级运行良好，也取得了可喜的成果。

## 一、经验做法

### （一）校校优势互补，共谋专业建设

畜牧兽医专业"1+1+1"特色班（西藏班）是在西北农林科技大学牵头下，西藏职业技术学院和杨凌职业技术学院共同开展人才培养。三方加强研讨，共同制订和修订了2019级和2020级畜牧兽医专业"1+1+1"联合培养人才培养方案。2020年6月，经过充分酝酿和协商，三方达成合作培养协议，就招生、培养模式、预期目标、培养内容以及管理办法达成一致意见。2020年7月21日，杨凌职业技术学院院长王周锁一行赴西藏职业技术学院就进一步深化校校合作、产教融合等事宜进行深入调研并签订战略合作协议，两校共同提出并建立"双主体、双循环、递进式"人才培养模式。

### （二）共享优质科教资源，实施"三段式"教学培养

畜牧兽医专业"1+1+1"特色班（西藏班）分别在西藏职业技术学院和杨凌职业技术学院学习共享西北农林科技大学优秀师资，为学生学习、实习、就业等提供优质教学资源和条件。通过这种"1+1+1"的人才培养模式，解决受援单位的基础建设、专业建设、人才培养质量、学生就业创业、师资能力提升等方面的问题。通过三年时

间的援建，形成"1+1+1"畜牧兽医人才培养方案，凝练联合办学的新模式，拓展顶岗（跟岗）实习的途径和岗位，提升毕业生能力与企业需求的匹配程度。

### （三）给予特殊优待关怀，促使学生尽快适应新环境

西藏学生由于所处地域教育水平落后，普遍学习底子差，汉语表达不流畅，胆小，对畜牧行业发展状况了解少，接触大型养殖企业机会少。针对学生存在的以上薄弱环节，西藏班学生进校后，杨凌职业技术学院动物工程学院特殊对待，精兵布阵，使西藏学生尽快适应新的教学环境和节奏。不管是2019级第一届西藏班学生，还是2020级第二届西藏班学生，在刚进入学校新环境时，学校通过召开开班仪式、介绍学校动物工程学院办学模式、介绍专业情况，使学生寻找两校差异，尽快适应新的学习环境，投入到学习中去。

### （四）实施双班主任负责制，学习生活多重管理

针对西藏特色班学生特点，在学生培养上，杨凌职业技术学院采用了"双班主任制"管理，即专业班主任为学校专任老师，生活班主任由西藏职业技术学院派送，两名班主任优势互补，在专业学习和生活管理方面使学生得到了提升，取得了良好效果。

### （五）开好学习第一课，专业实践长真知

为了保证教学质量和效果，杨凌职业技术学院动物工程学院调动精兵强将，由张振仓院长亲自领衔一批有经验、教学质量高的副教授以上教师为西藏特色班授课。2019级和2020级西藏班学生刚进入学校，动物分院就组织他们对陕西大型养殖企业新希望杨凌本香集团、现代牧业、陕西省奶牛中心、陕西黑萨牧业、西北农林科技大学博览园、陕西优利仕乳业、学校校史馆等进行了认知实训，使学生了解了学校历史和行业企业现状，为进一步的专业学习和人生规划奠定了基础。

## 二、主要成效

经过两年的实施，杨凌职业技术学院在西藏联合培养方面进行了积极探索，取得了可喜的初步成效，促进了畜牧兽医专业人才教育模式的创新，丰富了对口支援联合培养工作的内容和形式，促进了学校人才培养质量的提高和一批创新成果的产生。

### （一）丰富学生文化生活，锻炼胆识、练就才艺

2019级西藏班43名同学中，多数同学第一次走出西藏，为了消除同学们对新环境的陌生感，使他们尽快融入新环境，在动物工程学院院团委的协助下，学校举办了"2019级西藏班迎中秋庆国庆联欢晚会"，丰富了学生的文化生活，锻炼了胆识，练就了才艺。

### （二）加强学生交流和沟通，增进友谊、开阔视野

在班级开展"我读书，我进步"活动，同学们利用课余时间阅读课外书籍，摘抄好词好句，对于好的文章书写读书笔记，班主任不定期督促检查，并给出相应评语以资鼓励或监督。通过这些形式和手段，增进学生之间的交流和沟通，增进友谊，开阔视野，提高汉语表达能力。目前，学生形成会学习、爱思考、勤动手、能写作、有思想的格局，对自己人生做出了很好的规划，80%以上同学愿意留在内地工作，也有一部分同学愿意回家建设自己的家乡，为当地畜牧业发展做出自己应有的贡献。

### （三）增强行为养成教育，改善卫生、端正行为

通过开展"我们一起搞卫生"活动，同学们早晚清理各自生活区域（床铺、书桌、地面）卫生，值日生负责拍照传班级群，促进了良好卫生的养成和行为养成，学生爱干净有礼貌。

### （四）融入创新创业教育，参赛热情高、获奖名次前

2021年5月22日，在团省委、省委教育工委、省科协、省社会科学院、省学联共同主办的第十三届"挑战杯"陕西省大学生课外学术科技作品竞赛中，2019级西藏班旦增托美、卡目积极参加，与贺开放、王永强、李郁葳等同学组成的团队荣获省赛团体项目三等奖。

### （五）开展工学交替教学实习，收获满载、成效显著

学生在企业开展了"学生进企业，知识技能进头脑"活动，不仅圆满完成了工学交替实习任务，练就了过硬的专业技能，而且提高了团队精神、敬业精神、职业素养和创新创业能力。目前已有90%的学生和内地大型农牧企业签订就业意向，部分学生

已成为企业班组长，受到企业好评。2020 年 12 月，在北京召开的对口支援西藏职业技术学院工作例会上，教育部职业教育与成人教育司领导、西藏自治区教育厅、北京市教委扶贫协作与资源合作处对我校畜牧兽医专业"1＋1＋1"特色班的工作进展和取得的成效给予了肯定。

# 专业建设类

专业是高职教育最基本的单元，专业建设的优劣决定了职业学校的生存与发展。大力推进专业建设是中国特色高水平高职学校建设的主要内容和关键所在，是推动高等职业教育深化改革、实现高质量发展的动力机制和重要抓手，是支撑产业转型升级、适应经济发展方式转变的有效载体和重要途径。

# 建体系 整资源 创路径 打造旱区大农业专业集群

学校紧扣高水平专业群建设这一重点，依托国家级杨凌农业高新技术产业示范区，以高质量区校融合全面深化产教融合，坚持内涵为本、集群发展的专业群建设策略，实施专业资源整合共享，优化专业布局，为培养复合型技术技能人才奠定坚实基础。

## 一、经验做法

### （一）紧盯产业，构建三级"集群"发展架构

对接现代农业产业转型升级和三产融合发展，以农业生物技术、水利工程2个国家高水平专业群为引领，以园林技术、畜牧兽医等5~6个省级专业群为骨干，以道路桥梁工程、电气自动化等3~4个校级专业群为支撑，用现代生物技术、信息技术、新装备技术改造传统涉农专业，构建服务旱区粮食安全、生态保护、乡村振兴等国家战略的国、省、校三级专业群发展格局（图1）。坚持产教融合发展理念，按照"以学生为本、校企双主体融合、多元分类培养"的育人思路，不断创新能够体现专业（群）育人特色的人才培养方案，提高人才培养质量。

| 序号 | 专业群名称 | 人才培养模式 | 建设级别 |
| --- | --- | --- | --- |
| 1 | 农业生物技术专业群 | "双主体、四融合、模块化" | 国家级 |
| 2 | 水利工程专业群 | "五对接、六融合、多方向、组合式" | 国家级 |
| 3 | 建筑工程技术专业群 | "双主体、情景化、模块式" | 申报省级 |
| 4 | 畜牧兽医专业群 | "双主体双循环递进式" | 申报省级 |
| 5 | 园林工程技术专业群 | "双主体、四阶段、六对接" | 申报省级 |
| 6 | 计算机应用技术专业群 | "全程职业模拟" | 申报省级 |
| 7 | 电子商务专业群 | "双线双主体三阶五融合" | 申报省级 |
| 8 | 药品生产技术专业群 | "三阶、四岗、五融合" | 申报省级 |
| 9 | 电气自动化技术专业群 | "教学工厂化" | 院级 |
| 10 | 道路桥梁工程技术专业群 | "分类双元三阶段三方向" | 院级 |
| 11 | 旅游管理专业群 | "双主体、四融合、五阶递进" | 院级 |

图1 三级专业群体系人才培养模式一览表

## （二）拆壁共享，整合群内教育教学资源

在人才培养方案实施过程中，发挥群聚优势，按照"共建共享共用"的原则，有效整合师资、实训基地等资源，优化群内资源配置，消除专业设置过细的弊端，系统化教学设计，深化"三教"改革，促进专业群形成特色，凸显高职教育的"整合"特征。完善技术创新管理机制，激发专业群技术创新活力，充分利用杨凌示范区、西北农林科技大学及驻区企业等优势，开展区校、校校、校企融合，建立科学研究、技术创新、服务推广一体化协调机制和管理体制。建立校内科研分级管理、技术积累成果分配评价、成果转化激励等机制，加大放管服和资金投入力度，实施项目经费负责人制。每年学校出资600万元建立校内科研、技术创新项目基金，孵化培育高水平科研创新项目。强化创新人才培育，建设高水平专业群技术创新团队，构建"引、培、激、评、服"人才队伍建设机制，建立多层级、阶段化的人才培养体系和分类评价体系，不断完善人才引进制度，形成刚性引进、柔性聘任等人才流动机制。建立"技能大师、能工巧匠"工作室，形成以技能大师为项目（工种）带头人，组建技术技能创新团队。建立名师、专家教授工作室和"博士＋高职生"工作室，形成适应新时代的科创团队。

## （三）强化标准，创新专业群高水平建设路径

按照服务引领大农业新业态发展，打造高水平大农业专业集群的建设思路，围绕"农业资源与生态环境保护""高标准农田建设""种养结合循环""美丽宜居乡村"等区域经济发展需求，在专业目录框架下，统筹中、高、本一体化设计，积极开展专业标准体系建设，逐步推广到其他专业群，形成"标准相通、模块相融"的专业群教学标准体系。搭建技术创新服务平台，围绕全面提升专业群技术创新能力，以现有教学科研和技术创新资源为基础，优化结构、重组资源，建立了康振生院士植物生物技术工作室、张涌院士动物生物技术工程中心、杨凌智慧农业科技工程技术中心、陕西农产品质量检测工程中心、建筑材料检测工程中心、动物临床疫病检测中心、水利工程技术中心、赵瑜旱区作物（小麦）育种工程中心、大学生科技创新园等九大技术创新平台，夯实专业群技术创新基础。强化新形态教学资源建设，加大虚拟仿真实训基地建设，停撤并与产业发展关联度不大的专业，培育新兴、新生涉农专业，创新专业群建设路径。

## 二、主要成效

在高水平专业群建设的内涵发展支撑下,学校教育教学改革取得了丰硕成果。近三年,学校农业类专业群先后获得国家级教学成果奖 3 项,省级教学成果奖 7 项;学生参加职业技能大赛和创新创业大赛获国家级奖项 27 项;教师主持农林牧渔、水利 2 个大类专业目录制定,制定国家职业教育专业教学标准等 61 项,入选教育部职业教育行业指导委员会 12 人,国家职业教育教师教学创新团队 1 个,教育部课程思政名师和教学团队 2 个;主编"十三五"规划教材 14 本;学校获批全国乡村振兴人才培养优质校,获全国水利类优质高职院校等称号。

# 顺应产业发展 规范专业建设
# 打造农业生物技术专业教学新标准

为全面贯彻落实教育部《关于启动第二批＜高等职业学校专业教学标准＞修（制）订工作的通知》（教行指委办函〔2018〕11号）有关精神，杨凌职业技术学院主持并完成了《农业生物技术专业教学标准》制定工作（图1）。

由于缺乏全国统一教学标准，开设农业生物技术专业的院校依据各自的专业背景开展教学，专业内涵差异大、目标定位不同，导致所开设的核心课程差异较大。基于此，本次标准制定以适应经济社会发展和产业转型升级要求为出发点，以提高教育教学质量为核心，规范专业建设，提升人才培养质量。

## 一、经验做法

（一）厘清专业内涵，明确专业定位

专家组以《普通高等学校高等职业教育专业目录及专业简介（2015）》为依据，以农用微生物及农用植物开发利用新技术、新成果为核心，顺应产业发展趋势，明确专业内涵，确定专业定位为：培养面向农业行业的土壤肥料技术、生物发酵工程技术、作物遗传育种技术等技术领域，能够从事生物肥料生产、生物农药生产等的高素质技术技能人才。

（二）对接培养目标，明晰专业培养规格

依据农业生物技术专业人才培养目标，对该专业毕业生应该具备的素质、知识、能力等人才培养规格提出了明确要求。充分体现德、智、体、美、劳全面发展观要求。强调"工匠精神、创新精神"等素质要求；增加"农业生物产品安全应用及相关法规"等方面知识要求；突出"生物技术在农业上的应用和农业生物产品安全使用"等方面能力要求。为农业生物技术专业科学制定人才培养方案，深化教育教学改革，提高人才培养质量起到重要的指导作用。

### （三）聚集产业高端，完善课程体系

标准制定以农业生物技术产业发展实际需求为主要依据，充分体现教育与产业、学校与企业、专业与职业、教学与生产的有机衔接。结合农业行业近年提出的"绿色、生态、环保、智能"发展新要求，在专业培养上体现"面向农业行业的土壤肥料技术、生物发酵工程技术、作物遗传育种技术等技术领域的高素质技术技能人才"。

### （四）遵循人才培养规律，规范专业保障条件

标准对师资结构、专任教师、兼职教师等师资队伍基本条件，专业教室、校内实训室、校外实训基地等教学设施基本条件，教材选用、图书文献配备等教学资源基本条件诸方面提出了明确要求。同时考虑到我国地域广阔，地区间气候差异大，各地区农业产业发展不平衡，因此，该专业教学标准给各区域的院校留有一定的自主权，体现了指导性和灵活性的统一。

## 二、主要成效

农业生物技术专业教学新标准自制定实施以来，取得优质育人实效，为农业行业企业发展培养了一大批高素质技术技能人才。农业生物技术专业毕业生岗位对口率高达95%，企业满意率达98%以上，平均薪资高，晋升速度快。学生在"互联网+"创新创业大赛中获国赛铜奖2项，省赛金奖3项、银奖2项、铜奖1项；在全国职业院校技能大赛生物技术赛项中获铜奖1项。

图1　结项证书

# 涉农质检类专业岗课赛证"四对接、五融通"人才培养体系

在产教融合大背景下，为了提升涉农检测类专业人才培养质量，提升服务区经济发展能力，杨凌职业技术学院立足西北干旱半干旱地区农业发展实际，以服务国家食品安全战略为宗旨，以培养农产品检测技能人才为目标，主要针对农产品质量检测专业定位不准，人才培养规格与产业、行业、企业发展需求脱节，课程教学标准滞后，教学内容与生产实际结合不紧密，行业、企业新技术和新方法在教学过程中融入不够等问题进行专业综合改革，创新提出了岗课赛证"四对接、五融通"涉农质检人才培养体系，从构建人才培养模式、创新课程体系、技能提升路径等方面，为同类院校人才培养提供了有益借鉴。

涉农质检类专业岗课赛证"四对接、五融通"涉农质检人才培养体系中的"四对接"是指"专业对接产业，教学内容对接职业标准，教学过程对接工作过程，学历证书对接职业资格证书"，在人才培养过程中，促进专业与产业、企业与行业无缝衔接，"五融通"是指行业、企业与学校需求融通，大赛内容与课程融通，行业证书评价与教学评价融通，行业、企业、学校师资融通，校内与校外实训平台融通。通过建立校政、校企合作共同体，联合制定质检类专业人才培养方案，联合开发课程标准，实现以岗建课，以赛促课，以证评课，联合培养，有效破解了学校人才培养与行业、企业需求不匹配问题。

## 一、经验做法

（一）创新构建"岗位导向、大赛驱动、标准对接、课证融通"技能人才培养模式

以毕业生岗位能力需求为导向，确定教学内容与课程标准；以技能大赛为手段，促进教学改革，展示教学成果；以1+X证书技能考核要求为导向，评价学习质量与效

果，对接农产品检测国家标准、行业标准及地方标准，构建学校与行业、企业联合育人机制，促进产教深度融合，使专业教学与岗位能力需求、技能大赛需求以及证书考核需求精准对接，构建了"岗位导向、大赛驱动、标准对接、课证融通"技能人才培养模式（图1）。

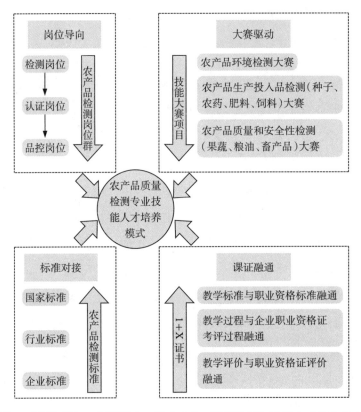

图1 "岗位导向、大赛驱动、标准对接、课证融通"技能人才培养模式

### （二）精准对接核心岗位开发"行企融合、双线并行"课程新体系

推行学校教育与行业、企业需求对接，推行联合办学，共同制定人才培养方案，共同开展人才培养。在充分调研基础上，精准对接行业农产品生产线（农产品从产地环境—投入品—生产过程—加工贮运—市场准入的完整生产加工过程）和企业农产品全程质量检测线（从农产品产前环境检测—产中投入品检测—产后农产品质量安全检测的完整检测过程）核心岗位群职业能力，构建农产品质量检测专业"行企融合、双线并行"的课程体系，校企共同开发课程，构建专业课程新体系（图2）。

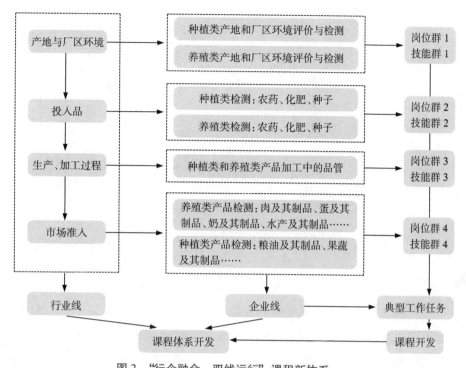

图 2 "行企融合、双线运行"课程新体系

（三）积极探索"赛训融合、分段递进"高技能人才训练新路径

将技能大赛项目融入专业课程教学，将大赛评价融入专业技能评价，将"单项技能训练、综合技能训练、顶岗实习、创新创业"分层递进的专业技能训练过程与"课内技能竞赛、校级技能竞赛、省级技能大赛、全国技能大赛"逐级进阶的技能比赛相融通，通过"训"强化技能，通过"赛"展示训练成果，促进教学改革，形成"以赛促教、以赛促改、以赛强技"的专业技能培养机制，构建了"赛训融合、分段递进"质检人才实训新路径，强化高技能培养水平，大幅度提升农产品质量检测人才培养质量（图3）。

## 二、主要成效

岗课赛证"四对接、五融通"人才培养体系实施 5 年来，学生培养质量和教学团队能力都得到了显著提升。学生取得国赛一等奖 3 项、二等奖 5 项、三等奖 9 项，陕西省技能大赛奖 13 项，大赛成绩位列全国前茅。1 名教师获省级教学名师称号，1 名教师获评全国农业职教名师，2 名教师获杨凌职业技术学院教学名师，2 名教师被聘为

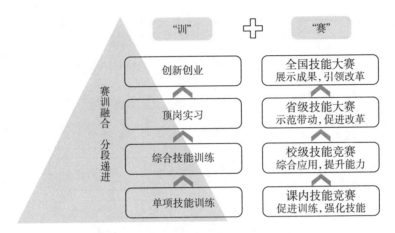

图 3 "赛训融合、分段递进"技能训练新路径

陕西省农产品质量安全检测培训专家。学校先后获全国农业职业教育教学成果奖二等奖 1 项，全国农业职业院校教学能力大赛一等奖 1 项、二等奖 1 项，陕西省微课大赛一等奖 1 项，陕西省教学能力大赛二等奖 1 项。教师教学、科研与社会服务能力明显提升，受到陕西省农业厅、各级地方政府农产品安全监管中心及食品行业、企业一线质检部门一致好评。

# 标准相融、模块相通、育训一体
# 推进"1+X"有效衔接

按照"标准相融、模块相通、育训一体"的工作思路，大力推进"1+X"证书制度试点工作，全面深化人才培养模式改革，在校企深度融合的基础上，对接职业标准和工作过程，将"1+X"证书制度试点与专业建设、课程建设、教师队伍建设、实训室建设等紧密结合，深化教师、教材、教法"三教"改革，全面构建"岗课赛证"育人模式，推进"1"和"X"的有机衔接，全面提升人才培养质量，提升专业教育教学质量，夯实学生终身学习、自主学习、职业素养和可持续发展的职业基础，取得了良好成效。

## 一、经验做法

### （一）标准相融，做好目标对接

2019年学校物流管理等专业被确定为首批"1+X"证书制度试点，截至目前，四批证书试点全部参与。在实施过程中，与试点证书培训评价组织（行业企业）沟通合作做好了两方面工作：一方面，对接职业技能等级标准的能力要求、标准内容、考核方案等相关内容进行深入学习、系统研究；另一方面，对本专业职业面向、培养目标、培养规格、毕业要求等专业人才培养关键要素进行全面梳理、科学定位，做好"1+X"证书制度试点。在此基础上，着力做好职业技能等级标准和教育部专业教学标准对接、融合，技能等级证书考核标准与教学考核标准对接。将"X"培训内容有机融入相关专业人才培养方案，与现有专业课程体系对接，构建"标准相融、书证融通"的课程体系，提高专业人才培养的灵活性、针对性和有效性，实现"1+X"证书与课程教学深度融合。学校与长期合作的北控水务集团有限公司、中国水电建设集团十五工程局有限公司、南方测绘集团、陕西省畜牧业协会、中铁二十局集团有限公司等行业龙头企业共同研究岗位需求，共同制定人才培养方案，共同建立人才培养基地，共同开发专业教学标准，共同改革课程体系，共同开展教学内容改革，共同开展教学组织和职业教育研究工作。

（二）模块相通，实现内容对接

在校企深度合作的基础上，优化课程内容，及时将新技术、新工艺、新规范、新要求融入人才培养过程，紧紧围绕职业技能等级标准，与行业企业共同开发设计模块化的培训内容，实现"1+X"证书与课程教学在内容上的对接（图1）。明确专业所对应的职业岗位或岗位群，以岗位为逻辑主线进行工作分析，通过对完成工作任务过程的系统化分析形成的工作项目来重构课程体系，改革课程内容，把与实际岗位紧密贴近的"1+X"证书职业技能等级要求与教学深度融合，真正实现课程设置与企业实际岗位能力要求相融通，实现"1+X"证书与课程教学深度融合。学校积极践行"1+X"职业等级证书制度试点，课程内容与证书标准相融通，将"X"培训内容有机融入相关专业人才培养方案，与现有专业课程体系对接。学生通过课程学习即可掌握相对应的考证技能要求。通过与试点证书培训评价组织（行业企业）沟通合作，根据职业技能等级标准和教育部专业教学标准要求，将证书培训内容适度融入专业人才培养方案和课程体系中，提高专业人才培养的灵活性、针对性和有效性。及时将职业技能培训

图1 "1+X"网络建设与运维师资培训班

中采用的新标准、新规范、新技术、新工艺引入日常教学活动中，使日常教学更加贴近产业生产实践，实现岗位密切关联课程，确保课程有力支撑岗位，实现岗课融通。例如基于计算机应用技术专业学生就业特点，将华为行业认证植入"1+X"体系之中，开展"分段制、阶梯式""1+X"证书制度试点，形成"1+X+X"证书人才培养格局。基于培养目标行业化、课程体系行业化、授课方式行业化、实验实训行业化、考核标准行业化五个特点，同华为技术有限公司联合开展书证融合，联合建设考点，联合考核评价，联合师资培训，形成了校企"四联"合作保障机制。

（三）育训一体，创新教学模式

依据教学目标和内容，分别利用校企教学资源有针对性地组织教学活动，构建"产教对接、实岗历练"的育训模式。统筹翻转课堂、混合式教学、理实一体化等教学与培训模式，创造多维度教学场景和教学方式。构建"理论教学+实训演练+实训实战"三个模块有机组合的教学模式，实现知行合一的职业教育培养目标。高度重视职业技能大赛和职业技能等级证书之间的相互融合，充分发挥大赛对教学改革和专业建设的引领作用，以赛促教、以赛促学、以赛促建。认真研究世赛、国赛、省赛赛项内容，将技能大赛中的新技术、新标准、新规范融入课程标准，使技能大赛成果惠及全体学生。将大赛训练与实践教学环节结合、大赛训练方法与实践教学方法结合、大赛评价标准与教学考核标准结合，让职业素养贯穿大赛训练全过程。

## 二、主要成效

（一）试点已覆盖全院各专业群

实施试点4年来，我院全面完成"1+X"证书试点任务，成功申报94个"1+X"证书试点项目，涉及56个专业，覆盖超过80%的办学专业。90余名教师通过培训考核，7200人次完成证书试点学生培训，3100余人通过考试，考生初次考证通过率达到70%以上，涵盖全部专业群。

（二）试点工作走在全国前列

高职发展智库根据国家职业技能等级证书信息服务平台对全国前三批"1+X"证书制度试点名单进行了数据统计与分析，我校在高职院校中排名第三位。学校设立"工业机器人集成应用""土木工程混凝土材料检测"等39个考核站点，智能财税、3D引擎、建筑识图等证书被评为全国优秀考点。近两届我校毕业生初次就业率达89%，年终就业率达92%以上，学生在世界500强企业就业人数年均在600人左右。

（三）开发了新的职业技能等级证书

学校联合行业企业共同开发"水环境监测与治理""测绘地理信息智能应用"2个证书标准，引领"X"证书制度试点改革发展。开发"课证融通"课程48门、培训资源库3个。与北控水务公司联合开发的水环境监测与治理职业技能等级证书列入第四批"1+X"证书试点项目。

# 创新"说专业"机制　推动专业高质量发展

说专业（群）是我国职业教育从基础教育借鉴而来的一种教学研究形式。我校从2008开始说专业、说课程活动，从以院部为单位开展到2010年以学校名义正式开展相关竞赛活动，目的是进一步巩固、深化示范院校建设成果，探讨、交流专业和课程建设方法，强化专业内涵建设和课程建设，发挥重点专业和精品课程的院内示范辐射带动作用，提高学院专业建设和课程建设的整体水平。从最初的"说课程""说专业"发展到"系主任说专业群""专业带头人说专业""教师说课程、说教学单元"四说活动，并根据职业教育的发展研究不断进行提升改进，成为学校定期开展的教学研究活动并延续至今。2016年又与高职院校内部质量保证体系诊断与改进工作深度融合，增加"说专业""说课程"诊改模块。目前已形成"国家（区域、行业）—学校—院部"三级说专业（课程）工作机制，以说专业（群）课程体系为核心，引领专业的各项改革和建设。

我校建立完善说专业（群）、说课机制，并建立了相应的评价体系，对学校内部质量保证体系、诊断与改进工作的顺利开展起到重要推动作用。通过活动的开展，提高了我院专业建设的整体水平，培育并突出专业建设特色，提升学校人才培养水平，推动职业教育改革纵深发展，从而促进教育教学的高质量发展。

## 一、经验做法

### （一）建立说专业（群）工作机制

一是以学校名义印发文件，定期举行"说专业（诊改）""说课程（诊改）"，要求各院（系部）在本院（系部）内开展"说专业"和"说课程"活动，并以此活动为契机，将其作为专业建设和课程建设交流、探讨的平台，不断提升本院（系部）专业建设、课程建设的整体质量，长期坚持不间断。二是学校领导高度重视，首届活动决赛开展时，学校时任党委书记、院长、副院长和学校班子成员均出席了活动，这成为长期坚持的不成文规矩。三是不断制定（修订）有关制度和技术文件，规范开展工作。

四是把专业带头人参与说专业活动、骨干教师参与说课活动作为考核教师教学研究工作的重要指标，纳入教师教学工作量化考核、年度工作考核和职称评定的考核细则之中，引导和鼓励专业教师参加此类活动。

### （二）引导活动与专业、课程、师资队伍课程相向而行

持续开展"说专业""说课程"竞赛活动，把专业建设的思路和举措对教师说清、向学生讲明，形成专业建设目标人人知晓、建设要求层层传递、建设内容步步落实，使专业建设、专业教师和专业学生形成有机整体，促进专业健康有序发展，凝心聚力助推学校高质量发展。一是教学系统加强对"说专业""说课程"活动进行探索、研究，加强指导；二是在"说专业""说课程"活动中，院（部）是重点，应全面开展；三是对专业建设、课程建设的指导工作不但要有宏观层面的指导，更应有具体操作层面的指导，要进一步做好规划；四是要不断加大专业建设、课程建设工作力度，尤其加强内涵建设。

### （三）深度融入诊断改进工作

与时俱进，把"四说"活动及时与高职院校内部质量保证体系诊断与改进工作结合，提升为质量保障体系重要一环。把"说专业""说课程"诊改活动作为学院诊改常态化工作的重要组成部分，要求"人人参加并过关"。全体教师在活动中共同进步，互相成就，不断提升教育教学水平和教学质量。

## 二、主要成效

一是提升了全体管理者和教师的专业、课程建设意识。特别是教师能积极思考专业群、专业、课程建设中存在问题和今后发展方向，推进专业内涵建设，提升了课程设计、组织能力，最终实现了学校教育教学质量的提升。

二是促进了不同部门、不同专业间的交流，提升了专业建设水平。通过活动，不断加强专业建设，专业建设产出一系列高水平成果。建成国家专业教学改革试点专业2个，国家示范建设中央财政支持重点建设专业4个，国家示范建设地方财政支持重点建设专业8个，国家"支持高等职业学校提升专业服务产业发展能力"项目专业2个，国家级高水平专业群专业7个，省级高水平专业群专业28个，全国水利高等职业教育师范专业3个，全国优质水利专业4个，省级高职高专教学改革试点专业4个，

省级优秀教学改革试点专业 4 个，省级重点专业 15 个，行指委重点专业 2 个，国家创新发展行动计划骨干专业 17 个，省级"一流"建设专业 19 个，省级专业综合改革试点专业 6 个。

三是提升了我校专业建设的影响力和口碑。经过多年的活动开展和沉淀，我校的"说专业（课程）"活动得到了国内同行的高度认可。在中国职业技术教育学会举办的第五届"说专业·说课程·说专业群"研讨会上，我校马乃祥教授受邀做了题为"智慧健康养殖（畜牧兽医）专业群高水平创新发展与专业升级改造的实践"的案例报告，分享了我校专业建设、课程建设、专业群建设上的经验，展示了信息技术背景下的专业建设及课程改革成果，探讨了如何将专业升级和数字化创新的成果落在课堂上，以有效提升人才培养质量。

# 水利工程专业群
# "五对接、六融合、多方向、组合式"人才培养模式

水利是农业的命脉，水利人才是水利行业快速发展的支撑。近年来，随着水利行业的产业转型升级和高质量发展，水利工程建设、水利工程管理对专业技术技能人员提出更高要求。学校坚持走"农科教、产学研"结合之路，不断深化产教融合、校企合作，创新成立"政、行、企、校"四方合作发展理事会，并成立产业学院——中水学院。坚持水利类专业服务干旱半干旱农业发展的办学定位，按照农业灌溉用水从水源到田间的全流程建设、管理岗位技术技能人才需求，创新实践"五对接、六融合、多方向、组合式"人才培养模式，构建模块化课程体系，人才培养质量全面提升，引领全国水利类专业高质量发展。

## 一、经验做法

### （一）组建基于农业灌溉用水产业链的专业群

水利工程专业群作为全国高水平建设专业群，主动适应行业转型升级需求，精准对接行业高质量发展，针对现代农业灌溉用水产业链，依照从水源治理—取水—输水到田间灌溉的用水逻辑，遵循领域相近、岗位相通、分工协作、共建共享、协调发展的原则，选取水环境智能监测与治理（水源）、水利水电建筑工程（取水）、水利工程（输水用水）、水利工程监理 （工程监理）4个专业组建水利工程专业群。专业群以水利工程专业为核心，水利水电建筑工程、水环境智能监测与治理、水利工程监理专业为支撑，按照领域相近、岗位相通原则，确定专业群典型岗位为水质检验员、测量员、制图员、设计员、施工员、质检员、监理员、水管员等（图1）。

### （二）形成"五对接、六融合、多方向、组合式"人才培养模式

依托中水学院，深化产教融合、校企合作，"政、行、企、校"协同育人，共建水

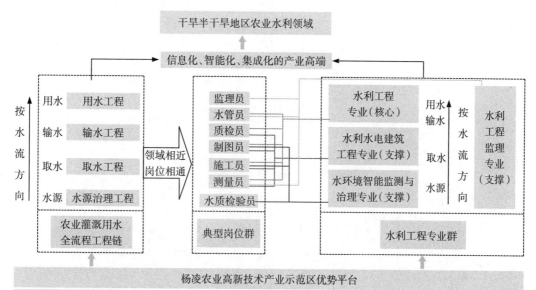

图 1 水利工程专业群组群逻辑图

利工程专业群"五对接、六融合、多方向、组合式"人才培养模式。专业群对接农业灌溉工程产业链、专业对接主要岗位群、专业方向对接水利行业龙头企业技术岗位、核心课程标准对接关键岗位工作标准、学生就业意愿对接企业岗位需求，实现毕业证与职业技能等级证书融合（书证融合）、课程教学过程与职业技能等级证书培训融合（过程融合）、校内教学资源与校外教学资源融合（资源融合）、校园文化与企业文化融合（文化融合）、专任教师与兼职教师融合（队伍融合）、国际先进标准与国内标准融合（标准融合）。对接"共享模块+特色模块+拓展模块"模块化课程体系，适时增设行业发展新动向、职业技能等级证书融合培养模块，如2023级增设智慧水利、生态水利等模块，实现人岗精准对接—书证融合培养—零距离就业上岗，不断完善课程体系（图2）。

（三）建立动态化人才培养调整机制

在人才培养教学实践中，聚焦行业发展需求，大兴调研之风，并结合行业、企业需求岗位动态变化的特点，针对就业岗位细化、上岗适应期缩短的新形势，校企双方对接岗位群动态需求，建立"专业特长模块"动态调整机制，专业群每个专业设置2~3个特长模块，通过"多方向专业特长"培养，精准对接职业岗位核心技能，以达到人才培养动态适应行业、企业发展需求（图3）。

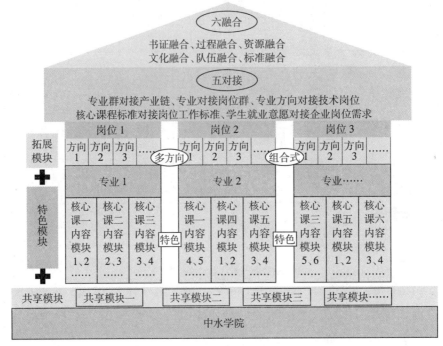

图2 "五对接、六融合、多方向、组合式"人才培养模式示意图

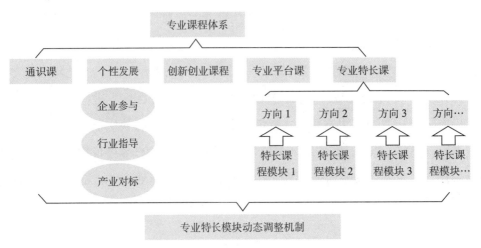

图3 "专业特长模块"动态调整机制图

（四）加强标准建设引领同类院校高质量发展

坚持以"立德树人"为根本，依托"政、行、企、校"四方合作发展理事会工作机制，加强"政校""行校""校校"多方联合，注重专业群标准建设，主持编制水利工程专业、水文测报专业、水政水资源专业等3个专业国家教学标准，高职专科水利

工程专业和高职本科农业水利工程专业 2 个专业简介（图 4）。同时完成我校 8 个涉水专业教学标准和 21 门课程标准的建设，通过全国水利行指委专家的评审，获得优秀评价。

| 序号 | 标准名称 | 层次 | 版次 |
|---|---|---|---|
| 1 | 水利工程专业教学标准 | 高职专科 | 2019 |
| 2 | 水文测报专业教学标准 | 高职专科 | 2019 |
| 3 | 水政水资源专业教学标准 | 高职专科 | 2019 |
| 4 | 水利工程专业简介 | 高职专科 | 2022 |
| 5 | 农业水利工程专业简介 | 高职专科 | 2022 |

图 4　主持国家职业教育专业标准和简介研制

带头宣传贯彻水利类教学标准。主动承办"职业院校水利类专业教学标准宣贯师资培训班"，聘请 18 名专家围绕水利现代职业教育和水利专业教学标准进行解读研讨，为来自全国 21 所水利类职业院校的专业带头人和骨干教师提供培训，助推水利职业院校准确把握人才培养目标、提高人才培养质量。

## 二、主要成效

### （一）人才培养质量显著提高

通过人才培养模式动态微调，精准对接行业需求，学生技能水平显著提升。在近年全国职业技能大赛中，先后获团体一等奖 3 项、二等奖 2 项；获个人一等奖 4 项、二等奖 16 项；在全国数学建模大赛获奖 13 项；在"互联网+"大赛中获国赛银奖 1 项，省赛金奖 6 项。

近 3 年数据显示，水利工程专业群学生报考率提升到 261%，报到率保持在 95% 以上，就业率保持在 96% 以上，在世界 500 强企业就业比例达到 54.6%。

### （二）形成一批国家级标志性成果

主持《水利工程专业教学标准》等 3 个国家专业教学标准研制，主持《高职专科水利工程专业简介》和《高职本科农业水利工程专业简介》2 个国家专业简介研制，形成 21 门国内一流、国际认可的课程标准。建成"灌溉排水工程技术"等 2 门国家级在线精品课程，主编《工程水力计算》等 8 本"十四五"国家规划教材，4 门课程被认定为教育部"能者为师"特色课程，"水利工程"和"水利水电建筑工程"教学团队获评全国水利行业教师教学创新团队。

（三）海外办学特色鲜明

与几内亚科纳克里大学合作成立杨凌职业技术学院几内亚水利工程学院，开展给排水工程技术人才培养，招收 50 名几内亚学生，海外评价及留学生评价效果良好。

# 电子商务专业群
# "双线双主体、三阶五融合"人才培养模式

电子商务已成为农村地区培育农业产业化创新、推进农村转型发展、加快农民增收、促进城乡统筹的重要举措和抓手。新时代农村电子商务已成为数字经济的重要组成部分,为乡村振兴提供了新动能、新载体和新机遇。而全面实现乡村振兴,需要大批农村电子商务技术技能人才支撑。电子商务专业群紧扣农村商贸流通业的网络化、数字化、智能化等产业新兴端的技术发展,面向陕西及西部地区农村商贸流通产业发展与转型升级,培养电子商务产业链具有创造力的复合型技术技能人才,为服务国家乡村振兴和区域经济发展提供持续的人才和技能支撑。

## 一、经验做法

### (一)组建基于农村商贸流通产业链的专业群

立足杨凌农业高新技术产业示范区和陕西自贸区杨凌片区,面向陕西及西部地区农村商贸流通产业发展与转型升级,瞄准农村商贸流通业的网络化、数字化、智能化等产业新兴端,紧扣农村电子商务产业链人才培养的新要求,以电子商务"信息流、资金流、物流、商流"四大组成部分为主线,对接农村商贸流通、仓储与运输配送、支付结算与财务核算等产业链关键环节,组建以电子商务专业为核心,以现代物流管理和大数据与会计专业为支撑的电子商务专业群(图1)。

电子商务专业作为专业群核心专业,面向农村电商运营、商务数据分析、新媒体营销等岗位,支撑农产品商贸流通服务业发展,实现农村电子商务产业链高效的"商流"和"信息流";现代物流管理专业面向农产品物流、仓储配送等岗位,支持农村电子商务产业链智慧、高效的"物流"发展;大数据与会计专业面向共享财务、智能财税、财务管理等岗位,支持农村电子商务产业链高效益的"资金流"。借助核心专业主持多项省级项目、国家级实训基地等资源优势,群内专业有机整合、结构优化、教学

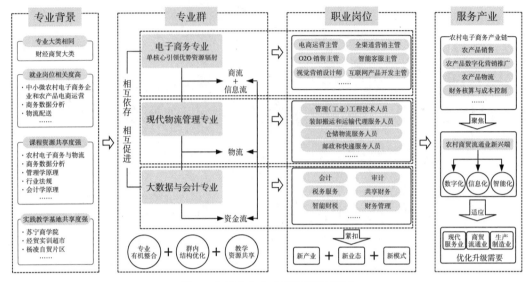

图 1　电子商务专业群组群逻辑图

资源共享，形成合力。

## （二）创建"双线双主体、三阶五融合"人才培养模式

电子商务专业群面对新形势、新使命和新要求，针对现代商贸流通服务业"两新四高"的特征对技术技能人才的新需求，深化人才培养和教育教学改革，适应产业发展和转型升级，在原来"订单式""2+6W"等人才培养模式基础上，创建"双线双主体、三阶五融合"人才培养模式。该模式以学生职业综合素养塑造（贯穿"工匠精神、秦商精神"职业素养塑造）和职业能力培养为双线，按照农村电子商务产业链中农产品电商运营、网络营销策划、物流配送等岗位职业能力规范和标准，梳理教学任务、教学内容和教学标准，明晰企业和学校育人职责，建成校企双主体、责任明确、分工协作的育人机制，依据"通识技能—专业技能—综合技能"的"三阶段递进式"能力培养体系，将教学内容与职业标准、教学任务与生产任务、教学过程与生产过程、专业教师与企业师傅、学历证书与职业技能等级证书等五方面有效融合（图2）。以"双线双主体、三阶五融合"的人才培养模式为依据，体现立德树人、德技并修人才培养目标，形成一套能准确评价学生在校期间综合素质、个性特长、创新创业和专业学习成效的不同学生个性化定量分析评价学分制度。

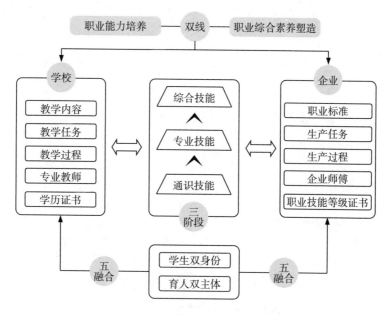

图 2 "双线双主体、三阶五融合"人才培养模式示意图

## (三)开展"训、赛、创、服"四位一体实践教学

电子商务专业群以丰富培养手段、拓展培养路径为探索方向,以职业能力和创新创业能力培养为主线,按照"实训固基、竞赛精技、创新创业强能、社会服务提效"总体思路,创建了高职电子商务专业"训、赛、创、服"四位一体的实践教学模式。该模式是以训为基础、以赛为助力、以创为提升、以服为延伸,聚焦职业能力与创新创业能力的培养,从实现途径和方式入手,实施"训、赛、创、服"四位一体实践教学活动,使"训、赛、创、服"交融贯穿于实践教学全程,达到以训促学、以赛带训、以创助赛、以服促增的目的,实现能力和素养的同步提升。

"训"是以职业能力和综合素质培养为目标,依托校内外实践教学基地和平台,依据电子商务专业人才培养方案和"2+6W"人才培养模式,按照"三阶段递进式"能力培养体系设计,通过真实项目实战、技能比武、素质拓展,全程训练职业能力,强化职业素养的养成;"赛"是借助职业技能大赛和创新创业大赛,实施"以赛促教、以赛促学、以赛促创,师生同创、赛教一体、课赛融合"的教学实践,促进电子商务职业能力培养;"创"是依托创新创业项目训练与创新创业实践,提升电子商务职业能力和创新创业能力,即以真实项目驱动,以创新创业基地和创业联盟为平台,通过创新创业课程指导、专题培训、项目实施、技能大赛、联盟活动、社会服务和公司运营等增强学生实践能力；"服"是专业能力培养途径与方式的延伸和突破，是依托电商兴业兴农、电商精准扶贫项目，通过为政府、行业、企业、农户服务有机嵌入教学，以科技示范、精准扶贫、技术咨询等为政服务，以技术咨询推广、电子商务项目策划运营、人才输出等为行、企服务，以农业电子商务技术培训、项目策划、网店建设与运营等为农户服务，培养学生服务社会能力，助力精准扶贫和乡村振兴战略，促进区域经济发展，提升专业服务产业能力。

## 二、主要成效

（一）专业综合实力不断提升，可持续发展力显著增强

近年来，电子商务专业获评创新行动计划国家骨干专业、陕西省综合改革试点专业、陕西省一流专业、全国高职电子商务技能联考首批试点专业、"课赛融通"教学改革试点专业。承办陕西省职业院校技能大赛2项。获教育部"1+X"证书制度优秀师资培训基地、优秀组织单位等荣誉6项。专业群内各专业获其他省部级以上荣誉奖励10项，承办陕西省职业院校技能大赛2项，师生获省级以上各类成果和表彰奖励60余项，专业群影响力和发展力不断增强。

（二）人才培养质量提升显著，毕业生就业竞争力增强

近年来，学生参加职业技能大赛获国家级奖励9项、省级奖励30余项。学校承办陕西省职业院校技能大赛2项，获行指委"全国电子商务职业教育'课赛融通'教学改革实验校"称号。专业群学生就业率97%以上，对口就业率80%以上，职业技能获证率96%以上，企业对毕业生满意率95%以上。

（三）创新创业教育成效显著，学生创新能力明显提升

专业群学生参加创新创业大赛项目200多项，获"互联网+"大学生创新创业大赛国家级铜奖2项，省级金奖3项，获陕西省高校唯一"最佳带动就业奖"。学生创办公司30家，在校生创业率达8%以上，学生创业团队获杨凌示范区"青年创新创业创优标兵集体"，学院获陕西省首批"创新创业教育改革试点学院"。

（四）服务地方经济社会发展，电商产业综合效益显著

为杨凌示范区构建了农业电商全产业链发展模式，开展农业电子商务科技服务，

获杨凌示范区"农业科技示范推广基地"称号。90%的学生参与农业电子商务项目运营和社会服务,累计完成380多个社会服务项目。参与杨陵示范区农业电子商务创业孵化园运营,技术服务直接效益1200万元。每年为青海省玉树市和陕西省蓝田县、旬邑县等开展技术培训500多场次,培训2万余人次。

# 计算机应用技术专业群"双主体、四递进、五融通"人才培养模式

计算机应用技术专业群紧密对接新一代信息技术产业，深化新一代信息技术在各领域的融合集成创新应用，以社会需求为导向，在多年的人才培养基础上，探索形成"双主体、四递进、五融通"人才培养模式。该模式以校企合作为基础，按照"学生—模拟员工—准员工—员工"四个阶段进行递进式人才培养，在人才培养中实现岗位技能、课程体系、技能大赛、职业证书、社会服务相互融通。通过不断实践，学生技能大赛参赛人数和层次不断提升，学生就业竞争力明显增强，学生职业适应性明显提升，校企合作愈发紧密，课程建设成效明显，教师社会服务能力得到提升，有效提升了专业群人才培养质量和综合实力。

## 一、经验做法

计算机应用技术专业群紧密对接新一代信息技术产业，面向云计算、物联网、大数据、移动互联网和信息技术服务领域，深化新一代信息技术在各领域的融合集成创新应用，以社会需求为导向，通过与华为、中兴等行业龙头企业，以及一批行业骨干企业开展人才联合培养，共同开展人才能力需求分析，确定网络工程、网络安全、云计算、大数据、移动应用开发、通信组网设计等方向相应的岗位群，明确人才培养规格与目标；通过对工作岗位的典型工作任务进行分析，归纳出岗位群对应的岗位能力，构建以岗位能力为导向的模块化课程体系，制定人才培养方案，开展校企协同人才培养，创新实施"双主体、四递进、五融通"人才培养模式（图1）。

### （一）校企"双主体"合作育人

在人才培养过程中，不断推进校企深度融合，寻找校企双方的结合点，探索校企合作新途径，构建合作新模式，形成校企"双主体"育人机制。在实施"双主体"育

人过程中，校企共同制定人才培养方案、建设教学资源、组织理论与实践教学、开展职业技能培训与考核、开展实训就业等，搭建校企"双主体"育人平台，明确学校和企业在人才培养工作中的任务和要求，建立有效的沟通协调机制。近年来，依托学校"百县千企联姻工程"，与华为、中兴等行业龙头企业共建企业学院，开展人才"订单式"培养，组建华为云 HCIE 工程师订单班、中兴通讯订单班；建设陕西省高职院校首家华为 VUE 考试中心；与西安爱克斯未来文化科技有限公司、深圳市讯方技术股份有限公司等 20 多家企业在校内外实训基地建设、学生实训、师资培养、教学资源开发、学生就业等方面开展深度合作。

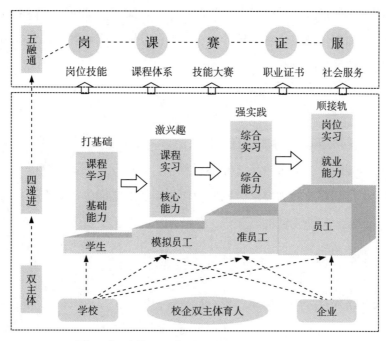

图 1 "双主体、四递进、五融通"人才培养模式

（二）"四递进"开展式人才培养

在"学生"阶段，学习本专业的基础理论、基本知识，了解行业、专业趋势，专业所需技能以及对口企业的组织架构及工作流程，掌握专业基本技能，培养学生扎实的专业基本功。本阶段由校内教师实施，主要集中在第一学年完成。

在"模拟员工"阶段，以专业课程教学和实训为载体进行。该部分教学以校内专任教师参与为主、企业工程师参与为辅，通过模拟工作任务，使学生在"学中做，做中学"。本阶段以项目任务的形式开展教学，以有效的教学改革提高学生学习的积极主动性,有效培养学生的专业能力。

在"准员工"阶段,以专业综合实训为载体进行。该部分教学以企业工程师为主、校内教师参与为辅,设计以企业真实项目为主的实训任务,搭建真实场景,融入职业素养和企业思维,有效培养学生的专业综合能力,增强其实践能力。本阶段完全按照行业企业的管理制度来要求学生,将企业 KPI(关键绩效指标)考核转换成为适合学生的考核标准,严格执行企业管理制度。

在"员工"阶段,学生以员工身份进入企业进行岗位实习,完成学生到员工的转变,实现学习到就业的无缝对接。根据学生个性化职业发展需求,指导学生选定意向企业和目标岗位,通过"一师一导一徒"的形式,师傅"手把手"带徒弟进行岗位实习,按职业标准和岗位规范,着重培养学生的专业技能和职业素养,逐步培养学生成长为具备"工匠精神"的熟练员工和业务骨干。

### (三)"五融通"推进专业建设

"五融通"是指在人才培养中实现岗位技能、课程体系、技能大赛、职业证书、社会服务相互融通(图2)。在专业人才培养过程中,开展专业调研,分析专业群工作岗位,明确职业岗位和职业能力要求,以职业岗位工作形成岗位技能需求,对接职业标准和工作过程,吸收行业发展的新知识、新技术、新工艺、新方法,以岗位工作内容为主线进行课程体系和教学内容设计,优化课程标准,做到"以岗定课"的岗课融通机制。

在专业人才培养过程中,构建"校—行—省—国—世"五级技能竞赛体系,实现

图2 "岗课赛证服"融通课程内容及课程体系

技能竞赛对所有专业和学生的全覆盖、常态化，形成"以赛促学、以赛促教、以赛促改"和崇尚技能、学习技能、锻炼技能、展示技能的良好氛围；同时将技能竞赛内容有效嵌入到课程体系中，合理设计课程教学内容与实训项目，把比赛标准与操作标准纳入实践教学中，培养学生良好的职业素养和熟练的操作技能，形成"以赛提技"的赛课融通机制。

在专业人才培养过程中，探索课证融通的有效方式，选择与专业人才能力培养紧密对接的相关"1+X"证书、华为认证体系、全国计算机与软件专业技术资格考试等行业内具有较强影响力的证书，深入研究其内容和考核标准，将其与课程教学内容和实训项目有效融合。实施以证代考，鼓励学生考取行业证书，为学生提供便利，形成"以证定标"的课证融通机制。

在专业人才培养过程中，校内以学生实训室为载体，创建 6 个创新工作室，校外依托区校融合科创中心、示范区科技创新局、杨凌创新创业园公司、杨凌区中小企业协会等单位，建设现代信息技术创新创业实践教学基地，组建以行企能工巧匠、专业带头人、骨干教师、在校学生为成员的技术技能服务团队，组织师生开展省内及西北地区涉农企业在"办公自动化应用""农村电商服务""网络系统技术应用""数据系统技术应用""5G 技术应用"等方面的技术咨询、技术服务、技术培训等一系列活动，服务陕西瑞瑜华茂网络科技有限公司、杨凌农业云服务有限公司等企事业单位 30 余家，经济效益近 200 万元；着力培养学生解决实际问题和技术技能服务能力，做到"以服促技"，全面提升学生的综合素质和服务能力。

## 二、主要成效

### （一）人才培养质量稳步提升

**1. 技能大赛成绩突出**

充分发挥大赛对教学改革和专业建设的引领作用，引导和鼓励学生参加各级各类大赛，大力推进学生职业技能大赛，构建形成"355"大赛训练模式：按照"夯基础、提能力、强综合"3 个阶段，打造"校—行—省—国—世"5 级大赛体系，做到竞赛规程、竞赛设备、竞赛裁判、优势院校、企业 5 个对接。近三年来，获奖层次、人数逐年提高，在职业院校技能大赛、双创大赛、大学生电子设计竞赛、蓝桥杯、挑战杯、华为 ICT 大赛、5G 行业赛中，累计参赛 1500 余人次，累计获国家级奖项 18 项、省级奖项 117 项，其中包括获 2022 年全国职业院校技能大赛 5G 全网建设技术一等奖（全国第一），获首届世界职业院校技能大赛通信网络系统管理赛项优胜奖（全国第四），获 2022 年金砖国家职业技能大赛 5G 网络建设与运维技术应用赛项一等奖(全国第三)。

**2. 学生就业竞争力明显增强**

实施课证融通，鼓励学生考取电子信息行业认可的华为认证证书、"1＋X"职业技能等级证书、全国计算机与软件专业技术资格证书等，提升学生就业竞争力。近三年来，学生获证人数逐年提高，获取华为证书、"1＋X"证书、全国计算机与软件专业技术资格证书等累计 587 人。学生就业率、对口率分别由 2020 年 96.38％、73.12％增长至 2022 年 98.12％、84.36％，初次就业平均薪酬由 2020 年的 3628.4 元/月增长至 2022 年的 4673.6 元/月。

**3. 学生社会服务力明显提升**

近三年来，计算机应用技术专业群学生为政、企、校开展技术咨询、技术服务、设备维护等工作，累计参与 1191 人。其中，王宁波等学生先后参与北京冬奥会、全运会、残奥会网络保障工作，荣获多项表彰。

## （二）专业综合实力不断提升

近三年来，计算机应用技术专业群在校企合作、课程建设、社会服务等方面建设成效显著，专业综合实力不断提升，获批陕西省高水平专业群建设计划（A 档），教育部中德先进职业教育合作项目试点专业，工业与信息化部首批产教融合试点专业。

**1. 校企合作愈发紧密**

近三年来，先后与华为技术有限公司、中兴通讯股份有限公司、大唐移动通信设备有限公司、南京华苏科技有限公司等一批电子信息类行业企业开展校企合作，打造"产业—教育"生态，实施学生"岗课赛证服"一体化培养，开展技能大赛、课程建设、教材开发、社会服务、师资培训等合作，建立了"对接产业，动态调整"的专业建设和人才培养联动与保障机制。

**2. 课程建设成效明显**

与行业企业共同构建专业群模块化课程体系，按照学生的基本技能和核心技能要求、职业发展需求，将综合素质培养、工匠精神培育、职业岗位能力培养等融入人才培养全过程，通过整合、重构现有课程体系，构建"共享＋特色＋拓展"的专业群模块化课程体系。校企协同开发工匠精神课程 6 门，建成在线开放课程 4 门，开发新形态教材 15 本，形成课程思政案例 17 个。

### 3. 教师社会服务能力明显提升

近三年来，团队教师积极参与秦创原创新驱动平台建设，依托区校融合战略，利用自身在电子信息方面的资源、人才、条件优势，参与培训新型职业农民 265 人，参与中小型企业技术研发、合作转化、合作推广，解决企业技术难题 18 项，横向项目到账 300.6 万元。

# 药品生产技术专业群"三阶四岗五融合"人才培养模式

为了更好落实国务院《关于加快发展现代职业教育的决定》(国发〔2014〕19号)和《国家职业教育改革实施方案》(教职成〔2019〕11号)文件精神,药物与化工学院始终坚持"落实服务发展、高效促进就业"的办学方向,对接行业发展趋势与企业生产需求,不断深化产教融合,创新校企合作路径,有效推动校企协同发展,落实校企双元育人,探索构建了药品生产技术专业群"三阶四岗五融合"工学结合的人才培养模式,有效提升药品生产技术专业群学生专业核心能力及综合职业素养。

## 一、经验做法

### (一)"三阶"递进,构建循序渐进的教学组织体系

遵循由易到难的教学原则,药品生产技术专业群按照"认岗、跟岗、顶岗"三个阶段组织教学,构建工学交替、循序渐进的校企协同育人机制(图1)。认岗阶段,主要通过让学生深入企业参观、接受企业文化熏陶、岗位体验、倾听行业发展报告等举措,促使学生了解行业、热爱专业、认识岗位,培养学生专业基础理论、基本素养和对行业企业的初步认知能力;跟岗阶段,通过让学生深入企业开展课程实习、综合实训,在企业导师指导下初步完成岗位任务,重点培养学生专业基本技能;顶岗阶段,

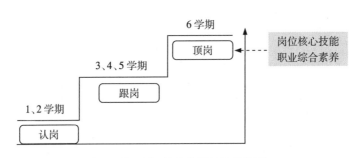

图1 "三阶"递进教学组织示意图

让学生在企业导师的指导与带领下，走上工作岗位，独立完成岗位任务，培养学生岗位核心职业技能与综合职业素养。

## （二）"四岗"轮训，培养学生专业核心技能

"四岗"是指按照药品生产技术专业群各专业培养目标特点，着重在原料药制备、药物制剂生产、药品质量管理和药品营销服务四个关键岗位群（岗位）开展核心技能培养。校企双方紧密协作，围绕"四岗"采取"师傅带徒、四岗轮训"组织实践教学（图2），培养学生专业核心技能及综合素质，提高药品生产技术专业群技术技能人才培养能力和水平。

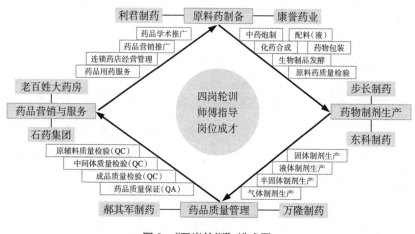

图2 "四岗轮训"模式图

## （三）"五融"结合，提升专业群产教融合水平

"五融"结合是指在课程体系建设中，将通识教育与企业文化融合、素质教育与创新创业融合、信息化教学与生产项目融合、教学内容与技能大赛融合、课程评价与职业证书融合。校企双方围绕传统中药文化挖掘、职业素养提升、智能生产强化、核心技能聚焦、评价方式改革等方面，不断构建适应现代制药产业高质量发展的专业群课程体系。设置"通识课、专业课、拓展课、创新创业课"四个教学模块，形成"四位一体、五维融合"的人才培养方案（图3），在学生知识技能培养过程中加强优秀文化传承、个人特长发展、产业高端引领、核心技能培养和人才质量评价等，促使学生德智体美劳全面发展，促使人才培养水平不断提升。

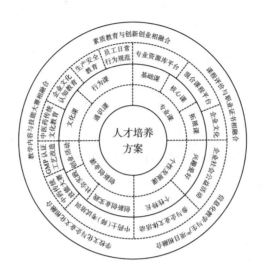

图 3 "四位一体、五维融合"的人才培养方案

## 二、主要成效

（一）形成了药品生产技术专业群"三阶四岗五融合"人才培养模式

该模式充分体现了校企合作、工学结合教学特色，遵循了循序渐进的教育规律，深化了校企合作模式，明确了校企协同培养目标，为不断提升药品生产技术专业群各专业人才培养质量提供了方法和路径。

（二）构建了"四位一体、五维融合"的人才培养方案

方案以培养德智体美劳全面发展的高素质技术技能人才为目标，贯彻落实立德树人根本任务为原则，打造了思政构筑公德信念、劳动培养生活习惯、美育培养审美内涵、体育铸造强健体魄的系列育人特色品牌，并与专业知识、实践技能有机融合，丰富了专业教学内涵，激活了学生学习兴趣，强化了学生职业能力和社会适应性，提升了校企协同育人水平。

（三）提升了"双师"型教师队伍素质

"三阶"递进教学组织过程中，校内专业教师带领学生深入企业、融入岗位，检验理论教育教学成果的同时，联合企业技术人员，协同解决企业实践中存在的生产技术难题。教师将企业难题融入教学与科研，不断提升自身业务能力，有效提升了教师"双师"素质。

## （四）提供了专业建设和课程改革的新路径

通过"四岗"进一步聚焦了专业的核心技能培养目标，提升了专业建设成效；以"五融合"为抓手，为教师开展课程改革和教学资源建设畅通了路径，聚合了企业优质资源，并将行业企业新技术、新工艺、新方法等不断融入课程建设，及时调整课程内容，保障了教学内容的先进性和前瞻性。

# 畜牧兽医专业群"EPI"人才培养模式

畜牧兽医专业群以产教融合、校企合作为抓手，以强化综合技术应用能力和基本素质培养为主线，依托省级重点专业建设改革项目，根据畜牧兽医专业适应的岗位群能力要求和行业特点，按照"以整合课程体系为突破口，以强化综合技术应用能力和基本素质培养为主线，从社会对该专业人才的实际需求出发，合理设计学生的知识、能力和素质结构，加强学生的技术应用能力和社会适应能力的培养，积极探索高职畜牧兽医专业高等技术应用性人才培养的新模式"思路，构建产教融合下"EPI"人才培养模式，培养了一大批高素质畜牧兽医专业人才。畜牧兽医专业"EPI"人才培养模式分为"E""P""I"3个阶段的教学，如图1所示。

"E"（Education）即全日制学生完成两年在校理论学习和单项、模块技能训练。学生在校期间完成文化课程、专业平台课程学习，同时，进行相关单项和模块技能训练。此阶段使学生具备专业基本理论知识、技能和素质。

"P"（Practice）即第五学期在相关企业完成半年工学交替综合技能训练。根据学生志趣，按照三门优质核心课程自选职业方向，并将原班级重新整编为3个综合技能强化实训班，分别安排到相关的现代化猪场、集约化养禽场和规模化牛羊场，采用半工半读方式，白天主要由来自该企业的兼职教师负责学生生产实践，晚上主要由学校

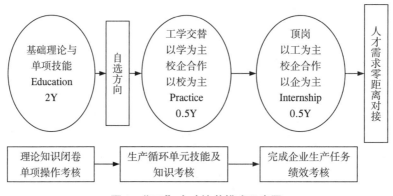

图1 "EPI"人才培养模式示意图

驻点老师负责理论教学和答疑解惑。通过半年工学交替综合技能训练，使学生基本具备职业化岗位能力和素质。

"I"（Internship）即第六学期半年顶岗。根据就业协议和意向，学生直接进入企业，进行半年顶岗，与企业岗前培训完全叠加在一起。在此阶段学生角色完全转化为企业员工，独立承担生产任务，最终具备职业能力和素质。此阶段使学生真正成为生产、管理一线高等技术应用性人才，实现毕业生与工作岗位零距离对接，提高毕业生的就业率与就业质量。

## 一、经验做法

（一）开展"四融合"订单人才培养

在"EPI"人才培养模式下，学院先后与陕西正大、陕西石羊集团等大中型公司签订"订单式"人才培养。以能力为中心，以满足订单企业需求为目标，以培养技术应用能力为主线，校企双方按照企业需求和学生实际设计人才培养的知识结构、能力结构和素质结构。

按照订单培养—工学交替—顶岗—就业"四融合"思路，建立工学交替及顶岗实施办法，形成有效的人才培养有效途径（图2）。

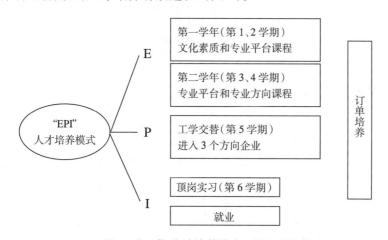

图2 "EPI"人才培养模式下的订单培养途径

（二）构建"双系统三层次三方向"新型课程体系

以"面向企业，立足岗位，基础够用，注重素质，强化应用，突出能力"为指导思想，以适应社会人才需求为目标，以培养技术应用能力为主线，确定人才的知识能力和素质结构，并注重人才的个性发展。依据市场、职业和技术立体交叉的三维坐标，横向面对市场拓展专业口径，纵向围绕职业要求延伸专业内涵，扩大专业服务范围，竖向按照"一业为主，多业兼顾"的原则，突出职业能力，以产教融合、工学结合为基础，构建双系统三层次三方向课程体系（图3）。双系统即实践课程教学系统、理论课程教学系统；三层次即基础课、平台课、方向课和基础能力、综合能力、职业能力；三方向即养禽与禽病防治方向、养猪与猪病防治方向、牛羊生产与疾病防治方向。

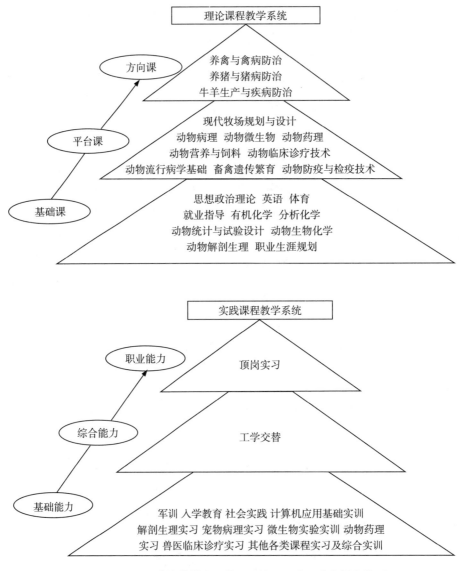

图3 "EPI"人才培养模式下的双系统三层次三方向课程体系

### （三）创新"工学交替"及顶岗运行机制和评价体系

以体制创新为动力，在杨凌现代农业职业教育集团平台下，按照能满足学生工学交替、教师锻炼、兼职教师聘任、开展技术服务、企业员工培训、联合项目研发、共同评价人才培养质量、成果转化等八大项指标在校企深度合作的"规模大、设备好、技术强"的企业（龙头企业）中筛选，建立养猪业、养禽业和养牛业三大类工学交替工作站。

依托技术优势，利用项目合作、技术服务、技术入股等形式与76家企业建立校企合作关系，为"EPI"人才培养模式实施创造良好的外环境，为工学交替搭建实施平台。在工学交替过程中不断探索运行机制和管理办法，形成了"专兼结合、双向考核"的工学交替质量考核机制（图4）和"专兼结合、一职双责、工学交替、多项反馈"的工学交替运行机制（图5）。

### （四）建立"双师、双考核、双向考评"制度

"双师"是校内专职教师与行业、企业的兼职教师共同指导学生，共同评价学生顶岗；"双考核"是学生顶岗的过程考核与结果考核，校内专职教师进行网上答疑、辅导、实习总结、答辩，并结合《学生顶岗周记》记录情况、中期巡查与指导情况、《顶岗技术总结报告》完成情况等进行过程考核和结果考核。"双向考评"是在学校考核学

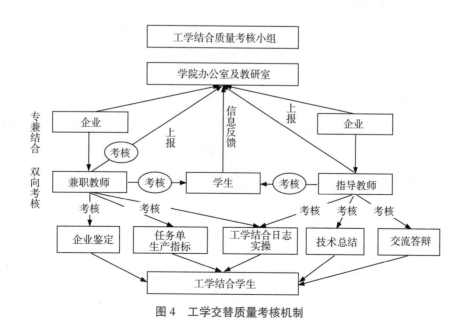

图4 工学交替质量考核机制

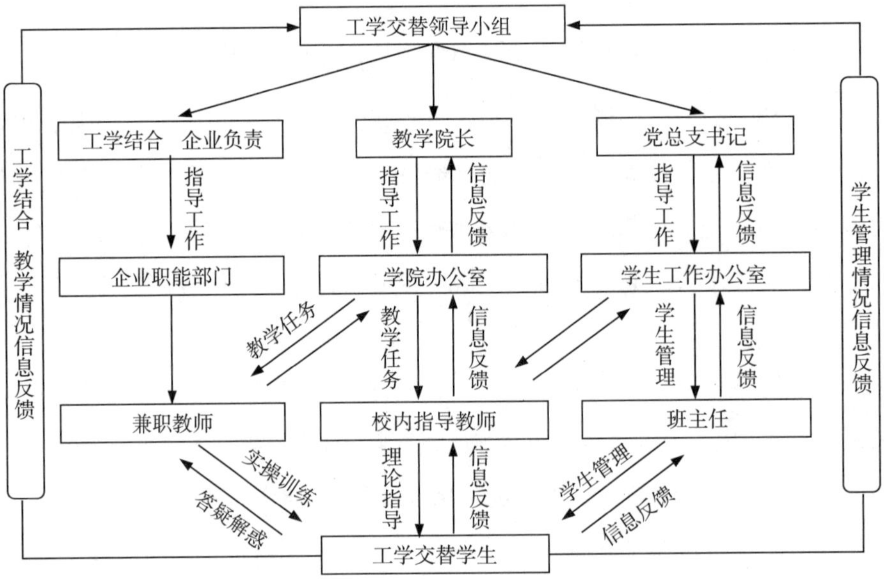

图5 工学交替运行机制

生同时，企业将顶岗的学生视同企业准职工，统一管理，统一考核，以职业资格要求为标准，对学生的工作态度、工作质量、实习纪律、岗位技能、团队与创新精神等方面进行考核，填写《学生顶岗企业鉴定表》，顶岗成绩结合双方评价进行总评等。

## 二、主要成效

### （一）提高了人才培养质量

近4年来，畜牧兽医专业班级主要通过校企合作、工学交替、课程实践操作比武、暑期社会调研等参加各项实践活动，学生发扬吃苦耐劳精神，技术应用水平明显增强。其中有4名学生被评为优秀青年志愿者，有10名学生撰写的实践活动调研论文被评为优秀论文。学生获大学生"互联网+"创新创业大赛项目全国铜奖1项，省级金奖2项、银奖3项；获全国学生职业技能大赛国家二等奖2项、三等奖3项，省级一等奖5项、二等奖4项、三等奖1项；获全国大学生挑战杯课外学术科技作品竞赛省级二等奖1项、三等奖1项；获全国行业学生职业技能大赛二等奖1项。

### （二）实现了招生就业两旺

畜牧兽医专业群招生规模年递增20%，报到率连续五年保持在98%以上；就业率保持在 97% 以上，专业对口率 96% 以上。已经建立毕业生就业质量跟踪体系，毕业生多数就职于大型农牧企业和宠物医疗企业，实现高质量就业；用人单位满意度达在 97.67%。超过 20% 的毕业生在饲料研发、兽药营销、畜禽养殖和宠物诊疗等领域自主创业，其中开办宠物医院 200 余家。近几年畜牧兽医专业成为我院就业形势最好的专业之一，出现了毕业生供不应求的态势，其中 2018 年、2019 年、2020 年、2021 年毕业生与用人单位的供需比分别为 1∶2.1、1∶2.4、1∶2.6、1∶3.2。

### （三）教育教学改革成效显著

"动物微生物"获批国家课程思政示范课程，授课教师入选课程思政教学名师和教学团队立项建设。已建成 2 门省级、2 门校级精品在线开放课程，77 门校级线上线下混合式教学课程，3 门优质核心课程（"养禽与禽病防治""养猪与猪病防治""牛羊生产与疾病防治"）；开发了 4 部特色教材和 6 部工学结合教材，《养羊与羊病防治》教材获陕西省优秀教材一等奖；主要承担畜牧兽医专业国家级资源库"养猪与猪病防治"、现代宠物技术国家级资源库"宠物解剖生理"课程建设及资源升级，主持完成省级动物医学专业教学资源库建设；主持或参与新专业目录修订和新专业标准制定 4 个、省级一流专业建设标准 1 个。畜牧兽医专业群"EPI"人才培养创新模式荣获全国农业职业教育教学成果奖三等奖和陕西省人民政府教学成果奖二等奖。动物疫病检测中心获批"动物疫病防控陕西省高校工程研究中心"立项建设。实施创新行动计划，建成国家基地 4 个，建成校外产教融合基地 6 个，校企共建协同创新中心 1 个、畜牧兽医产教融合创新示范基地 1 个。与 76 家深度合作企业创新实施"13330"实践性教学模式，开展工学交替、综合实习、顶岗实习等实践性教学活动。

### （四）师资队伍建设取得突破

畜牧兽医专业群师资队伍建设成效显著，拥有国家级教学名师 1 名，全国优秀教师 1 名，省级教学名师 3 名，行业教学名师 1 名，黄炎培职业教育杰出教师 1 名，国家动物疫病净化评估专家 1 名，陕西省青年杰出人才 1 名，省内行业知名专家 8 名，陕西省产业体系岗位专家 7 名，陕西省科技特派员 18 名，陕西省科技厅"三区"人才 6 名，地市级道德模范 2 名。教学团队被推选参评国家教育教学创新团队，团队中"双师"素质教师比例 80%，行业企业兼职教师比例 46%，硕士学历以上教师占比 78.2%，其中博士 8 名。近 5 年来主持地厅级以上教科研项目 30 余项，到账金额 380 余万元，横向课题 18 项；获得省级科技进步奖 1 项，省级以上教学科研成果奖 13 项；发表 SCI 文章 29 篇，获批专利 20 项；形成了一支名师引领、结构合理、专兼结合、师德师风优良、教学水平卓越、专业技能突出的高水平"双师"型专业教学团队。

### （五）示范引领作用显著增强

畜牧兽医专业群"EPI"人才培养模式实施以来，学校先后接待宁夏职业技术学院、青海畜牧兽医职业技术学院、江苏畜牧兽医职业技术学院、咸阳职业技术学院、商洛学院、北京农业职业学院等学校前来取经学习畜牧兽医专业人才培养模式改革成果。建设成果得到同类院校的高度认可和肯定。

# 道路与桥梁工程技术专业群
# "双主体、六育化、四阶段、三融合"人才培养模式

交通是兴国之要、强国之基。奋力加快建设交通强国，努力当好中国式现代化的开路先锋，高素质的技术技能人才是有力保障，人才培养模式创新是重要切入。近年来，我校面向交通工程产业高端，聚焦不同交通工程类型的施工过程，基于职业岗位群，按照交通工程施工流程任务，工作过程，典型岗位职业能力的目标、规范和标准，创新实践"双主体、六育化、四阶段、三融合"的专业群人才培养模式，并系统构建适应培养模式改革的专业群内涵体系，全面提升了专业群内各专业人才培养质量。

## 一、经验做法

### （一）基于"施工过程"打造道路与桥梁工程技术专业群

按照专业人才培养目标及规格要求，密切跟进行业发展趋势，紧扣人才市场需求，依据交通工程"前期勘察测绘—中期设计施工—后期运营维护"的工作流程逻辑，遵循领域相近、岗位相通、分工协作、共建共享、协调发展的原则，面向"勘测智能化、施工智慧化、运维精细化"交通工程产业链，聚焦公路、铁路、轨道交通等不同交通工程类型的施工过程，以学生宽口径职业发展为组群目标，基于职业岗位群，按照"线、桥、隧"施工过程组织技能内容，形成了服务施工过程的特色应用型道路与桥梁工程技术专业群（图1）。

### （二）搭建校企"双主体"育人机制

按照交通工程施工流程任务，工作过程，典型岗位职业能力的目标、规范和标准，从培养目标与企业需求（目标）、教学过程与生产过程（过程）、实习岗位与就业岗位（结果）3个对接出发，构建校企"双主体"育人机制。与南方测绘集团合作成立南方测绘学院，实施校企"共育人才、共建基地、共享资源、共研项目、共享成果"五共

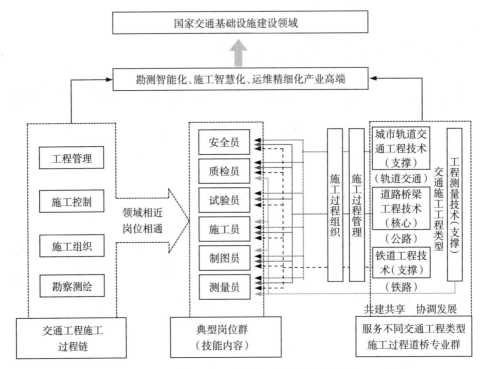

图 1 道路与桥梁工程技术专业群组群逻辑图

协同,开展"双主体"育人。依托陕西省测绘地理信息学会、陕西省测绘地理产业协会等行业协会理事单位平台载体,服务区域经济,提升专业服务产业行业能力。

(三)创新"双主体、六育化、四阶段、三融合"专业群人才培养模式

按照专业人才培养目标及规格要求,密切跟进行业发展趋势,紧扣人才市场需求,与行业企业合作,探索与完善"双主体、六育化、四阶段、三融合"专业群人才培养模式。"双主体"即校企育人主体;"六育化"即导向化教学理念、模块化课程体系、共享化教学资源、全能化教学团队、多岗化实践训练、多维化评价管理;"四阶段"即按照学生能力"认知—基础—核心—综合"的"四阶"递进提升规律,实施"通识融通阶段、技能养成阶段、拓展提升阶段和应用实践阶段"4 个阶段的教学组织过程;"三融合"即将人文素养与职业素养融合、人才链与产业链融合、专业培养与就业服务融合(图 2)。

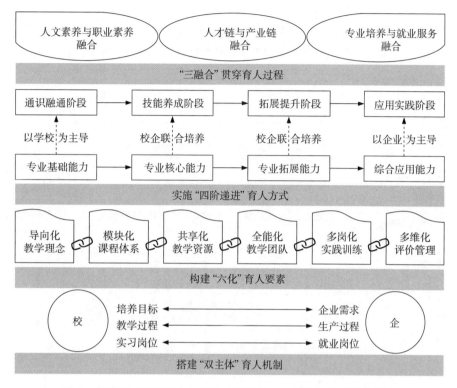

图 2　专业群"双主体、六育化、四阶段、三融合"人才培养模式

（四）校企共建模块化专业群课程体系

按专业群所属专业基础技能或通用能力要求，开发专业群"底层共享"共享模块课程；按各专业面向关键岗位的基本素质、核心能力、职业能力要求，开发专业群"中层分立"特色模块课程；按照各方向所属拓展能力和学生岗位迁移能力要求，开发专业群"高层互选"拓展模块课程（图3）。

（五）构建"两中心一基地"校内教学实训基地

根据交通工程产业要求，切合行业发展趋势，依托产业学院，携手交通施工类企业，探索形成了"行业管理部门、学校、开发企业、行业企业"四方共建、共融，集"教学、科研、生产、培训、技能鉴定、技术服务"六功能于一体的产教融合实训基地运行模式，建成城市轨道交通工程实训中心、测绘地理信息实训中心、道桥铁道综合实训基地的"两中心一基地"校内开放式、共享性实训基地，为人才培养提供有力保障。

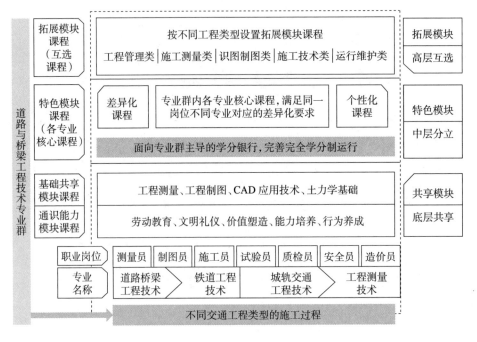

图 3 专业群模块化课程体系架构

### （六）打造一支互聘互用、专兼结合的专家型教学团队

与交通施工企业和行业合作，建立工程测量、道桥施工、轨道精调三个技能大师工作室，通过共同参与课题研究、企业项目合作、新技术开发与推广、专业会议研讨等多种形式，提升了专业教师服务交通工程施工产业能力，与行业内 30 多家大中型国企合作，建立了 50 余人的校外兼职教师库，铸造了一支"教学水平高、生产技术精、研创能力强"，互聘互用、专兼结合的专家型教学团队。

## 二、主要成效

### （一）显著提升了专业群人才培养质量

学生获省级以上技能大赛奖项 36 项，其中国家级 1 项、省级 12 项、行业级 23 项；获"互联网+"创新创业大赛省级以上奖项 10 项，其中金奖 1 项、银奖 3 项、铜奖 6 项，获挑战杯省级二等奖 1 项；参加专升本学生录取率达到 85%；毕业生岗位实习期间岗位技能受到多家大型国有企业认可；与分院合作开设多个订单班，就业率达到 95%。学生培养质量及就业率均有较大提高。

## （二）有效提升了专业群教师素质

专业群教师获教学竞赛奖项 36 项，其中省级 7 项、行业级 2 项、校级 27 项；建成 1 门省级精品在线开放课程、3 门校级精品在线开放课程，获校级以上教学成果奖 7 项；申报陕西省重点研发计划 1 项，陕西省教育科学"十三五"规划课题 1 项，教育厅教改项目 1 项，省级职教学会教改课题 17 项、校级教改课题 42 项。

## （三）有力增强了专业群服务能力

教师先后主持了陕西省科技厅、水利厅等省市级科研项目 7 项，3 支调研团队 12 名教师参与"百名教授下百村"科技下乡服务活动，4 名教师连续 5 年受聘为商务部主办"发展中国家公共基础建设研修班"开展培训工作，20 余名教师在中小企业担任技术顾问。专业群师生社会服务与影响力均显著提升。

# 园林工程技术专业群"双主体、四阶段、六对接"人才培养模式

《国家职业教育改革实施方案》《关于深化现代职业教育体系建设改革的意见》等文件对加强校企合作、产教融合提出了明确的指导意见。园林工程技术专业群以生态环境建设关键环节"苗木生产—规划设计—施工养护—监测评价"为主线，由园林工程技术、林业技术、环境艺术设计、风景园林设计、环境监测技术5个专业组成。专业群紧扣国家生态文明和乡村振兴战略，面向生态环境建设行业发展，服务美丽陕西建设。陕西省"十四五"规划提出了"生态文明、乡村振兴、黄河流域生态保护治理、秦岭生态环境保护"等实施战略，专业群发展迎来了良好机遇。培养契合美丽陕西建设需求、服务生态环境建设行业发展的高素质技术技能人才成为园林工程技术专业群的重要使命，生态环境建设类专业提升人才供给侧结构性改革势在必行。加强校企合作，不断创新和深化产教融合教学模式改革正是提升人才竞争力的有效途径。

## 一、经验做法

### （一）校企协同创新"双主体、四阶段、六对接"人才培养模式

园林工程技术专业群建设秉承深化"校企合作、产教融合"的基本原则，坚持党建引领、创新引领、服务引领，对接园林产业，与陕西三木城市生态发展有限公司、杨凌菲格无花果产业发展有限公司等龙头企业紧密合作，服务行业企业，服务美好生态环境建设，创新实践"双主体、四阶段、六对接"人才培养模式。校企协同育人贯穿培养方案制定、课程教材建设、实验实训教学、"双师"队伍建设、实践基地建设、就业创业指导等教学环节构成的整个人才培养过程中，校企深度合作、互惠双赢，推动人才培养质量逐步提高和企业技术不断进步。

"双主体、四阶段、六对接"人才培养模式以学校和企业为主体，坚持培养目标与产业需求对接、课程标准与职业标准对接、教学过程与工作过程对接、教学内容与工

作任务对接、等级证书与职业水平对接、学历教育与职业发展对接，加强教学与市场的联系，缩短学校教学与企业的距离，提升人才培养质量和社会适应性。通过基础能力培养、单项能力培养、综合能力培养、岗位能力培养四阶段，培养具有国际视野、高超技艺、双创意识，具备生态园林规划设计、生态园林施工养护、生态环境监测评价等岗位职业能力的高素质技术技能人才（图1）。

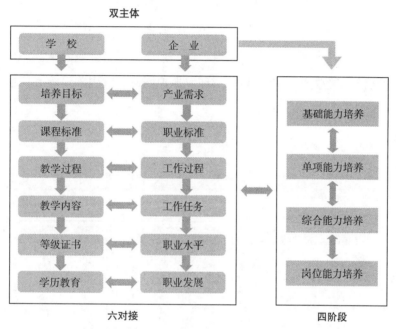

图1 "双主体、四阶段、六对接"人才培养模式

（二）校企协同优化"四位一体"人才培养方案

面向生态环境建设行业发展新趋势，行业企业深度参与人才培养过程，对标国家专业标准和行业标准，强化培养学生服务生态环境建设的素质与技术技能，优化"通识课、专业课、个性发展课、创新创业课"四位一体人才培养方案。整合利用校内实训资源、企业实习等教学资源，探索育训结合、工学交替、在岗培养等师傅带徒弟教学模式，校企双导师协同育人，切实推进园林工程技术专业群的校企双主体育人模式。

（三）校企协同构建"共享+特色+拓展"模块化课程体系

专业群发挥产学研合作的传统与优势，遵循校企"共研、共建、共享、共用、共赢"的协作原则，与合作企业建立多种形式的合作关系，协同开发课程、制定课程标准、实施课程考核、组织人才培养质量评价等，创新"集体决策、沟通协调、利益共享、协同发展"四大校企协同合作机制，实现"协作互通，共创共赢"。

聚焦生态环境建设"苗木生产—规划设计—施工养护—监测评价"关键环节，对接产业岗位能力需求，校企协同构建"共享＋特色＋拓展"的专业群模块化课程体系。按"专业基础相通"原则，开发专业群"共享"课程，设置生态基础、CAD制图、植物识别与应用、美学基础等4门群共享基础模块课程，突出"厚基础"培养；根据专业群各专业核心能力要求，开发相应"特色"核心课程，突出岗位核心能力培养；按专业群岗位迁移和素质提升需求，开发专业群"拓展"课程，设置景观赏析、艺术插花、无人机操控与图像处理、森林康养、环境保护概论、室内陈设等6门群拓展模块课程，突出"宽口径"培养（图2）。

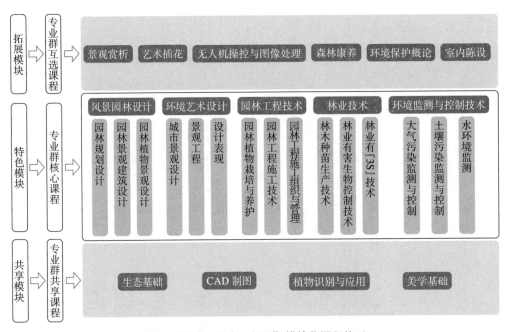

图2 "共享＋特色＋拓展"模块化课程体系

## 二、主要成效

（一）校企协同育人机制顺畅，育人成效显著提升

按照确定的人才培养目标、制定的培养方案和各种管理规章制度，2021年、2022年学生获得全国园艺、花艺等技能赛项二等奖4项、三等奖2项，省部一等奖8项；获得"互联网＋"创新创业大赛省部级金奖1项、银奖1项、铜奖4项。专业群毕业

生就业数量和就业质量双高，一次就业率为94.95%，职业吻合度为94.5%，用人单位对毕业生的工作满意度达96%。

（二）校企协同合作机制长效，社会影响显著提升

基于校企协同合作机制，专业群重点建设了4个产教融合实践教学基地、2个产业学院、1个技术技能服务创新中心，先后成立了"三木园林""绿亚园林""北美枫情""陕西环保集团"等10多个订单班。依托技术技能服务中心、产业学院和产教融合基地，为周边城镇单位培训园林苗木生产、景观设计、绿化及养护、森林培育、森林防火、林权改革、林业政策与法规、林木病虫害防治、环境监测、村镇污水治理、生态修复等方面技术技能人员50000余人，助推企业升级发展，助力美丽陕西建设。

# 旅游管理专业群"导师制"（2323）人才培养模式

近年来，在文化旅游行业复杂多变的时代背景下，旅游与管理学院对标职业本科教育，结合自身办学实际，全面启动实施系统性教育教学改革，创新构建了基于"三金"策略协同育人理念"导师制"专业群人才培养模式，简称"2323"人才培养模式，即双主体、三协同、双导师、三出口。"三金"策略是对于学校教育主体的目标激励，即"金领导师""金牌辅导员""金禾班主任"。协同育人是模式构建的核心理念。"导师制"是教学内容的制度化体现。该模式涵盖了自入学到就业教育教学的全过程。

## 一、经验做法

### （一）以文化旅游产业链为逻辑起点组建专业群

把旅游管理专业群置于宏大的文化产业背景下，以文化旅游产业链为组群的逻辑起点，为专业建设留足发展空间。文化旅游专业群面向文化旅游产业上中下三条产业链，三条产业链依次递进，互相交叉，共同支撑文化旅游行业。下游产业面向社会服务产业，对应社会服务岗位群，人才培养和就业门槛较低，开设职业专科专业；中游产业面向文化创意产业，技能技术性强，专业辨识度高，人才培养与就业门槛较高，开设职业本科专业；上游产业面向资源管理产业，对应企业管理岗位群，人才培养和就业门槛极高，综合性强，开设职业本科以上专业。目前，旅游与管理学院旅游管理专业群只涉及旅游管理、酒店管理、人力资源管理、现代物业管理与商务英语五个专业，均为职业专科专业，后续可发展为职业本科专业。

### （二）创新"导师制"人才培养模式

基于"三金"策略协同育人理念，"导师制"人才培养模式简称"2323"人才培养模式，即双主体、三协同、双导师、三出口。"2"指教育的双主体，即学校与企业双主体育人；"3"指教育内容实施上的三协同，包括两个层面的三协同，一是在培养目标上专业核心能力、行业通用能力与职业综合能力三个层面的协同，二是在教学组织

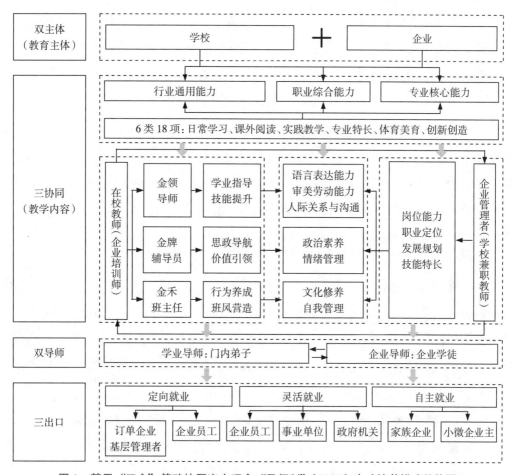

图 1　基于"三金"策略协同育人理念"导师制"（2323）人才培养模式结构图

上校企、党政、师生三个层面的协同；"2"指双导师，即学业导师和企业导师，学业导师由校内专任教师担任，负责学生在校学习，学生身份是门内弟子，企业导师由企业兼职教师担任，负责学生在企业学习，学生身份是企业学徒；"3"指三出口，即三条就业通道，一是定向就业，即订单班就业，岗位是企业员工、基层管理者，二是灵活就业，即面向社会的就业，岗位是企业员工、事业单位或者政府机构的灵活就业人员，三是自主就业，即创新创业，岗位是小微企业主等（图1）。

（三）紧扣教学内容构建协同育人机制

其主要表现为两个层面的"三协同"育人工作机制。

培养目标层面：涉及专业核心能力、行业通用能力与职业综合能力三个方面。学校侧重于行业通用能力的培养；企业侧重于专业核心能力的培养，虽然专业核心能力在学校也有实践教学的支撑，但在真实工作环境中，也就是学生的岗位实习中，专业核心能力的提升更明显；学校与企业合力完成学生职业综合能力的培养。

教学组织层面：涉及校企、党政和师生三个层面。校企协同是学校与企业两个教育主体全方位协同；党政协同是校内专职教师"三金"角色的协同，具体而言，金领导师负责学业指导及技能提升、金牌辅导员负责思政导航及价值引领、金禾班主任负责行为养成及班风营造，三种角色互相分工有利于精力相对集中，互相协作更容易形成合力；师生协同是指校内专任教师、企业兼职教师、在校学生三者在教师与导师，学生与企业员工（学徒）之间的协同互动。

## （四）对标三种能力创建五类课程体系

三种能力分别为专业核心能力、行业通用能力、职业综合能力。专业核心能力即岗位能力，是硬技能，也是专业存在的根本理由；行业通用能力是不同岗位但相同或相近行业所需要的共有能力，包括语言表达能力、人际关系与沟通能力、审美能力等；职业综合能力贯穿整个职业生涯，包括政治素养、职业道德、文化修养、自我管理的能力等。

五类课程分别为文化通识课、行业技能课、核心模块课、综合实践课与网络选修课。核心模块课支撑专业核心能力培养；行业技能课支撑行业通用能力培养；综合实践课支撑职业综合能力培养；文化通识课与网络选修课共同支撑三种能力培养（图2）。

## （五）打造双向互聘的高水平教学团队

本着"创新发展、合作共赢"的基本理念，打通学校与企业之间的利益壁垒，以校企合作"订单班"为载体，实现中高层次人才双向互聘，企业一线技术能手、基层干部，甚至企业高管受聘学校兼职教师或者客座教授，学校专任教师受聘企业员工培

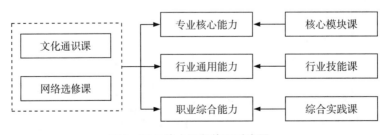

图2 职业能力课程体系对应图

训师，从专业素养和职业综合能力两个方面全面提升教育教学水平，打造高水平教学团队。

（六）共建校内外三级实验实训体系

按照"对接产业，融合企业，服务专业"的建设思路，构建校内实验实训室、校内实验实训中心、校外实训实习基地三级实验实训体系。对接产业，服务经济发展，建设综合实习实训基地。融合企业，做实校企合作，建设校内实验实训中心。服务专业，培养技术技能，规范校内实验实训室。

## 二、主要成效

（一）促进了学生全面发展

近三年，在技能大赛方面旅游管理专业学生获得国赛一等奖 1 项、三等奖 2 项，省赛一等奖 2 项。根据学生的学业成绩单，学院开展各类学生活动 200 余次，学生综合素养明显提升，德智体美劳均衡发展，五个专业的专升本率均远远高过学校平均值，酒店管理与物业管理两个专业的就业率高达 100%。

（二）提升了教师职业能力

三年来教师申报科研项目数量逐年上升，省级以上研究课题、创新创业大赛成果、社会服务培训项目从无到有，专业建设、课程建设、教材建设、"三教"改革等均呈现出从低水平到高水平的明显变化。

# 建筑工程技术专业群
# "双主体、情境化、模块式"人才培养模式

建筑工程技术专业群以建筑工程技术专业为核心，以工程造价、建筑设备工程技术、建设工程监理三个专业为支撑，围绕建筑工业化、智能化、数字化发展新需求，聚焦建筑行业装配化施工、智能建造、BIM技术产业高端，创新构建专业群"双主体、情境化、模块式"人才培养模式，着力培养具备工程识图、现场管理、计量计价、合同管理等能力，在工程施工、咨询服务一线从事施工管理、工程结算、招投标代理等工作"强施工、精预算、善管理"的高素质技术技能人才。2022年，专业群获评陕西省省级"双高计划"高水平专业群。

## 一、经验做法

建筑工程技术专业群充分发挥西北地区建筑行业龙头企业的引擎和集聚作用，汇集"政、行、企、校"优质资源，依托我院陕建见习学院企业学院的良好办学基础，通过"政、行、企、校"的功能耦合、资源融合、利益共享，进一步深化产教融合，健全"政、行、企、校"四方协同、深度融合的企业学院育人机制，有效地解决了高职院校产教融合缺乏校企合作平台、专业和产业难对接、校企合作机制难建立、"工学"矛盾难协调等问题。

紧密围绕陕西省及西北地区建筑产业转型升级，以及现代建筑产业"工业化、智能化、数字化"高端发展对高素质技术技能人才的需求，创新构建建筑工程技术专业群"双主体、情境化、模块式"人才培养模式（图1）。

### （一）校企双主体实施教学，实现岗课无缝对接

学校和企业两个教学实施主体共同参与教学设计、教学实施、教学评价、教学保障等教学全过程，共同完成人才培养方案制定、课程开发、教材编写、实验实训基地

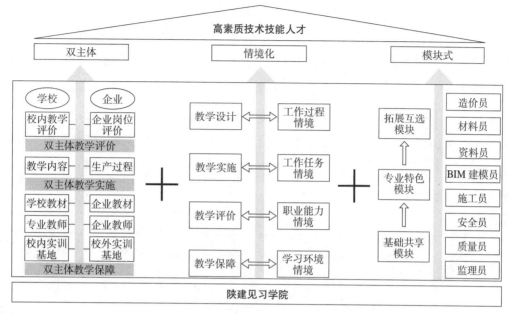

图1 "双主体、情境化、模块式"人才培养模式

建设，形成企业教材与学校教材相结合，企业教师与专业教师相结合，校内实训基地与校外实习基地相结合的双主体教学保障，完成教学内容与生产过程对接的双主体教学实施，实现校内教学评价与企业岗位评价相结合的双主体教学评价。

（二）实施多元情境化仿真教学，保证人才培养质量

实施基于工作过程情境的教学设计，基于工作任务情境的教学实施，基于职业能力情境的教学评价，基于学习环境情境的教学保障。例如：我院学生利用虚拟仿真施工软件完成施工实训，利用校内外实训基地完成实践操作等（图2）。

图2 情境化仿真教学

## （三）构建模块式课程体系，拓展岗位迁移能力

构建"基础共享课+专业特色课+拓展互选课"模块式课程体系，包含专业群课程体系大模块：基础共享课模块、专业特色课模块、拓展互选课模块。拓展互选课模块里包含五个专业方向：建筑工业化、建筑智能化、建筑国际化、绿色建筑技术、工程检测与加固。学生可以根据职业需求进行交叉互选，培养职业岗位迁移能力。模块式课程体系有利于培养当下市场急需的"一技之长"专才与面向未来的"一专多能"通才，具体如图3所示。

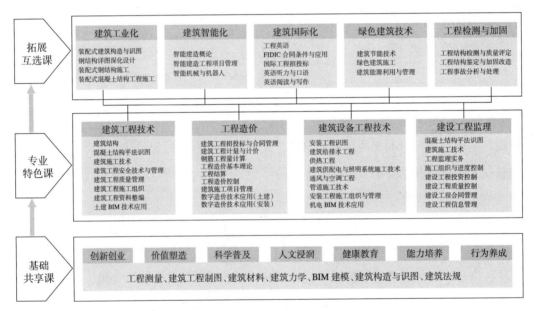

图3 "基础共享课+专业特色课+拓展互选课"模块式课程体系

# 二、主要成效

## （一）学生综合素质显著提高

专业群学生在陕西省高职院校学生技能大赛中获奖数量较以往显著增多，2023年在陕西省"智能建造施工工艺实施与管理""建筑工程识图""数字化计量与计价"等赛项中荣获一等奖3项、二等奖3项、三等奖3项。学生"1+X"职业技能等级证书获取率86%，毕业生就业率95%。通过对用人单位回访，企业对毕业生的满意度提高了18%。

## （二）教师教科研能力显著提升

专业群打造了一支"大师引领、博士带头、专兼结合"的师资团队，由廖文访劳模引领，985高校博士带头，校内教师＋企业导师结对联合指导。拥有省级教学团队1个、省级教学名师1人、省级师德标兵1人、省级师德先进个人1人、全国水利职教名师1人，团队获陕西省师德建设先进集体1次。专业群教师先后获省级教师教学能力大赛一等奖1项、二等奖1项、三等奖2项。

## （三）学校社会影响力有效提升

通过专业群建设，有效提升了我校在行业产业内的知名度，我校获评陕西省BIM联盟理事单位、广联达产教融合实训基地、"1+X"建筑工程施工工艺实施与管理职业技能等级证书考核全国优秀单位。

# 产教融合（校企合作）类

产教融合、校企合作是构建现代职业教育体系和推动职业教育高质量发展的关键，是高职院校发展的动力之源和目标所向。产教融合、校企合作能够让高职院校人才培养更加符合企业与市场的需求，使得人才培养更具针对性，更能提升人才的培养质量。

# 校企共建水利"云大脑" 产教融合赋能专业"三提升"

为解决"水文地域的广阔性、建筑实体的隐蔽性、水流运动的难拟性、监测持续的长期性"带来的生源多样化不适应和企业新员工"真实场景体验少、实操动手速度慢、职业适应时间长"等问题,我校与青海青清水利科技有限公司合作,建设国内首所水利云智慧水利学研中心,构建"五位一体"实验室功能体系,通过教学、生产深度融合,助力学校教学、科研和企业社会服务能力的提升。

## 一、经验做法

### (一)校企联手共建"云大脑"

青清水利科技有限公司与我校是密切合作单位,我校教师参与企业多个关键技术研发。"双高"建设中,校企合作建设水利云智慧水利学研中心,打造了智慧水利"云大脑"。第一,创建了"一库十系统一平台"框架,形成了包含一个数字资源库、三秦水利预警系统、河长制管理系统、灌区一张图、三秦气象系统、水利常识知识库系统等在内的可视化学习平台。第二,打造了虚拟仿真资源库,开发了水工建筑物虚拟仿真系统、水利施工虚拟仿真系统等虚拟仿真资源,开发了大量水利类 AR、VR、MR 等虚拟教学载体,通过增强虚拟现实,提升学习和实训效果。第三,建设了行业企业服务区,优秀企业家、行业专业、教师可通过视频系统召开专项技术研讨会,打破了技术会商的空间局限。

### (二)"五位一体"赋能"学研服"

所谓"五位一体",是指"实践教学、技能训练、业务培训、技术创新、科学研究"五个功能维度。首先,学研中心具有丰富的学习资源,实现了师生"云学习""云实验""云实习",拓宽了学习空间。其次,学研中心具有十大系统,支撑了青海、四川等西部旱区河湖长制、水文监测信息化、水生态监测、水流监测等培训工作。再次,学研中心设有大师工作室、教授工作室、博士工作室,为大学生科研创新工作做了铺垫。最后，学研中心有企业工作室，企业项目在学研中心完成，将研究成果与课堂教学紧密结合。

学研中心的建设推动了创新创业教育与专业教育的有机融合、虚拟仿真技术与传统教学资源的有机融合、翻转课堂与传统课堂的有机融合、学历教育和继续教育的有机融合。

## 二、主要成效

校企合作共建学研中心，达到了人才培养、教师能力提升、企业服务社会能力提升的"三重效果"。学研中心使用率持续增长，校企合作协同育人、协同开展社会服务成效突出。近些年，借助该中心的创新中心，孵化了"互联网+"大学生创新创业国赛银奖1项、省赛金奖2项。在全国水利行业学生技能大赛中，孵化了全国一等奖2项，教师获得水利行业数字化教学资源大赛一等奖2项、二等奖5项。借助该中心的大师工作室，完成了陕西省水利厅科技项目2项、陕西省教育厅研究课题2项。学生通过拓展学习，学习获得感大幅度提升。企业在此孵化项目年均8项，社会产值年均1000余万元，培养青年教师9名。

智慧水利"云大脑"的建设，将教师、学生、企业三者打造成为"学研共同体"，激活了水利职教活力，具有示范引领作用，同时也起到了"智力集成"的作用。国内一大批行业大师、优秀企业家、教授等通过线上线下云集至此，为职业教育创新发展共同发力，为推动形成"本地离不开、业内都认可、国际可交流"的高水平职业教育提供了平台，提升了高等职业教育的可持续发展能力。

# "四方"联建中水学院　产业搭桥共谋发展

水利工程专业群是2019年国家立项的高水平专业群计划建设项目，专业群对接半干旱地区农业灌溉取水、输水、用水全过程的产业链。专业群办学重点是解决人才高质量培养和产业高水平技术服务的问题。

根据国家发展和改革委员会、教育部关于印发《建设产教融合型企业实施办法（试行）》的通知（发改社会〔2019〕590号）文件精神，专业群依托杨凌农业高新技术产业示范区和上合组织的独特优势与优越条件，联合中国水利教育协会，陕西省水利厅，西北农林科技大学，中国—以色列节水农业示范园，中国电建集团第三、第四、第八、第十五等工程局，陕西省水利电力勘测设计研究院等多家单位组成水利工程专业群"政行企校"四方合作发展理事会，理事会成立水利工程专业群中水学院，负责中水学院的日常教学、高质量人才培养和高水平技术服务。

## 一、经验做法

在四方合作发展理事会的管理下，发挥学院、政府、行业、企业的整体合力，创新办学机制体制，创新"四方"合作内容、形式和载体，推动"四方"良性互动，形成"四方"信息互通、人才共育、过程共管、成果共享、责任共担的紧密型合作办学体制机制，实现校企深度融合、优势互补、资源共享、互惠互利和共同发展。

## 二、主要成效

（一）合力发展共筑高地

四方合作发展理事会的成立和中水学院的运行，标志着水利工程专业群在深化产教融合、打造水利行业技术技能人才培养高地和技术技能创新服务平台等方面又迈出了关键的一步，对推动水利工程专业群高水平建设、高质量发展具有里程碑的意义。中水学院先后制定政策10余项，涉及专业建设、人才培养、社会服务、资源共享、责任共担等方面。2019年、2020年共接收企业捐赠130多万元，接受图书捐赠22.4万元，指导学生实训 15 班次，共享型实验实训基地建设企业投资 200 万元。2019 年，企业与教师共同指导学生创新创业，获得了省级金奖 2 项。2020 年，结合水利类专业特点，由企业教授与专任教师共同组成指导团队，针对当时水利工程建设中出现的热点与难点，以水利工程分院学生董元帅注册成立的陕西鑫睿源建设工程有限公司为载体，打造高标准农田建设团队，一举获得国家创新创业大赛银奖，实现了我校创新创业工作的新高。

（二）中以合作走出国门

中水学院在教学过程中，充分与以色列合作，以杨凌示范区中以产业园为平台，引进以色列灌溉技术标准和课程资源，并把国际标准输送到海外中水学院开展教学。

两年来，政行企校四方合作建立共享型实训基地 4 个，共建网上课程资源 26 门，建立共享技术研发平台 2 个，为海外建设基地开发双语教材 5 部。办学成果先后与湖北水利水电职业技术学院、山西水利职业技术学院、新疆水利水电学校、青海玉树州水利水土保持管理站进行推广交流，进一步深化了教育教学改革，提高了人才培养质量和办学水平，推动高等职业教育规模化、集约化、产业化办学道路，为社会培养更多高素质技术技能人才，更好地为行业企业发展、产业升级改造、区域经济发展提供有力的人才支撑和技术服务。

# 打造校企命运共同体　产教共育现代畜牧人才

学校与陕西石羊集团通过共建现代畜牧产业学院，创新产教融合模式，打造高水平"双师型"队伍，构建校企命运共同体，培养了一批高素质技术技能人才（图1）。

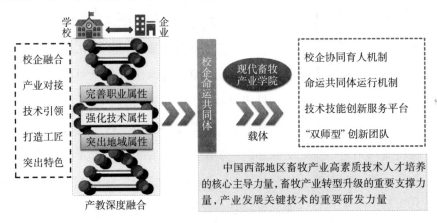

图1　构建校企命运共同体

现代畜牧产业学院聚焦技术发展瓶颈，以思想阵地、技术团队、基地平台、技术突破、协同育人、社会服务等为抓手，实施专业群建设，创新人才培养模式，开展校企协同育人（图2）。

图2　现代畜牧产业学院建设内容

# 一、经验做法

## （一）坚持"五双并举"，共育现代养猪技术创新人才

针对人才培养与产业发展契合度不高等问题，校企创新"双主体、双循环、递进式"人才培养模式（图3）。企业和学校共同制定人才培养方案及特色课程体系，实现双主体育人；采用"学校学习—企业锻炼—学校强化—企业提升"模式，形成双循环培养；根据产业及企业需求制定职业及岗位特色的人才培养标准，实现双标准融合；企业和学校分别对学生进行考核，实现双考核评价；学校专任、企业岗位技术能手同时担任指导教师，实现双导师指导（图4）。

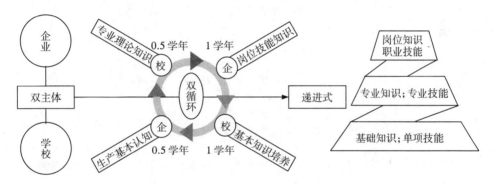

图3 "双主体、双循环、递进式"人才培养模式

图4 "五双并举"人才培养途径

## （二）坚持产学研用，共享技术技能创新服务平台

依托现代畜牧产业学院，成立六大中心，实行"一中心两基地"的校内外技术技

能创新服务平台（图5），发挥各方在人才培养、成果转化、产品研发、技术推广等方面的优势，夯实人才培养和技术技能服务能力。

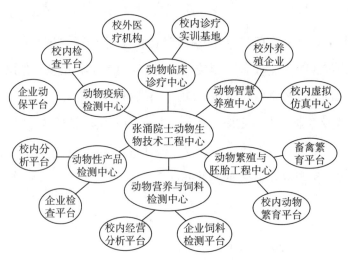

图5 "一中心两基地"技术技能创新服务平台

（三）坚持优势互补，共创一流教科研技术服务团队

成立养禽与禽病防治技术、养猪与猪病防治技术、牛羊生产技术、宠物科技等4个教科研技术服务团队，由养猪与猪病防治教科研技术团队领衔，吸纳各方技术力量，开展联合攻关技术难题，服务产业转型升级（图6）。

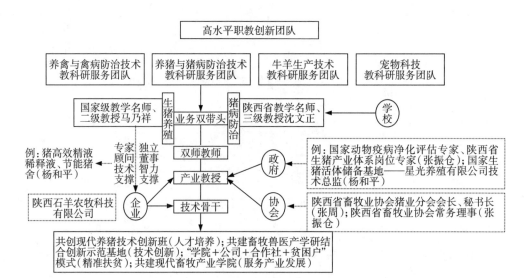

图6 打造高水平职教创新团队

（四）坚持责任担当，共助脱贫攻坚和乡村振兴

形成"学院+公司+合作社+贫困户"和"基地+科技团队+农户"模式，带动农民致富，助力脱贫攻坚。在礼泉县骏马镇、蒲城县高阳镇带动贫困户500余户，创造利润2000余万元。

## 二、主要成效

该案例形成多项具有引领示范作用的教育教学成果，获全国农业职业教育教学成果奖三等奖1项、陕西省高等教育教学成果奖二等奖2项；培育了一支优秀创新教学团队，涌现出省级青年杰出人才1人、产业体系岗位专家7人、科技特派员18人、行业知名专家8人、"三区"人才6人。

# 双向嵌入八对接　产教融合共育智慧园艺专业人才

学校积极推进校企深度合作,与中国杨凌农科集团组建中国杨凌现代农业职业教育集团,实施双理事长工作机制,创办的"智慧园艺"卓越人才班在人才培养、共享设备技术和资源方面进行双向嵌入,探索形成了"八对接校企协同育人培养模式",实现了高职院校技术技能人才培养全过程与行业产业发展全方位融合的校企合作育人模式。中国杨凌现代农业职业教育集团获批全国首批示范性职业教育集团(联盟)培育单位。

## 一、经验做法

### (一)校企双主体育人对接

基于企业生产岗位职业能力,植入基本技能、企业文化等模块,满足学生就业和职业发展需求,精准培养企业行业所需要的未来员工。校企在专业、课程、师资、实训四方面协同,构建"基本技能、综合技能、生产技能、创新实践技能"四级能力逐级递进的教学体系,实现精准化,为企业培养高素质技术技能人才。

### (二)校企双目标培养对接

瞄准"智慧园艺"产业高端发展,制定专业人才培养目标,确定学校培养目标和企业培养目标,明确人才培养规格,构建科学的课程体系。按人才培养规格要求,不断优化教学组织方式,形成校企分工合作、协同育人机制,培养支撑产业高端发展的"新工匠"。

### (三)校企双品质精准对接

以"为企业培养高素质技术技能人才"为目标,将"专业人才培养目标"和"企业选人用人标准"精准对接,做好校内、校外双主体育人过程的有机衔接,实施综合职业能力的全面素质教育,实现教学过程与生产过程深度融合,培养学生社会责任感、创新精神及实践能力。

### （四）校企双师资培养对接

教学任务由学校教师和企业导师共同承担，校企共同组建"理实融通＋专兼结合"的师资队伍。一方面，在企业建立了教师能力培养基地，要求专业教师每年深入企业一线开展为期一个月的实践锻炼制度；另一方面，企业兼职教师每年不定期到学校进行不少于15天的职业教育教学能力培训，做好校企两支教师队伍能力培养的全面对接。

### （五）校企双基地建设对接

在中国杨凌现代农业职业教育集团的组织与支持下，校企共同在校内生产性实训基地和企业产教融合综合实训基地开发了12种温室栽培技术、5种智能环境控制技术系统，高度集成了物联网、大数据、云计算技术，实现作物生长环境和园区管理的智能决策与管控，确保为学生提供"国内领先、国际一流"的全产业链智慧农业教学条件。

### （六）校企双教学管理对接

校企双方按照"智慧园艺"卓越人才订单班培养协议共同做好人才培养全程监控，建立动态管理平台，实施奖励、激励和教育并存的约束机制，加强过程考查和结果考核，保证人才培养质量。优秀毕业生可在合作企业直接就业。

### （七）校企双考核评价对接

学校以理论试卷定期测试，企业基于岗位工作能力标准进行达标测试，从这两个维度对学生知识掌握情况、技能水平、素质特点等进行综合职业能力体系化测评。

## 二、主要成效

通过实施"双向嵌入八对接校企协同育人培养模式"，培育学生40余人，其中80%以上学生综合测评成绩优秀，通过"1+X"设施蔬菜生产职业技能等级（中级）考核11人。学生在"互联网+""挑战杯"创新创业竞赛中获国赛金奖1项、省赛金奖2项，且参加全国智慧农业种植大赛获三等奖2项。该育人模式较好地解决了高职教育人才培养供给侧结构性改革问题，实现了企业提高经济效益、学校提高人才培养质量的双赢局面，为深入推进产教融合探索出了一条有效路径。

# 产教对接筑基　引推联动施策
# 打造职业教育高质量就业样板

水利工程专业群多年来坚持以就业创业为导向、以高素质技术技能人才培养为抓手，做好人才培养和学生就业创业工作。职业教育承担着培养多样化人才、传承技术技能、促进就业创业的重要任务。水利工程专业群对准国家水利战略需求，服务西部干旱半干旱地区农业节水转型升级，实现教学内容与产业发展的精准对接，实现高质量就业，增强了业内影响力。同时多措并举，通过就业创业教育、思想工作、职业引导等，激发学生自身求职意愿；也积极联系企业，通过线上线下的方式，引进优质企业资源，促进高精度的供需对接。

## 一、经验做法

（一）产教对接，种好高质量就业的"金种子"

水利工程专业群立足西北干旱半干旱地区，不断优化办学模式，构建了"水源治理—工程取水—工程输水—田间灌水"的产业链，布局了"水环境智能监测与治理—水利工程—水利水电建筑工程—水利工程监理"的教育链。抓住"职业教育的就业导向"基本问题，持续优化学生就业质量、拓宽学生就业渠道。

（二）转变观念，打造学生就业工作的联合体

首先，工作中定期召开就业工作会，全院教职工参与，邀请成功人士为学生做专题就业报告，使学生牢固树立"先就业，再择业，后创业"的就业观念。其次，积极发挥教研室主任、班主任和顶岗实习指导教师的作用，学工办组织毕业班班主任多次以开主题班会、联系家长等形式认真做好这方面的工作。

### （三）立足市场，打通学生就业创业的多渠道

一是对中水、葛洲坝等用人企业定期回访，及时了解用人需求，巩固现有就业渠道。二是通过参加专业协会、相关专业招聘会、网络发布信息、专业老师推荐等方法，拓宽就业渠道。三是利用就业课和就业形势教育，使学生充分利用家庭和社会关系寻找就业信息，拓宽就业渠道。

### （四）引推联动，筑牢育人用人的供需立交桥

学院专门印制就业宣传册，积极向一些用人单位发函，了解企业就业需求情况，同时向企业介绍学院毕业生情况。举办了40多场次的校内专场招聘会，通过就业信息平台，及时向广大毕业生提供招聘信息和招聘资料，上网公布就业信息，促进毕业生就业工作。

## 二、主要成效

近5年，水利工程专业群常年就业率保持在96%以上，学生在国企就业率超过了50%。根据《陕西省2021高校毕业生就业质量报告》，水利类高职生2021年毕业前就业落实率为95.38%，位居全省第二位。毕业生以省内生源、省内就业为主，通过对专业群近5年毕业生从就业率、能力达成满意度和就业满意度进行调研，数据显示成效显著。

### （一）学生能力达成满意度高

水利工程专业群有95.89%的毕业生认为自己在校期间认知能力、合作能力、创新能力和职业能力都得到了提升，毕业生家长也非常认可学生取得的成绩。就胜任力而言，97.3%的企业人员均认为该专业群毕业生能够在某些方面胜任当前工作，尤其是在"思想政治素养和价值观"及"专业知识和技术技能"方面。就竞争力而言，80.82%的企业人员均表示该专业群毕业生在工作上相较其他高职院校毕业生更具优势。

### （二）学生就业满意度高

水利工程专业群毕业生对当前工作各方面满意度得分均超过87分，其中，得分最高的方面是能力胜任和工作单位，其次是社会地位和工作地点。企业对该专业群毕业

生的满意度非常高，各方面满意度得分均超过 96 分，其中，得分最高的方面是道德品质，其次是进取精神。同时，90.54％的企业人员明确表示未来会继续招聘该专业群毕业生。就家长满意度而言，该专业群学生家长对孩子进入学校以来的学习成长满意度得分为 94.81 分，学生家长对学校的推荐度得分为 92.69 分。

# 校企深度融合　构建现代学徒制人才培养模式新路径

2014年，国务院、教育部相继印发关于学徒制改革的重要文件。2015年、2017年教育部分别认定了一批国家现代学徒制改革试点单位，我校入选国家现代学徒制试点院校（单位），校内多个专业获得国家级、省级立项建设。食品加工技术专业成功立项陕西省现代学徒制专业建设项目，专业联合西安银桥乳业集团，开展了两届学生的招生及学徒制培养工作，构建出了现代学徒制人才培养模式新路径。

## 一、经验做法

### （一）在招生方面的经验与做法

先招工再招生，创新了学徒制招生即招工模式。

首先，生源全部来自公司从事食品产学研相关岗位的员工，他们掌握了一定的生产技能，也积攒了一定的专业问题。因此，他们通过再学习解决生产问题，有的放矢，大幅提高了教学效果。其次，在陕西省单独招生政策的指导下，校企共同确定招生考试要求，组织单独招生考试。

### （二）在课程体系建设方面的经验与做法

以岗位需求为导向，创新了课程体系构建依据。

首先，创新了人才培养方案，校企共同制定完成了"四位一体"的银桥班学徒制教学人才培养方案。其次，创新了专业课程体系，根据西安银桥乳业集团企业及相关乳品产业的发展需要，课程体系的核心课程全部为乳制品加工及流通等方面。最后，创新了专业课程内容，课程内容完全按照西安银桥乳业集团现有食品相关岗位的技能需求拟定，施教过程中，教师渗透思政元素，得到了思政课程讲思政、专业课程润思政的良好效果。

### （三）在师资队伍建设方面的经验与做法

专兼不分，创新了学徒制师资队伍的教师身份。

西安银桥乳业集团学徒制班级教师由学校骨干教师、企业骨干技术专家组成，都是班级的专职教师，没有主客之分，没有兼职身份；都是育人主体，一个是技能+理论，一个是理论+技能，将双元育人模式的优势发挥到极致。

### （四）在教学内容与教学方法方面的经验与做法

以问题为主线，创新了教学内容与教学方法。

学徒制班级课堂以时间轴分课前、课中、课后3个阶段。课前教师推送教学模块，提出学习中要解决的问题，课前学员携带工作中的问题开展学习并可能产生新问题；课中教师解决课前学习中的"遗留"问题；课后教师提出技术前沿问题，拓宽学员眼界，激发学员斗志。

### （五）在学习考核方面的经验与做法

以绩效为目标，创新了学徒制学员考核方式。

学员在学习期间，将按照是否能解决企业实际问题、是否能提高企业生产价值、是否对产业发展做出贡献等工作绩效来考核学业成绩，考实不考虚，较好地发挥了考核的导向作用。

## 二、主要成效

现代学徒制项目的开展，践行了立德树人根本任务，丰富了现代学徒制教育内涵，提升了专业建设水平，在本专业取得了显著成效，具体可总结为如下几点。

### （一）探索出了可复制可借鉴的专业课程体系优化的路径与方法

在与西安银桥乳业集团开展现代学徒制试点过程中，校企双方遵循教育规律，坚持"四位一体"人才培养模式不变，满足企业需求，有理有据地重构了食品加工技术2020级、2021级学徒制班人才培养课程体系。对专业课进行了大幅调整，不仅调整了课程框架体系，也调整了课程内容体系，探索出了优化专业课程体系的方法路径，这将在后续专业课程体系建设中有所裨益。

## （二）建成了一支专兼融合的师资队伍

现代学徒制银桥班在教学过程中，严格落实师徒双导师教学模式，学校教师与企业师傅共同承担单元教学任务，发挥各自优势，不仅提高了教学质量，而且促进了教师与师傅之间的学习交流。我校专业教师全部参与了课程，马兆瑞、唐丽丽等教师利用假期直接参与了岗位实践锻炼，受到了企业的好评。同时，西安银桥乳业集团的宋卫东、张彩红、马双伟等10余人被我校聘为产业导师或兼职教师，为我校的专业教师队伍插上了产教融合的翅膀。

## （三）提高了学生培育质量

在实施现代学徒制过程中，让专业与产业结合得更加紧密，人才培养的目标更加明确，课程体系与课程内容更加完善，师资力量更加壮大，教学水平明显提高，专业学生培育质量显著提高。校企合作开发特色教材《乳制品检测技术》，薛雯、唐丽丽等教师参与全国教学能力大赛均获一等奖，近三届全国职业院校农产品（食品）质量安全检测技能大赛获一等奖2次、二等奖1次，毕业生供不应求，就业率稳定在98%以上，深受用人单位的一致好评。

# 工学交替 三阶递进 课岗对接
# 校企共育"宠医菁英"

宠物医疗工作对从业者的理论知识储备、技术操作水平和诊断思维能力都有很高的要求。对于三年制高职而言，培养宠物医疗人才是一项颇具挑战性的事业。为此学校对宠物类专业医疗方向进行深度的现代学徒制教学改革，与西北地区龙头企业——西安京和宠物医疗集团股份有限公司联合开设专注培养宠物医疗人才的宠医菁英班。

## 一、经验做法

### （一）入学即入职、毕业即就业，保障招生/招工模式实施

宠医菁英班是学校和企业在宠物医疗技术专业下联合创办的现代学徒制创新班。加入宠医菁英班的学生，"入学即入职、毕业即就业"，既是学校的学生，同时也是企业的准员工；学生毕业时，企业优先录用宠医菁英班的学生，学生也优先选择在该企业就业，不仅降低了企业人才招聘的成本，增强了企业参与人才培养工作的积极性，学生也能将更多的精力投入到学习和实践中，无须担心就业问题。

宠医菁英班由校企共同宣传、联合招生。新生入学后校企会在畜牧兽医专业群（含宠物类专业）新生中再进行宣讲，带领新生参观宠物医院，让学生了解现代化、高水平的宠物医院的设施、设备和工作流程，了解未来从事宠物医疗职业的工作环境，改变对宠物和宠物医疗的不正确认识，增加学生对宠物医疗职业的认同感和自豪感。校企双方共同对自愿报名的新生进行面试，根据面试成绩和入学成绩择优录取。

### （二）工学交替、三阶递进，创新宠医菁英培养模式

根据宠物医疗职业特征，宠医菁英班采用"理论+实践"和"校内教学+企业实践"相结合的工学交替、三阶递进式人才培养模式（图1），即大一阶段主要在校内完

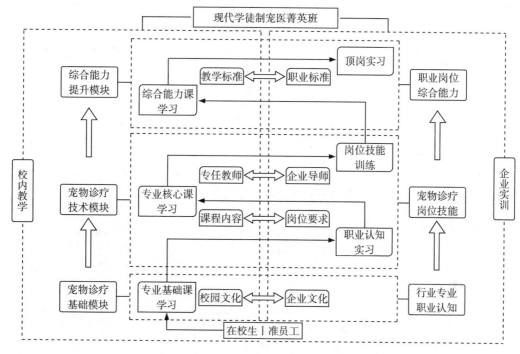

图 1　工学交替、三阶递进式人才培养模式

成公共课和专业基础课学习；第二学期末在企业进行 2~4 周的职业认知实习；第三学期在校内完成专业平台课学习；第四学期在企业进行一个学期的工学交替岗位技能训练，其间安排专任教师在企业驻点协调开展实训指导和理论培训；第五学期在校内进行 2 个月的综合能力提升教学，随后进驻企业开展第一阶段的顶岗实习；第六学期为顶岗实习第二阶段，保证顶岗实习总时长不少于 6 个月。在这种培养模式下，学生的企业实践分成 3 个阶段——职业认知实习、岗位技能实践和顶岗实习，实现从专业基础能力到岗位技能，再到职业综合能力的三阶递进。

（三）校企共育，双元对接，构建校企三级导师团队

宠医菁英班秉持双主体协同育人理念，建立了具有宠物医疗专业特色的校企二元三级导师团队（图 2）：校内导师包括专业带头人，专业指导教师（负责专业发展指导），班主任（负责日常管理）和代课教师；企业导师包括企业班主任（由企业负责人或人力资源负责人担任），职业导师（由技术院长或护士长担任，跟踪学生职业发展全过程，负责职业生涯发展规划的指导）和项目导师（由资深技术员担任，负责具体岗位技能指导）。

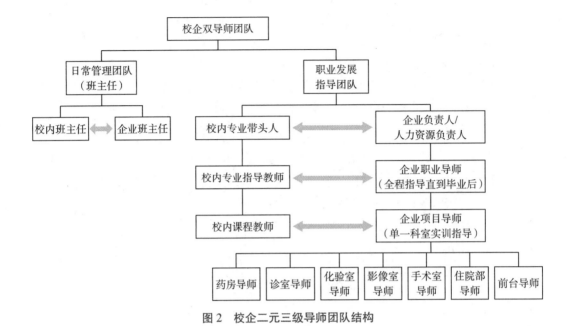

图 2　校企二元三级导师团队结构

校企指导教师之间紧密对接，校内班主任对接企业班主任，校内专业带头人对接企业负责人或人力资源负责人，校内专业指导教师对接企业职业导师，校内课程教师对接企业项目导师，全方位、全过程参与到宠医菁英班现代学徒制改革和人才培养工作中。

校内专业指导教师和企业职业导师根据宠物医疗职业发展规律和行业/企业的人才需求标准，结合学生的兴趣方向、个人性格特点，共同指导学生的职业生涯规划（图3）。

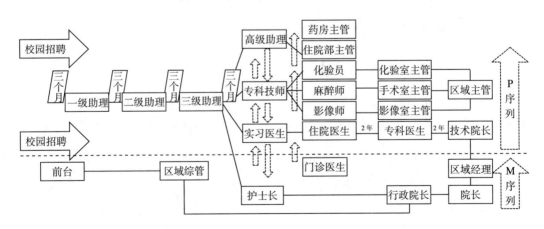

图 3　依据职业发展规律指导学生职业生涯规划

## （四）课岗对接、理实一体，创新宠医菁英课程体系

宠医菁英班的课程体系设置遵循宠物医疗职业能力发展的规律，对传统课程体系进行彻底革新，引入企业岗位标准和培训课程，与企业共同开发现代学徒制人才培养相配套的课程和教材，使专业标准对接职业能力、课程内容对接课岗要求、校园文化对接企业文化，通过校企协同育人，培养宠医方向高素质技术技能人才（图4）。

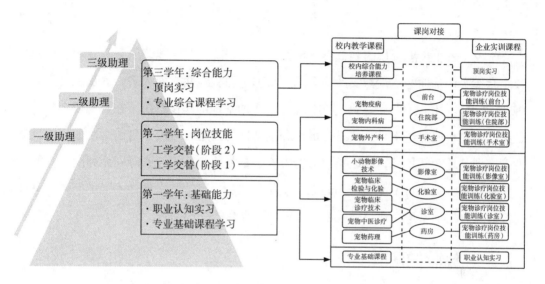

图4 课岗对接、理实一体，三阶递进式课程体系

# 二、主要成效

通过宠医菁英班的系统培养，学生岗位工作能力显著提高。在企业导师的指导下，学生能够较好地按照初级宠物医师助理的标准完成所在科室和岗位的相关工作，在团队协作和独立工作能力方面均得到了明显的提升。超过95％的同学能及时上传实习工作照片、实习周报并主动在班级群里交流分享实习内容。

通过工学交替、三阶递进、课岗对接内容的实施，学生能够将理论知识与岗位实践相结合，在实践过程中化"被动"为"主动"，通过向导师与同事请教、查询文献以及自主学习线上课程，多途径弥补理论知识的不足，巩固已学知识和技能的同时也提升了自身的学习能力。

# 测绘地理信息类专业"四方共建、六位一体"产教融合实训基地

学校从校企深度合作的利益诉求出发，以高职院校测绘地理信息类专业产教融合校企合作实训基地的建设与实践为主线，从理论和实践两方面入手，逐步建设形成了"四方共建、六位一体"产教融合实训基地。实训基地的建设解决了在目前校企合作过程中，企业普遍热情不足，缺乏积极性和主动性的问题；解决了目前测绘地理信息类专业实训基地功能单一，缺乏长效运行模式，重复率高、消耗高等一系列问题；解决了实训基地实训项目不能随市场的需求变化而改变，可持续发展性不强的问题；解决了产教融合实训基地在建设模式和运作机制上存在的一些问题。

## 一、经验做法

### （一）构建利益共同体的校企深度合作新模式

结合专业特点和区域优势，从合作主体选择、组织架构搭建、运行制度建设、育人机制构建等方面入手，构建了校企深度合作模式（图1）。

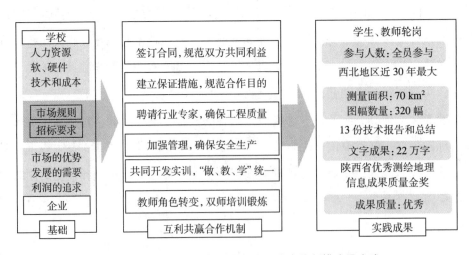

图1 利益共同体的产教融合校企深度合作新模式及实践

实施过程中，引入行业管理部门，实现院校、企业、行业管理部门三方利益诉求。其新模式的延伸如图2所示。

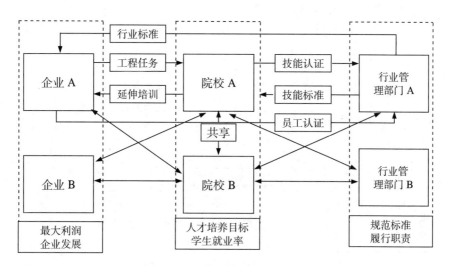

图 2　三方协作的产教融合新模式

（二）构建四方共融、共建的测绘地理信息类专业产教融合实训基地

在"合作型"校外测绘实训基地建设和实践基础之上，构建以行业管理机构和专业委员会为指导的实训基地（图3）。

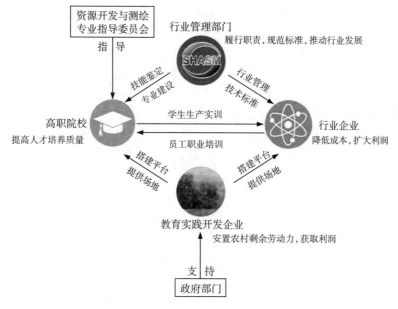

图 3　四方共融、共建校企合作实训基地

结合测绘地理信息行业的需求和发展，依托校企合作实训基地，积极开展技术服务与技术开发（图4）。

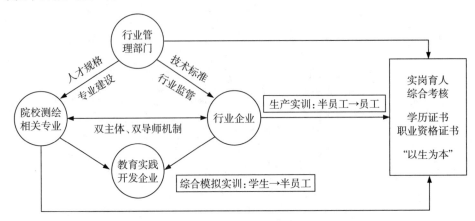

图4　现代学徒制支撑下产教融合实训基地建设模式

## （三）建立产教融合校企合作实训基地的各项制度

从院校—行业企业、院校—行业管理部门、院校—教育实践开发企业等模式多层次、多方面建设完善各项规章制度，规范运行机制（图5）。

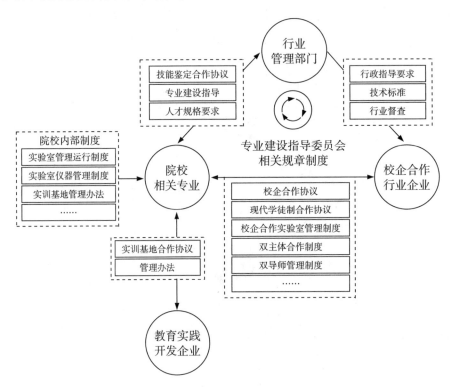

图5　产教融合实训基地相关规章制度及关系

## （四）总结形成测绘类产教融合校企合作实训基地的基本功能

对高职院校，以学生培养为中心，变"消耗性"实训为"创收性"实训，可实现教学与生产合一（图6）。

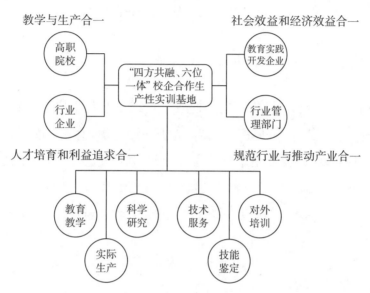

图6 产教融合校企合作实训基地基本功能

## 二、主要成效

测绘地理信息类专业产教融合实训基地实现了实训模式的转变，提升了学生综合素质，提高了学生技能竞赛成绩，开辟了学生就业新途径；通过搭建实训平台，打破校际、行业、区域界限，避免重复建设，达到资源共享，满足了各方利益诉求；师资队伍结构进一步优化，教师实践应用技能显著提高，教师教学能力水平稳步提升，并在各级各类教学竞赛中取得优异成绩；通过与行业管理部门、生产一线企业等相互交流与合作，明确行业发展趋势，全面推进专业建设；依托实训基地平台，多方共融、共建，有利于开展综合科研活动。

# "一园多企、四岗轮训"校企协同育人培养现代药品制造业高素质技能人才

药物与化工分院聚焦现代药品制造业生产一线高素质技术技能人才培养，联合杨凌示范区制药企业，实施"一园多企、四岗轮训"校企协同育人，按照"认岗、跟岗、顶岗"三阶递进的模式开展技能培养。通过企业导师带徒进行轮岗培养的形式，提升了学生的核心技能，培养了三批约100名学生，深受用人单位好评。该模式有效地解决了高职制药类专业学生实践能力与企业岗位要求存在差距、教学内容与产业发展出现脱节、实训项目没有抓手等问题。

## 一、经验做法

### （一）资源共享，构建"一园六企"实训基地

从杨凌示范区产业园区的20余家制药企业，遴选6家生产项目接近的企业，成立组织机构，搭建工作平台，共同组成"一园六企"的产教融合基地。根据6家企业的生产条件，制定企业实训项目，将杨凌步长制药智能提取生产线、郝其军制药传统丸剂生产线、万隆制药质量检测中心、东科制药外用膏药生产线、康誉药业中药标本馆等各企业优势、特色项目固化为实习实训项目，校企联合编写实训教材。聘请6家企业的一线技术骨干等25人作为学生的校外导师（师傅），每个校外导师（师傅）带领2~3名学生开展教学实训。校内指导教师随学生一起进入企业指导学生，运行校企二元制管理机制（图1），实施校内校外双导师考核办法。

### （二）三阶递进，扎实推进实践教学改革

学生在企业的实践教学过程，分为"认岗、跟岗、顶岗"3个阶段。认岗在第二、三学期开展，培养内容属于基础素质能力模块。在企业导师和学校导师指导下，学徒了解、认识岗位，观摩师傅生产操作。同时，在企业完成职业素养、制药企业SOP文

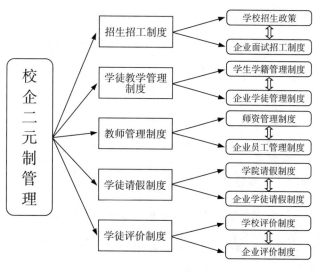

图 1 校企二元制管理机制

件学习和岗位认岗实践活动。跟岗在第四、第五学期开展，培训内容属于职业基本技能和核心技能训练模块。在企业岗位师傅指导下，学徒亲自动手，跟着师傅进行有效成分提取、制剂生产、质量检测等生产性操作。顶岗在第六学期开展，属于岗位专项技能训练模块。学生先在企业岗位师傅监督下进行 6 周顶岗实习，然后开展独立的岗位实习。通过三阶段校企交替、递进式的培养模式，学生专业技能水平显著提高（表 1）。

表 1 三阶递进实践教学体系

| 第一学期 | 第二学期 | 第三学期 | 第四学期 | 第五学期 | 第六学期 |
| --- | --- | --- | --- | --- | --- |
| 基础知识 | 第一阶段：认岗 | | 第二阶段：跟岗 | | 第三阶段：顶岗 |
| | 企业实践 1 周 | 企业实践 1 周 | 企业实践 4 周 | 企业实践 6 周 | 企业实践 6 周 |
| | 利用企业参观实习认识岗位 | | 在企业进行师傅带徒弟四岗轮训 | | 顶岗实习 |
| | 在学校实训中心进行基本能力训练 | | 在学校进行模拟生产训练 | | |
| | 中药材识别、中药材性状鉴别、中药材的净选、中药有效成分提取和分离、细菌培养、分析仪器操作、中药炮制、中药调剂等 | | 片剂生产、胶囊生产、注射剂生产、药物有效成分检验、药物微生物限度检查、药物毒性成分检验、销售策划、药店药品陈列等 | | |

（三）四岗轮训，培养学生专业核心技能

结合企业生产条件和人才培养目标，设置中药前处理、中成药生产、中药质量管理、药品营销与服务4个关键岗位群，以"四岗轮岗，师傅带徒，岗位培养"的方式（图2），通过认岗实践、跟岗轮训，培养学生专业核心技能及综合素质。跟岗轮训结束后，经过岗位考核评定，确定适合学徒的顶岗操作岗位，开展顶岗实习。

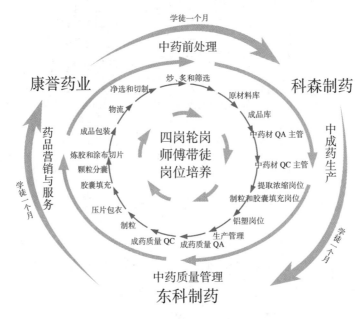

图2 中药制药专业四岗轮训模式图

## 二、主要成效

（1）建立了校企双主体育人良好机制。校企深度合作，逐步构建了校企共同招生招工、二元制教学管理、双导师教学、共建共用教学资源、教学成本分摊、多方评价考核等现代学徒制双主体育人的校企合作机制。为解决校企合作途径不畅、合作内容不实、合作成效不高等问题，探索了一条校企合作的成功模式。

（2）人才培养质量明显提升。通过培养，学生的职业技能和综合素质能力显著提升，在中药传统技能大赛中，获国赛二等奖1项，省赛一等奖1项、二等奖4项、三等奖3项。学徒制培养的三届学生，就业率均达100%，企业满意率90%以上。

（3）探索出双导师水平不断提升的基本经验。一是制定学校导师和企业导师的遴选办法；二是编制双导师队伍建设方案，明确双导师队伍建设目标及建设内容；三是规范双导师的聘任，理论学习，实践锻炼的时间、形式、途径等要求；四是建立双导师队伍的激励机制，有力地调动了导师的积极性。

# 校企深度合作　共育工程造价拔尖技能人才

随着社会经济转型时期的到来，各行各业对拔尖人才的需求急剧增加，迫切的社会需求对高职教育人才培养提出了新的标准和要求。而校企合作协同育人是职业教育发展大势所趋，是培养复合型拔尖技术技能人才的必然选择，国家先后出台相关文件支持和鼓励学校与企业以多种方式开展合作，让企业深度参与职业教育的全过程，如专业建设、课程设置、教材开发和实习实训等。目前，建筑工程学院工程造价专业学生人数较多，就业压力大。为提高就业率、就业质量、就业专业对口率，在人才培养中探索"引企入校，工学结合"的合作新模式，通过校企合作建立工作室，将企业真实项目案例与学生培养结合起来，让学生深度参与到企业实际项目中，快速提高技能，就业时能很快适应工作岗位，既能为企业解决人才基础培养问题，又能提高学校工程造价专业品牌影响力。

## 一、经验做法

### （一）成立工程造价专业"拔尖技术技能人才班"

建筑工程学院与陕西泰和力华工程管理咨询有限公司（以下简称"泰和力华"）联合成立工程造价专业"拔尖技术技能人才班"，通过与企业开展联合教学，由企业技术人员分享实际工作中的宝贵经验，培养一批在牢固掌握工程造价基础理论知识和专业技术基础上，能从事设计概算、施工图预算、工程量清单编制、投标报价、工程结算、工程审计等工作，能吃苦耐劳，具有奉献精神的高素质技术技能人才。

### （二）校企合作资源互补，强化实践教学

实施过程中，建筑工程学院通过定期邀请泰和力华经验丰富的技术人员举办讲座，及时让学生了解最新行业动态和市场需求；开展"校企合作，工学结合"的授课模式，与企业积极开展产教融合的教学形式，使企业积极参与专业建设、课程建设、实训室建设等，共同探讨合作方法。同时，引入符合企业的人才技能标准，便于教师教学与

企业技能需求相结合。

### (三)合作构建"双师"结构教学团队

引入企业人员担任实训教师和实习指导教师,双方教学团队共担教学任务,在实践中相互学习。一方面,建筑工程学院组织企业兼职教师进行专业教学能力的培训,安排专任教师"一对一"进行传帮带,提高兼职教师的教学能力和教学素养。另一方面,建筑工程学院定期派遣教师到企业进修实习,校企共同安排学院教师参加企业技术攻关或技术改造,企业派出专家为学院教师举办培训班,安排技术人员对学院教师进行培训,提高学院教师的职业能力和职业素养,共同建立形成"双师"结构教学团队。

### (四)建立企业工作室,前置行业技能培养

通过引企入校,在建筑工程学院内建立企业工作室,将职业技能培养前置。对入校学生在经过一年基础课程教学后进行考核选拔,合格后进入"拔尖技术技能人才班",并入驻工作室开展工作。同时,由企业派驻技术人员在企业工作室对学生进行指导,让学生学习专业课程的同时根据实际工程进行基本技能训练,通过"理论+实战"打通各个知识"孤岛",体系化地培养工程造价全链路人才,前置毕业生职场能力。

### (五)实施项目化教学

为培养学生更好地贴近工作岗位,建筑工程学院在项目实施过程中联合泰和力华积极开展以就业为导向的项目化教学。一方面,利用企业技术人员实际工程经验,对现有工程造价专业课程进行项目化教学设计,以项目为载体来模拟工作过程,以完成一个完整的工作项目为最终结果,教学过程中强调学生的自主性学习,弱化教师的教学,引导学生以获得项目成果为目标进行主动、有效的学习。另一方面,利用企业设立的工作室,开展以企业项目为载体的实践性教学活动,采用典型的培养应用型人才教育模式。通过这一系列过程,迎合市场需求,强化学生能力培养,更加全面达到对课程设置的知识和技能要求。

### (六)利用专业优势,开展农民工培训

建筑工程学院与泰和力华共同成立陕西省建设行业农民工职业技能提升培训班杨凌培训点,响应国家乡村振兴号召,贯彻"六稳""六保"方针,提升农民工职业技能

水平，促进农民就业，推动农民增收落地。利用专业优势开展培训，大幅提升施工一线作业能力、工作效率和工程质量，实现为家庭增收、为企业增效、为社会出力、为乡村振兴做贡献。

（七）创新创业，产教融合

"创新创业，产教融合"是我国建设创新型国家的一项重要决策。要营造大众创业、万众创新的浓厚氛围，这就要求高校的教学模式必须适应国家战略目标的发展需求。建筑工程学院与泰和力华成立大学生创新创业实训基地、产教融合实训基地，利用泰和力华平台优势，共同开展大学生创新创业教育，携手培养具有专业知识结构的创新创业人才，服务地方经济社会发展。

## 二、主要成效

建筑工程学院通过创新"引企入校，校企对接，产教结合，工学交替"的育人模式，显著提高了人才培养质量和办学水平，极大地缓解了学院专业建设和发展资金、技术、师资中的矛盾。泰和力华与学院资源共享有机结合，积极探索工学结合的合作办学模式，实现优势互补，促进了对口就业。通过校企联合的方式，建立工程造价专业工作室，大大提高了学生的学习效果，潜移默化地提升学生的实践能力，达到完美对接企业的效果。企业的技术人员和实际工程资料节约了教学成本，实现了资源共享。同时，也为企业解决了人才流动与企业用人的问题。企业的专业技术人员和学院教学相结合，理论和实践相结合，培养符合自己企业文化和与社会接轨的学生，帮助学生提前适应社会。

通过"引企入校"，实现了"专业+企业"的强强联合，促进了人才培养模式的创新。"引企入校"带来了企业的新思想、新技术、新工艺，增加了学生的实践时间，学校与企业共同制定育人方案、教学计划、管理办法，全力实施理实一体化教学，使学生的知识和能力更为扎实，更符合企业的用工需求。具体实践中，校企双方以协议形式，明确职责，规范双方的行为，建立长期紧密的合作关系。

# 依托行业龙头　加大校企合作力度　助推产教深度融合

2022年5月1日起施行的《中华人民共和国职业教育法》首次用"产教融合"一词取代了原有的"产教结合"，赋予其更高的法律地位，助推职业院校和行业企业形成产教融合命运共同体。机电工程学院于2017年9月正式开设工业机器人技术专业，是陕西较早投身智能制造职业教育事业的先行者之一。工业机器人技术专业着重于培养具有工业机器人安装、调试、维护、编程、销售、管理等职业技能，在大型工业企业中从事相关工作的高素质技术技能人才，因此工业机器人技术专业人才培养与行业、企业的发展是密不可分的。机电工程学院工业机器人技术教学团队一直深入机器人行业积极挖掘行业优势龙头企业，与行业龙头企业江苏汇博机器人技术股份有限公司（以下简称"汇博"）深度开展校企合作，建设汇博机器人学院（杨凌分院）（图1），校企联合制定专业人才培养方案，开发"岗课赛证"融通专业核心课教学模式，建设产教结合师资队伍，联合打造校企合作多元化实践教学平台。

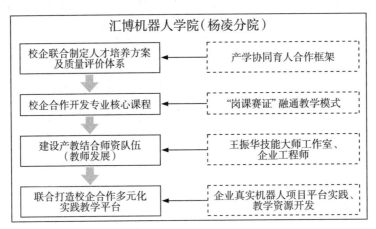

图1　汇博机器人学院（杨凌分院）建设

通过与汇博合作，机电工程学院工业机器人技术专业高度适应经济转型后的行业对人才发展的要求，能为机器人行业提供高质量的技术技能人才。

## 一、经验做法

作为典型的新工科专业，在智能制造背景下兴起的工业机器人技术专业承担着为产业育人的重要使命。因此，只有构建产教深度融合的培养模式，才能使人才培养适应产业发展需要。机电工程学院工业机器人技术专业依托于汇博机器人学院（杨凌分院），与企业紧密相依，以产业需求为导向，构建校企合作命运共同体，真正解决"培养什么人、怎样培养人、为谁培养人"这一问题。

### （一）校企合作制定人才培养方案及质量评价体系

机电工程学院在工业机器人技术专业的人才培养方案中突出产教融合思想，以提高在校生对潜在工作岗位的理解能力为目标，以强化学生的工程实践能力为重点，推进产教融合协同育人实践。汇博工程师深度参与人才培养方案的制定，借助汇博机器人学院（杨凌分院）的产业资源优势，将行业新技术引入课程和课堂，使教学内容与机器人产业的发展实际紧密融合，并参照机器人产品的研发过程组织理论教学与过程管理。以能力为导向，科学整合学校和产业的育人资源要素，切实推进应用型人才产教融合培养模式的构建与实践，并结合产业发展及时优化人才培养模式。同时，在思政育人方面，校企深度合作，拓展了工业机器人技术专业实践思政育人的维度；在校内实习实训时，有汇博工程师的参与，以岗位要求的标准规范学生实践。工业机器人教师团队经过多年的实践和探索，实现了与企业的无缝对接，双方资源充分利用，将专业实践的思政育人落在实地。

### （二）共同开发专业核心课程

校企合作开发以"岗课赛证"融通为专业核心课程的教学模式。以工业机器人系统集成课程为例，结合机器人产业岗位新技术要求及业态岗位需求，在"以赛促教、以赛促研、以赛促建、以赛促改"的基础上，结合汇博连续3年作为大赛的协办单位和设备提供方的办赛经验，针对学生职业技能大赛"工业机器人技术应用"赛项的项目比赛标准，结合"1+X"工业机器人应用编程（汇博设备）中级考核内容，在提升高素质劳动者和技术技能人才培养能力的基础上，建立健全书证融通体系，以工作任务为核心对本课程进行了知识内容体系重构。

### (三)建设产教结合师资队伍

机电工程学院成立王振华(教授、博士、汇博总裁)技能大师工作室,工作室由汇博工程师和学院工业机器人技术教师团队组成。依托于大师工作室,邀请汇博工程师定期走进学校为专业教师进行培训,形成建设产教结合教师队伍的有效路径,产教深度融合人才培养模式得到有效实施。同时,机电工程学院工业机器人教师团队暑期实践锻炼均深入汇博,学习技能。在企业的培训下,多名教师顺利考取工业机器人应用编程"1+X"(中级)考核员资格。此外,机电工程学院开展校企导师联合授课,联合指导实践教学环节,安排专业课教师参加工业机器人研发、竞赛项目,切实打造高水平教学团队。

### (四)联合打造校企合作多元化实践教学平台

工业机器人技术专业的课程实践性要求较高,即使是理论知识也需要通过实践环节加以巩固。例如,工业机器人现场编程技术、工业机器人离线编程技术、工业机器人数字孪生技术、工业机器人视觉编程技术等。为深化产教融合,校企合作双方结合机器人行业产业的实际工作内容搭建项目式实践训练平台。例如,将汇博企业研发产品的思路和方案引入实践环节,由校企双方共同引导学生参与实战化演练,帮助学生深刻理解工业机器人产业的工程问题,利用汇博产业资源便利,服务于专业实践教学。

## 二、主要成效

自汇博机器人学院(杨凌分院)运行以来,校企双方以"合作办学、合作育人、合作就业、合作发展"为主线,遵循"资源共享、优势互补、合作共赢、协同发展"的原则,在人才培养、员工培训、实习就业和技术服务等方面开展了多项合作,取得了诸多成绩。机电工程学院先后被授予工业机器人应用编程"1+X"证书考核点、省级考核管理中心,已完成三期学生考核,通过率86%,完成两次校外"1+X"考核师及师资培训;工业机器人教师团队参加教师教学能力比赛获省赛二等奖和三等奖各1项;工业机器人专业学生在全国职业院校学生技能大赛中获得二等奖1项,在陕西省职业院校学生技能大赛获得一等奖1项、二等奖2项、三等奖1项,在各类工业机器人行业竞赛中获一等奖8项、二等奖12项、三等奖6项;机电工程学院被评为"优秀考核管理中心";支持机器人教师申报专利7项,软件著作权6项;工业机器人专业学生就业率达到了98%,从事机器人岗位工作的学生达到80%。

# 坚持问题导向　共建机电类校外产教融合实训基地

西安水务集团黑河水力发电公司是2018年机电工程学院省级大学生校外实践教育基地，是2019年、2020年机电工程学院产学研基地项目。2018年以来，机电工程学院和黑河水力发电有限公司在动力激励机制、政策协调机制和保障监督机制的引领下，以"双赢"为基本原则，通过通力协作、产教结合、校企合作、资源整合，打破区域和行业之间的界限，成立科研攻关团队，解决了困扰黑河水力发电站多年的水轮机主轴密封漏水问题，完成教育厅自然科学专项项目"黑河水电站水轮机主轴密封的改造"，完成校企双方骨干人才的培养，协助机电工程学院建成了PLC应用技术省级精品在线开放课程，实现了互利互惠、合作共赢，凸显了机电工程学院服务区域水利机电行业的特色品牌。

## 一、经验做法

### （一）完善体制建设，使校企合作、产教结合、高级人才共享互聘等机制走上正规化、制度化的渠道

机电工程学院与黑河水力发电有限公司成立校外实习基地统筹办公室，建设由双方人员组成的校外实践基地领导小组和工作小组，明确相关人员的职责和分工，制定切实可行的管理制度，定期召开会议，共同协商，推进实践基地建设各项任务顺利开展。校外实习基地统筹办公室根据职能划分4个层面：统筹层、管理层、"双师"层和绩效考核层。2018年，校企双方就基地硬件的建设、人才的培养、项目的研发等多次召开专题研讨会，共同协商项目的实施问题。

### （二）利用校企双方资源互补优势，加强双方人才的培养

依托校内机电设备与自动化实训中心和校外创新创业实践基地，通过"送进去、请进来"的横向联合培养机制，加强校企合作的内涵建设。从2004年起，机电工程学院每年选送学科带头人、骨干教师到黑河水力发电创新创业实践基地进行学习和锻炼，

加深教师的创新创业认知和体验。依托黑河水力发电站校外创新创业工作室，加强和企业的横向联系，协助企业进行扩容改造、技术革新等项目，提高骨干教师以及专业带头人的科研能力和创新能力。

2015年12月，陕西省水利厅开展全省农村水电行业水轮发电机组值班员、电气值班员两个工种职业技能竞赛，机电工程学院李敏科、汶占武两位老师受黑河水力发电站的委托对电站的职工展开为期20天的集中理论和实践培训。

2020年，黑河水力发电站进行3号机组的自动化改造，电站的微机调速器、计算机监控系统，以及机电设备自动控制系统大量涉及PLC技术，电站的职工急需加强PLC控制技术的学习和应用。机电工程学院了解到电站的需求后组织教师对电站职工进行了PLC技术的培训，教务处针对黑河水力发电站的职工专门统一编制了学号，发电站职工通过注册登录智慧树平台的PLC应用技术课程进行线上学习，学校教师再通过线下培训加强培训的效果。通过职工培训同时促进了机电工程学院PLC应用技术精品在线开放课程的推广，该课程在2021年1月通过了省级精品在线开放课程的认定。

### （三）组建科研团队，共同攻关企业技术难题

**1. 项目团队完成黑河水力发电站3台水轮机主轴密封的改造**

水轮机主轴密封漏水问题困扰黑河水力发电站已久。2017年，机电工程学院召开农业职教集团研讨大会，联合宝鸡峡引渭灌溉管理局三方共同组建科研团队，研讨黑河水力发电站的水轮机主轴密封问题。经过3年的研究、实施和运行，项目团队完成了黑河水力发电站3台水轮机主轴密封的改造工作。改造后机组运行状况良好，项目团队同时完成了2018年教育厅科技专项项目的结题，一项"水轮机主轴密封装置"（CN214035944 U）专利得到了授权，发表了水轮机主轴密封改造专业论文3篇。

**2. 2号水轮机汽蚀修复的论证**

2017年12月，龙建明教授和马艳丽副教授应邀参与黑河水力发电站2号水轮机转轮修复论证会，和企业邀请的各个集团专家共同会诊黑河水力发电站2号水轮机转轮汽蚀的修复工作，并针对黑河水力发电站水轮机存在的问题从水轮机的设计制造、选型设计、运行管理维护3个方面提出自己的见解，汇总并形成近期、远期两方面的修复意见，修复意见得到了电站领导和专家组的一致认可。

（四）校企合作共同参与人才培养方案制定、课程实训、课程改造

在校企合作过程中，机电工程学院坚持以市场为依托，积极寻求与市场连接的对接点，在完成企业技术难题攻关和员工培训的同时反哺教学的改革；细化机电类专业以通识教育、专业知识与技能、个性发展、创新创业为主要内容的"四位一体"人才培养方案；加强精品在线开放课程在行业、企业的推广；制定完善的校外实践及管理办法，确保校企共建基地人才培养方案的执行；近年来相应完成了电力系统自动化技术专业、水利机电设备运行与管理、电气自动化技术等专业人才培养方案的修订和水轮机、发电厂动力设备、PLC应用技术等课程的改革。

## 二、主要成效

从2017年到2021年，经过4年的深度产教融合，机电工程学院为黑河水力发电站培养了周强、任江涛、王铎、赵争等多名技术骨干，协助黑河水力发电站解决了水轮机主轴密封的漏水问题、2号水轮机的汽蚀修复问题、电站PLC程序丢失等问题。在合作的同时机电工程学院马艳丽教师团队完成了1项省级课题的结题；郭东平教授团队完成的PLC应用技术课程被评为省级精品在线开放课程；黑河水力发电站产学研基地项目建设团队教师完成了10多项院级教改课题的结题，发表相关专业论文20余篇，主编项目教材15本；学生创新创业团队近3年获得省级以上奖励25项；电气自动化技术、电力系统自动化技术专业人数有了明显提升，学生就业率在97%以上。

# 以现代学徒制提升摄影测量与遥感技术专业实践教学水平

依据学院"双高"建设实施方案的总体要求,以立德树人为根本,以学生技术技能培养为核心,以教师、师傅联合传授为支撑,以校企深度融合为突破口,摄影测量与遥感技术专业现代学徒制探索了学校与企业、专业与产业、中心与基地、学生与员工、教师与师傅、培训与岗位"六个对接"育人模式,推广"师带徒、徒拜师"手把手传授技术的方式,探索建立校企联合招生、联合培养、一体化育人的长效机制,完善学徒培养的教学文件、管理制度、相关标准,推进专兼结合、校企互聘互用的"双师"结构师资队伍建设,构建一种具有地方特色、服务地方经济、在行业内具有引领示范作用的创新型现代学徒制人才培养模式。

## 一、经验做法

### (一)完善校企双主体育人机制

与相关合作企业签订实施现代学徒制合作协议,明确校企双方职责、分工,推进校企紧密合作、协同育人;完善校企联合招生、分段育人、多方参与评价的双主体育人机制;引导和鼓励行业、企业与院校合作整合资源,为专业现代学徒制改革搭建平台,促进摄影测量与遥感技术专业教育链和产业链有机融合;探索人才培养成本分担机制,统筹利用好校内实训场所、公共实训中心和企业实习岗位等教学资源,形成合作企业与专业联合开展现代学徒制的长效机制。

### (二)形成"岗位主导、按岗订课"的课程教学体系

确立了专业面向的核心岗位为摄影测量与遥感技术员、GIS技术员、工程测量员,按照职业岗位要求设置课程,构建实践环节,形成了"岗位主导、按岗订课"的课程教学体系(图1)。

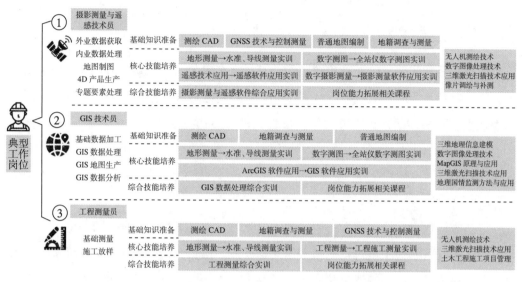

图 1 "岗位主导、按岗订课"课程教学体系

## (三) 形成"项目驱动、按能授课"的教学过程组织体系

对应核心岗位确定了摄影测量与遥感制图能力、GIS 数据加工与制图能力和工程测量能力三大职业能力，结合高职教学规律，以六个学期为划分，依托生产实践任务，项目驱动，按能授课，强化专业技能，实现专业与产业、职业岗位对接，专业课程内容与职业标准对接，教学过程与生产过程对接（图 2）。

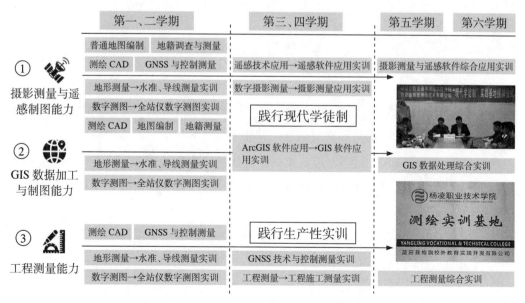

图 2 "项目驱动、按能授课"的教学过程组织体系

## 二、主要成效

通过3年的实践，陕西鑫雅图空间信息技术有限公司、广州南方测绘科技股份有限公司、北京达北时代科技有限公司、三和数码测绘地理信息技术有限公司等多家合作企业技术人员多次来校指导学生，摄影测量与遥感技术专业现代学徒制效果显著，主要体现在以下3个方面。

### （一）学生职业素养和技术技能水平显著提高

经调查，通过实施现代学徒制，学生的学习兴趣显著增强，团队合作意识和专业技能大大提升，实现了点对点的精准高质量就业。摄影测量与遥感技术专业获全国大学生无人机测绘技能竞赛特等奖4人次、一等奖2人次，获全国职业院校技能大赛工程测量赛项二等奖2人次；获水利高职院校技能大赛一等奖3项，获"互联网+"大学生创新创业大赛省级以上10项；学生获批实用新型专利3项。

### （二）教师团队教科研水平明显提升

现代学徒制的实施，推动了教师的教学研究和改革，提高了教师的专业水平。教师获教学能力大赛省级以上奖项4项，主参编《无人机测绘技术》等新形态活页式教材3部，开发"无人机摄影测量""工程测量基础"等"1+X"职业技能鉴定精品在线课程，申报陕西省重点研发计划1项、陕西省教育科学"十三五"规划课题1项、陕西省教改项目1项、省级职教学会教改课题17项。

### （三）社会声誉不断增强

专业招生与就业呈现"两旺"态势。近3年招生计划完成率均在95%以上，新生报到率均在90%以上。就业局面更是呈"就业率高、对口率高、薪酬待遇高、企业用人满意率高"的"四高"态势，近3年毕业生就业率均超过95%，在全校各专业中名列前茅，超过省内高校平均就业率10个百分点。所在学院连续3年获学校招生工作和就业工作"先进集体"。

# 与国家级农业示范区"四维四化"产教融合育人模式创新与实践

2010年起,学院围绕如何服务示范区产业发展、促进产教融合、提高人才培养质量等问题,依托国家现代农业职业教育改革试验区建设和陕西省探索职业教育集团化办学试点项目,运用教育生态学及协同理论,将人才培养置于农业示范区产业生态圈,基于融合机制、育人体系、培训范式、双创基地四个维度,系统研究涉农高职院校与农业示范区产教不同主体协同育人规律,经过3年研究和8年实践检验,形成了区校"四维四化"产教融合育人模式。

产教融合"四维四化"育人模式中的"四维"是"融合机制、育人体系、培训范式、双创基地"四个维度;"四化"是通过区校"三共三融"运行机制、"五对接"育人体系、农民技术职称认证范式、"一站式"双创基地,实现区校发展一体化、人才培养精准化、技术培训系统化、就业创业园区化的"四化"目标(图1)。

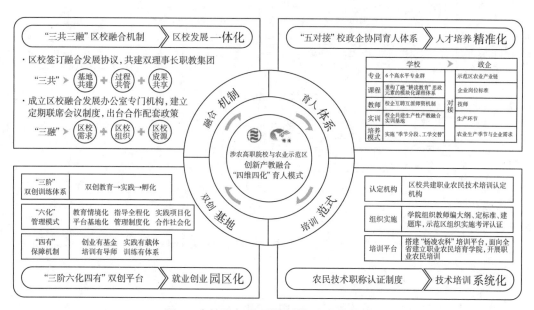

图1 产教融合"四维四化"育人模式图

## 一、经验做法

（一）基于融合机制，建立了"三共三融"区校融合机制，实现了区校发展一体化

区校签订融合发展协议，共建双理事长职教集团，形成基地共建、过程共管、成果共享"三共"格局；成立区校融合办公室专门机构，建立定期联席会议制度，出台合作配套政策，实现区校需求、组织、资源"三融"目标。

（二）基于育人体系，构建了"五对接"校政企协同育人体系，实现了人才培养精准化

专业对接示范区农业产业链，打造了6个高水平专业群；课程对接企业岗位标准，重构了融"耕读教育"思政元素的模块化通识课程体系；教师对接技师，建立了校企互聘互派师资机制；实训对接生产环节，校企共建了生产性产教融合实训基地；培养模式对接农业生产季节与企业需求，实施"季节分段、工学交替"（图2）。

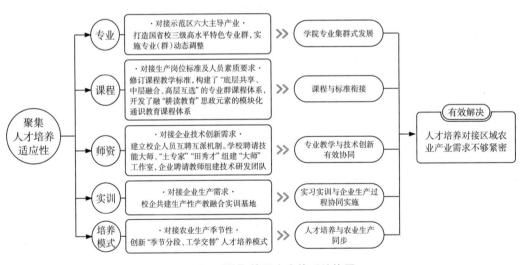

图2 "五对接"协同育人体系结构图

（三）基于培训范式，建立了农民技术职称认证制度，实现技术培训系统化

区校共建职业农民技术培训认定机构。学院组织教师"编大纲、定标准、建题库"，

示范区组织实施考评认证；搭建"杨凌农科"培训平台，面向全省建立职业农民培育学院开展技术培训（图3）。

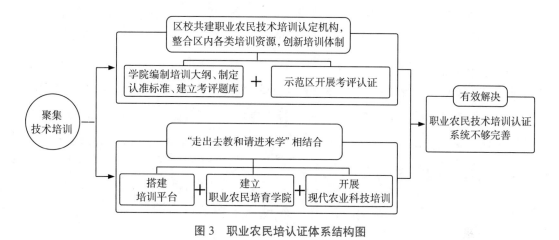

图3 职业农民培认证体系结构图

（四）基于双创基地，建立了"三阶六化四有"双创平台，实现就业创业园区化

构建了教育、实践、孵化"三阶"双创训练体系；建立了教育情境化、指导全程化、实践项目化、平台基地化、管理制度化、合作社会化"六化"管理模式；形成了创业有基金、实践有载体、培训有导师、训练有体系"四有"保障机制。

## 二、主要成效

经过8年校内外的实践应用与推广，该成果在深化产教融合、推进校政企合作、提高人才培养质量、助推职业农民培训、促进双创教育等方面，取得了显著成效。2018年，该成果成为国务院在全国新建的30个国家级农业示范区推广"杨凌模式"的主要内容之一，为高职院校主动融入农业示范区产业发展提供了可复制路径。

（一）区校融合发展平台作用凸显，办学空间显著扩大

学院依托区校融合发展平台，在杨凌示范区内建成了8个生产性产教融合实训基地、14个产业（企业）学院、6个国家级技术协同创新中心、3个国家级双创基地。2018年，中华职教总社授予学院"职业教育促进经济社会发展示范校"。学院获全国职业教育先进单位、国家"优质校"和"双高校"建设单位。

## （二）区校协同育人体系更加完善，人才培养质量大幅提升

基于杨凌示范区主导产业建设的 6 个专业集群入选国省高水平专业群建设项目，形成了专业教学、课程、岗位实习等系列标准体系，编制的 13 个专业教学标准成为国家标准。"双师型"教师比例提高 35%，学生报考率、报到率分别达 173.6%、95.2%，毕业生就业率稳定在 96%。技能大赛获国赛奖 109 项、省赛奖 399 项。45 名教师获国家级、省级教学名师，9 个专业为国家级骨干专业，22 门课程获国家级、省级精品在线开放课和课程思政示范课，14 本教材入选"十三五"规划教材。学院获国家技能人才培育突出贡献单位。

## （三）技术培训体系更加完善，农民技术职称社会认可度大幅提高

近 8 年，面向干旱半干旱地区，培训农村基层干部、合作社负责人和职业农民累计超过 55 万人次。新建产学研基地 24 个、职业农民培育学院 12 个。学院 60 余名教师被聘为培训讲师及考评员，学院获"全国乡村振兴优质校"。

## （四）创新创业园区化作用明显，毕业生创业热情持续走高

近 8 年，学生参与双创年均 2.2 万人次，参赛项目 6669 个，获创新创业国赛金奖 1 个、银奖与铜奖 9 个，省赛奖 181 项。毕业生注册企业 63 家，注册资本 16955 万元，涌现了吕江江、李松等 10 余名全国大学生创业明星。学院获全国首批创新创业教育实践基地、全国校企协同就业创业创新示范实践基地。

## （五）"四维四化"模式推广应用，示范引领成效更加凸显

该成果在江苏省、辽宁省、河南省等 20 余所高职院校推广应用，应用院校反馈效果好。《中国教育报》《光明日报》《陕西日报》、人民网等 50 多家主流媒体对成果实践经验进行了专题报道。40 多个产教融合案例在全国高职校长联席会展出，获典型案例"20 佳"。152 所高职院校和企业 3578 人次来校学习交流。

# 科研社会服务类

科研社会服务是高校基本职能之一，也是职业教育的重要历史使命。习近平总书记指出："教育要为人民服务，为中国共产党治国理政服务，为巩固和发展中国特色社会主义制度服务，为改革开放和社会主义现代化建设服务。"这是新时代中国特色社会主义高等教育的初心使命，也是我国高校积极发挥社会服务职能的责任担当。

# "一体两翼"聚力打造知农爱农新型人才队伍

乡村振兴,人才是关键。聚焦乡村人才振兴,学校不断创新涉农高职教育办学模式,创新建立以"在校学生(新生代农民)培养为主体,以职业农民(村干部)学历培育和综合实用技术培训为两翼"的"一体两翼"高素质农民育训体系(图1),将教育办到农业生产一线,形成了校地联动、教产衔接、开放融合的人才培养"杨职"模式。

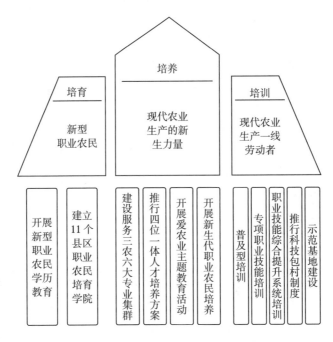

图1 "一体两翼"高素质农民育训体系

## 一、经验做法

(一)实施新生代农民塑造工程,为现代农业发展培养后备军

学校启动实施新生代农民塑造工程,在生物工程、生态环境工程、药物与化工、动物工程4个有涉农专业的分院中,采取"自愿报名、择优选取"的原则,选拔品学

兼优,具有较强专业技能且热爱农业并愿意毕业后从事农业生产、有创业意愿的学生作为培育对象,为现代农业发展培养后备军。在培养方式上,结合学生特点,紧紧围绕学历、技能、创业3个方面,制定有针对性的培训方案,合理安排培训时间和课时。在培训过程中,严格按照培训规范,抓好每一个教学环节,保证培训时数、内容落到实处,保证培训质量。截至目前,学校已经培训了千余名学生,一些学生也已经投身农村广阔天地,为繁荣农村经济、发展现代农业贡献一己之力。

### (二)开展农民全日制学历教育,造就"一懂两爱"人才队伍

用好自主招生政策,学校开设我国首个农民全日制学历教育班,先后录取275名杨凌村干部、富平职业农民、眉县种植大户和村干部、洛川村干部来校学习,为全省乃至全国教育扶贫和高职百万扩招提供了范本。陕西省委组织部、省教育厅专门委托学校开展全省村干部学历教育提升工作,2019年招收了277名学员进入全省村干部学历教育班学习。由于生源的特殊性,学校量身制定了各班的人才培养方案,组织任课教师专门编写了20多门课程的教材,选派一批责任心强、知识结构高、教学经验丰富的教师给学历教育班代课,并采用集中教学与分散教学相结合、线上教学与线下教学相结合、教学与农闲季节相结合的多种教学与组织管理形式,把理论和实践紧密结合,确保每位学员学有所获、学有所得。

### (三)建立职业农民培育学院,让更多农民掌握致富真本领

学校先后在陕西关中、陕南、陕北建立了11个县(区)职业农民培育学院,按照县域产业和群众意愿,重点围绕果树管理、设施农业、电子商务、手工生产、特色养殖、乡村旅游、经营管理等大力开展实用技术培训,累计培训农民4万余人次,确保了三大区域的农民都能在家门口轻松学到并应用先进的农业技术。培训中,学校专家教授紧密结合当地产业需求和农民自身特点,坚持系统培训与短期培训相结合、基地培训与现场培训相结合、集中培训与巡回培训相结合、理论教学与实际操作相结合,不断创新教学方式方法,做到技能性与操作性相统一。一些学员已经获得杨凌示范区农民技术职称证书,成为活跃在田间地头的科技"二传手"。

## 二、主要成效

### （一）人才培养成效突出

自"一体两翼"高素质农民育训体系实施以来，年均完成乡村振兴人才育训 36 万人天以上，累计培训 100 万人天以上，村干部（职业农民）学历教育近 5000 人，技术职称等获证人数 2000 余人，为基层培育了一大批"留得住、用得上"的"学农、爱农、务农"技能人才，为助推区域经济高质量发展和乡村振兴做出了积极贡献。大多数培训学员已经获得杨凌示范区农民技术职称证书，成为活跃在田间地头的"土专家"。在陕西全省各地农村，从种植业到养殖业，从农产品加工到乡村休闲游，到处都能看到我校培养的新生代职业农民的身影，他们已经成为脱贫致富的领头雁、乡村振兴的主力军。杨凌村干部学历教育班学员李建辉是杨凌区五泉镇王上村的后备干部，在校系统学习农业技术、营销管理等知识后，便成立了公司，把蔬菜、瓜果苗子从杨凌卖到了全省。他还扩大了智能化大棚育苗规模，年收入达到 30 万元，带动了 10 多个失地农民增收。

### （二）辐射带动作用显著增强

"一体两翼"高素质农民育训体系实践应用与示范推广价值显著增强，对乡村振兴战略的支撑作用和助力成效突出。学校入选农业农村部、教育部"全国首批乡村振兴人才培养优质校"，先后获批省级以上各类培训基地 20 余个，包括农业部农民专业合作社人才培养实训基地、中国茶业职工继续教育基地、中国农科网乡村振兴人才培训基地、陕西省乡村振兴人才培养基地、陕西省职业农民培育基地、陕西省中等职业学校校长培训基地、陕西省农技员培训基地、陕西省阳光工程培训基地、陕西省退役军人教育培训基地等。该模式也获评 2021 年陕西省"终身学习品牌"，被推荐为国家"终身学习品牌"。

### （三）示范推广成效显著

该模式先后被 40 多所职业院校学习借鉴，在 60 余区县推广，被《人民日报》、人民网、新华网、学习强国、《农民日报》等主流媒体关注，取得了较好的社会效益。《教授进村　技术上门　百团下乡支农问诊——杨凌职业技术学院"百名教授进百村"乡村振兴大调研典型案例》获全国职业院校巩固拓展脱贫攻坚成果同乡村振兴有效衔接优秀案例。咸阳彬州市职教中心通过借鉴"一体两翼"经验做法，整合全市各类培训资源，校政合作共建杨凌职业技术学院彬州乡村振兴学院和彬州职教中心，全方位培育全市各级干部和乡村振兴致富带头人，成为乡村振兴人才培训的重要支撑，彬州市乡村振兴成为全省范例。学校针对农林水牧技术干部、基层领导干部、村干部及后备干部、退役军人、返乡入乡创业人员、致富带头人、高素质农民及新型经营主体等开展乡村五大振兴、基层治理、集体经济、技能提升、创新创业、三产融合等线上线下培训达60万余人天，通过培训，府谷海红果、黄米、湖羊等农业品牌实现增收5500多万元，育训体系社会服务经济社会效益累计达15亿元以上。

# 培育旱区小麦新品系　服务国家粮食安全

种子是农业的"芯片"。习近平总书记指出："良种在促进粮食增产方面具有十分关键的作用。要下决心把我国种业搞上去，抓紧培育具有自主知识产权的优良品种，从源头上保障国家粮食安全。"

学校小麦育种专家赵瑜研究员从20世纪90年代初起，针对黄淮麦区病害发生特点以及小麦生育期气象灾害频发等农业生态条件，选用具有特殊经济性状的远缘亲本与性状互补的自育品种进行远缘杂交选育，历时20多年的潜心选育，育成大穗大粒优质超高产小麦品种"武农981""武农988"，实现了穗粒数与千粒重双超"60"的大穗大粒超高产品种，其产量、品质远超常规推广品种，为"中国人要牢牢把饭碗端在自己手里"做出了积极贡献。

## 一、经验做法

### （一）"三室一中心"构架，打造一流育种研发团队

学校坚持服务国家粮食安全战略，聚焦旱区小麦新品种研发，传承学校小麦育种专家赵瑜和西农大育种专家王明岐60多年的育种经验，扩容壮大小麦育种专业人才队伍，打造一流研发团队，形成了由院士工作室、"博士生＋高职生"工作室、"专家教授＋科研成果＋推广基地"工作室和赵瑜旱区作物（小麦）育种工程中心为结构的"三室一中心"旱区小麦种业研发平台，组建了30余名专家、教师为主体的研发团队。

### （二）潜心选育新品种，形成时区小麦新品系

学校首席专家赵瑜研究员选育的"武农6号"矮秆抗倒、早熟、多抗、广适，已通过陕西省区域试验和生产试验；"武农988"在大穗大粒超高产育种上有了重大突破；"武农318"优质强筋，加工品质和食用品质俱佳。从"武农6号"中选出的新品系"武农988""武农981"在大穗大粒超高产育种上有了重大突破，2017年农业农村部按照"大穗大粒优质高产特殊类型小麦系列品种区域生产试验"的"特殊类型"品种，

在黄淮麦区陕、豫、鄂、皖、苏、鲁、冀7个省进行了区域生产试验，2020年底已通过国家审定。此类试验是继袁隆平"抗盐碱特殊类型水稻品种试验"后全国第二例。

### （三）五种示范推广模式，加速科技成果转化应用

技术研发与示范推广相结合是加速科研成果转化的有效途径，也是学校小麦育种取得丰硕成果的基本经验。学校通过技术服务型、专家大院型、科技包村型、基地示范型、企业带动型五种"产学研"示范推广模式，实现了小麦新品种在全国多个试验示范基地进行试验与示范，不仅验证了科研成果本身的价值，也起到了拨亮一盏灯、照亮一大片的作用，加速了科技成果转化和推广应用。

## 二、主要成效

作为一所具有89年办学历史的农业高职院校，我校一直致力于旱区小麦育种研究，先后有"武农""职院"两个系列10个优质小麦品种通过审定，其中"武农"系列小麦品种在黄淮麦区累计推广9000多万亩，实现农民增收65亿元。

2022年学校与河南开封莲瑜种业有限公司签署了在江苏、安徽地区一年的品种经营权，转化费用100万元。第一年就推广56万亩，按照第一年推广面积的50%用于下一年推广用种。按示范测产每亩增产100公斤计算，每亩增收280元，推广1700万亩新增净效益39.2亿元。

# 攻克草莓生产"卡脖子"关键技术 激活草莓产业发展新动能

草莓被誉为"水果皇后",草莓产业相比于其他农产品,周期短、利润高,每亩净收益是粮食作物的50倍。多年来陕西省设施草莓种植方式落后,优质种苗匮乏,配套种植技术滞后,草莓产量一直处于全国中下水平。近年来,学院组建以杨振华教授为首的技术研发团队,围绕陕西草莓产业开展技术攻关,破解陕西草莓生产难题。经过3年的应用研究,探索出了新优品种(新)+EM菌有机基质(机)+槽架立体栽培(立)+智能管控(智)的设施草莓"新机立智"高效栽培管理技术体系,补齐陕西省草莓生产的各项短板,极大提高了草莓的品质和产量,单位面积净收益增加了2.5倍,产生了较大的社会效益。

## 一、经验做法

### (一)引进新优品种,建立脱毒快繁体系

从国内外引进筛选30个综合性状优的草莓新品种进行品比试验,筛选出"晶瑶""杜克拉""玫瑰香""宁玉"4个适宜陕西省产业发展的优势品种。通过茎尖低温脱毒和"三圃制"繁育体系,建立了工厂化脱毒育苗的工艺流程和配套技术体系,达到了年产500万株优质草莓种苗。

### (二)研发生态有机基质,建立高产优质体系

根据陕西省农业生态类型,循环利用食用菌产后废料、农作物秸秆、羊粪加EM菌液进行混合发酵。EM菌生物基质的使用,优化了土壤中的氨氮比,增加了土壤有益微生物菌群,极大抑制了土壤病原菌的滋生,杜绝了草莓生产过程中化肥、农药的使用。

### （三）创新栽培模式，建立高效节能体系

以杨振华教授为首的技术研发团队根据草莓的生理特性，研发出了温室大棚槽架立体栽培模式，并获得 3 项专利（温室大棚专利、立体槽架专利、育苗槽架专利），3 项专利技术的应用，极大提高了草莓种植效率。

### （四）集成环境因子，建立智能管控体系

开发了物联网智能管控平台，实时检测管控草莓生产在不同阶段的最佳温度、湿度、光照、$CO_2$ 等环境因子，为生产优质高产草莓提供最佳环境控制方案。

## 二、主要成效

草莓"新机立智"高效栽培管理技术体系在生产中的推广应用取得了显著成效。创新团队依托杨凌科创平台，建成了杨凌职业技术学院百亩草莓产业发展示范基地，拥有草莓生产标准化温室 25 座和繁育 100 万株/年的育苗工厂。草莓产业发展示范基地利用核心技术体系生产优质草莓，创建了"汇蕾"草莓品牌并通过线上线下进行技术推广，通过线上直播平台向广大农户分享草莓种植技术，讲解脱毒种苗和 EM 菌基质的优势，定期对草莓种植关键技术进行实地指导。同时，创新团队利用优势技术以及"汇蕾"品牌效应，因地制宜对接乡村产业发展，先后帮扶了太白县、略阳县、商南县等 3 个贫困县的草莓种植产业，对接了延安市 8 个村集体经济，累计技能培训 14260 人次，间接带动就业 5017 人，累计乡村产业增收达 2036 万元。项目推广成果先后被《农业科技报》、陕西电视台农林频道、杨凌电视台、杨凌融媒体等媒体宣传报道，"汇蕾"草莓逐渐成为名优品牌。创新团队获得 2019 年"沣东杯"陕西科技工作者创新创业大赛铜奖、陕西省教育厅科技成果奖、杨凌示范区科技成果奖。

# 构建"三果一菌一蜂"新品种研发推广体系

围绕国家乡村振兴战略、我校"双高"计划建设任务以及"提质培优行动计划",发挥我校在提升地方农业产业振兴方面的优势,结合"区校一体化"发展实际情况,我校审时度势,分析了教师目前的科研成果及科研能力,结合杨凌示范区农业产业发展现状,专门成立了北方草莓产业研发中心、无花果产业研发中心、火龙果产业研发中心、秦岭食用菌产业研发中心以及中蜂产业发展研究院(以下简称"三果一菌一蜂"),这5个产业研发中心分别由5个教师科研团队支持,在新品种申报、标准制订方面已经有了一定的基础。适时成立研发中心,必将助力这5个产业可持续健康发展,真正实现产业振兴,为区域农业产业发展做出重要贡献。

## 一、经验做法

### (一)搭建专业化产业支持平台

围绕草莓、无花果、火龙果、食用菌、中蜂等"三果一菌一蜂"区域特色农业产业,成立北方草莓产业研发中心、无花果产业研发中心、火龙果产业研发中心、秦岭食用菌产业研发中心、蜂产业研究院等专门机构,搭建专业化平台,组建高水平团队,大力开展技术研发、技术示范推广、技术服务及培训等工作。

### (二)大力开展技术研发创新

"三果一菌一蜂"产业研发中心大力开展核心技术研发创新,取得了重要突破。新培育"丝路红玉""丝路黄金"2个无花果新品种,已经通过省审。制定了《火龙果设施生产技术规程》等6个规范性技术标准。创新无花果高效栽培技术,实现病虫害防控,建立了有机无花果和火龙果生产集成技术体系。依托北方草莓产业研发中心,组建草莓苗木生产公司,建立草莓"新机立智"高效栽培管理应用体系。依托"一种温室灌溉增温设备"等6项草莓技术专利,极大提高了草莓的产量和品质。开展食用菌品种对比试验,引进试种羊肚菌新品种10余个,致力于羊肚菌、大球盖菇、黑皮鸡枞等珍稀食用菌菌种及产品研发工作。针对蜜蜂授粉、中蜂人工育王、中蜂强群饲养等技术，开展技术研发，形成中蜂人工繁殖饲养综合技术体系。

（三）创新开展"南果北育"试点示范

乡村要振兴，产业必先行。近年来"南果北种"成为了现代农业的一大新亮点，大量"南果北种"的成功实践改变了传统认知，农业科技让"移来果香更觉甜"。火龙果产业研发中心以牛永浩博士为首席专家的科研团队，以产业发展为主抓手，注重科技赋能，在"南果北种"和"南果北育"上为现代特色农业发展开拓了新路径，做出了新示范（图1）。

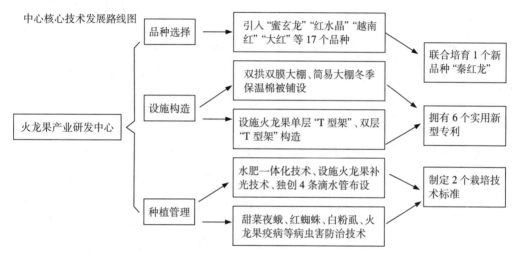

图 1　火龙果产业研发中心核心技术以及成果

2023年3月，陕西省林业局发布公告，正式公布林木和草品种审定委员会审定通过的29个林木良种名录。其中，由我校和杨凌青皮她园火龙果种植专业合作社共同选育的火龙果新品种"秦红龙"入选2022年度省级林木良种名录。这意味着以前只能在南方种植的火龙果不仅在西北种植成功，而且通过"政府+高校+企业"协同创新模式选育出了适宜在陕西全省及相似生态区推广应用的火龙果新品种。

（四）着力开展技术推广和服务

"三果一菌一蜂"产业研发中心积极开展技术示范推广工作，已建成无花果产业化集成技术应用示范园1000亩，辐射推广5000亩；培训技术人员8000人，带动农户300余人，实现经济效益增收5000万元。在省内外推广种植火龙果30000亩，与12家村集体经济组织合作建成种植示范园 1500 亩，每年接待参观考察人数超过 50000 人次。在旬邑县、太白县建立 18 个食用菌种植基地，指导当地农户种植羊肚菌，为省内地区 20 余家企业开展技术培训、技术咨询。指导太白县、略阳县、商南县、延安市 4 个市县草莓产业发展，推广优质草莓种苗和土壤改良基质，累计培训草莓种植技术 14260 人次，间接带动就业 5017 人。推动全省蜂产业发展，养殖户达 3 万余户，带动增收 5 亿元以上。

## 二、主要成效

### （一）科学研究成果产出增加

"三果一菌一蜂"产业研发中心成立 2 年以来，取得了较好的成绩。草莓产业研发中心科研团队获批 2022 年陕西省高校青年科技创新团队，无花果、火龙果通过省审新品种 3 个，制定并且颁布实施地方标准 7 个，申报专利 5 个，获批省市级项目 12 项。

### （二）科技创新氛围显著增强

"三果一菌一蜂"产业研发中心让全校教师看到了科研成果的重要性以及社会价值，必将鼓励全校师生积极挖掘农业技术资源，积极主动加强跟农业合作社、涉农企业以及农技部门的联系，探索新的产业发展模式，创造新的科研成果，营造出良好的科研氛围。

### （三）科研团队建设提速

"三果一菌一蜂"产业研发中心实行主任负责制，每个研发中心成立 1 个研发团队，由研发中心主任选拔成立科研团队，制定团队管理制度，带领团队成员按时完成科研任务。5 个产业研发中心的团队建设促进我校科研工作上了一个新台阶。

### （四）经济社会价值突出

"三果一菌一蜂"产业研发中心在人才培养、教师锻炼、基层农技人员培训以及职业农民培训方面，发挥着巨大的作用。在职业农民培训社会服务中，通过"理论+实践""课堂+田间"的教学培训模式，拓展职业农民的思维和眼界，提升职业农民的动手能力，通过职业农民后续带动，为农村致富带来巨大的经济与社会效益。

# 紧贴需求　精准培训　助力农产品质量安全监管

近年来，国家高度重视食品安全问题，农产品质量安全监管体系也逐步完善。然而，基层农产品检测人员严重不足，制约了农产品质量安全监管工作的有效开展。2016年，我校与陕西省农业农村厅开展校政合作，建立了陕西省农产品质量安全检测培训基地，按照全省农产品质量安全监管工作的需求和安排，不断创新方法机制，完善资源和条件，充分履行常态化的培训职能，有力地促进了陕西省农产品质量安全监管工作的有效开展。

## 一、经验做法

### （一）对接行业需求，优化培训内容

一是根据陕西省农产品质量安全检测工作的实际需要，针对不同培训对象，优化培训内容，实现精准培训。基地设立之初，为了有效推进县级农检中心的实验室建设和业务工作开展，培训以县级农检人员的定量检测培训为主。随着全省农产品质量安全监管体系的进一步完善，培训的人员范围涵盖市、县、乡镇级农检人员，培训内容也从单一的定量检测转变为定量和定性检测同步进行，全面提升农检系统人员的技术水平，推动县级农检中心的资质认定和计量认证工作，同时满足基层农检部门对农产品安全监测数据及时报告、及时反馈的实际需求。

二是紧跟行业发展，关注前沿技术，及时将新技术、新设备、新方法纳入培训内容，满足职业需求。定量检测培训中，除了气相色谱、液相色谱、原子吸收3种常用的分析仪器以外，增加了近年来发展迅速的气-质联用仪和液-质联用仪的培训。定性检测培训中，由农残速测仪拓展到胶体金免疫层析技术、酶联免疫技术以及酶标仪的使用等。培训内容的不断更新满足了检测岗位发展需求，进一步提升了培训实效。

### （二）针对学员实际，创新培训方式

针对学员专业背景复杂、基础参差不齐的情况，确定了"分类学习、理实一体、

专家答疑、精准指导"的培训方式。按照学员工作实际需求，分为定量检测培训和定性检测培训两大类，定量检测培训又按照仪器不同分为气相、液相、原吸和质谱4个小组分类学习。培训过程采用理实一体化的形式，通过真实样品检测让学员练习全过程。聘请行业专家现场答疑，解决学员工作中的实际问题。除了基地集中培训以外，培训团队教师还经常深入各地方检测站开展现场培训和指导工作，按照当地产业情况进行精准指导。科学合理的培训方式有效提升了培训质量和效果。

（三）优化培训团队，编写特色教材

基地组建了由8名校内专业骨干教师和5名校外行业专家组成的培训教师团队，校内、校外专家优势互补，使培训工作获得良好的师资保障。培训教师团队在充分调研的基础上，依据各级农产品检测中心检验员岗位职业能力和素质要求，融合相关标准，编写了农产品质量安全检测系列培训教材（5本）。该系列教材在内容的选取上与农产品检测行业需求相一致，在检测方法上采用现行有效的国家标准和行业标准，具有实用性、先进性、系统性和规范性的特点，为培训工作提供了强有力的支撑。

## 二、主要成效

近年来，基地累计培训学员1200多人次，覆盖全省10个地级市和70多个县（区），全省农检系统的检测技术能力大幅度提升，多个县（区）级农检站取得了农产品检测实验室相关资质。乡镇级农检站普遍开展农产品快速检测工作。学员中还涌现出了徐盼、李艳丽等技术能手，在全国农产品检测竞赛中获奖。培训工作为陕西省农产品质量安全监管工作提供了强大的技术支持，为陕西省农产品质量安全监管做出了突出贡献。基于我校作为陕西省农产品质量安全检测培训基地所取得的突出成效，我校被农业农村部设立为全国农产品质量安全与营养健康科普基地。

# 首席引领 专家支撑 "小蜜蜂"带动"大产业"

养蜂是一项保护自然资源、提高农业生产综合效益的绿色产业。但陕西省蜂产业的发展还存在养殖规模小、蜂种退化、蜂病时有发生等问题，严重影响蜂产业发展。杨凌职业技术学院充分发挥陕西省蜂产业技术体系首席和专家的优势，成立了蜂产业研究院，围绕"参谋、推广、破题、组装"的整体思路，以蜂产业发展调研为基础、试验示范为重点、科技创新为引领和12项成熟技术推广为核心的整体规划开展工作，有力推进了"小蜜蜂、大产业"的示范带动作用。

## 一、经验做法

### （一）开展技术培训，推广配套技术

在全国新冠疫情反复，又是脱贫攻坚的决胜之年的关键时期，学院产业技术体系专家创新培训方式，组织多名专家入驻《农业科技报》主办的"战疫情促生产百名专家在行动"强农APP，通过网络、微信开展在线培训、在线指导、在线答疑，指导蜂农及时进行蜂群管理。此外，积极在全省推广12项蜂产业配套技术（图1）。

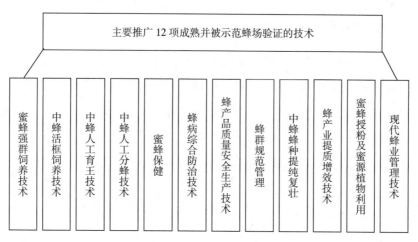

图1　12项蜂产业配套技术

## （二）加强蜂业科研，破解发展瓶颈

针对蜜蜂良种体系萎缩等制约养蜂产业发展的问题，学院联合体系专家依托陕北实验基地，引进国内优良蜜蜂杂交素材进行新的杂交组合试验推广。针对中蜂囊状幼虫病的发生、流行情况，体系设计出快速检测的引物 25 对，目前正在进一步验证检测效果。研发的新型基因药物及应用技术能够有效控制中华蜜蜂囊状幼虫病，有望极大缩短病毒病的鉴定和检测时间，对防控危险性病毒病具有重要意义。

## （三）创新示范模式，辐射带动周边

学院分别在陕南、陕北和关中确定了 6 家合作社作为示范基地。陇县丰田蜂业专业合作社建成蜂蜜精过滤，蜂巢蜜、蜂王浆及花粉加工生产线 4 条，年加工各类蜂产品 1000 吨。通过基地承载、示范带动、统一收购、统一加工、统一品牌、统一销售等多种形式并用，形成了产业合力，保证了带动脱贫效果。

## （四）积极建言献策，提供决策参考

学院专家 2021 年向陕西省政协提交的将"蜜蜂授粉作为我省农业增产的重要手段"的建议被列为陕西省政协十二届四次会议第 138 号提案，并得到了有关部门的回复。受陕西省农业农村厅委托完成了《陕西省"十四五"蜂产业发展规划》。针对《陕西日报》第 1744 期刊登"中意蜂频频'打架' 农村蜜蜂养殖亟待规范"的领导批示，及时向有关部门反映体系的建议，并提出了解决措施，为部门决策提供了参考。

# 二、主要成效

通过技术推广和基地示范，西安市中蜂养殖户达 5000 余户，产蜜量 1000 吨以上，年可实现蜂业增加值 8000 万元以上。延安市蜜蜂饲养量达到 15 万余箱，蜂蜜产量 5000 吨，已形成黄龙、宝塔、黄陵、富县 4 个万箱以上规模养殖县区。全省从事中蜂养殖户达 3 万余户，山区县中蜂养殖实现全覆盖，蜂群养殖总量 80 余万群，年产蜂蜜 8000 吨。中蜂扶贫产业直接带动增收 5 亿元以上，户均增收 1.5 万元。

# 深耕山茱萸种业创新　激活秦巴山区"芯"动能

山茱萸为我国传统药食同源植物，具有补益肝肾、涩精固脱的良好效果。秦巴山区是山茱萸的重要种植基地，面积和产量占全国 1/3 以上。尽管规模较大，但山茱萸产业存在种质资源系统研究不足、栽培技术落后、食品开发技术和产品缺乏的突出问题。2019 年，杨凌职业技术学院成立了山茱萸产业研发中心，针对以上突出问题，在广泛开展山茱萸种质资源调查的基础上，结合山茱萸产区的生产条件，构建了山茱萸绿色栽培体系，研制了深加工工艺，开发、生产了新食品产品，培育出了"秦玉""秦丰" 2 个新品种，有效促进了山茱萸产业在"真实、优质、稳定、可控"的轨道上健康发展，为山茱萸种植业和加工业的繁荣奠定了坚实基础。

## 一、经验做法

### （一）开展调研，强"芯"建库，广泛收集山茱萸种质资源

研发中心积极开展种质资源调研、收集和综合评价工作，建立山茱萸种质资源库 1 公顷，收集山茱萸类型 11 个、品种 15 个、优树 36 株和古树 28 株等优质资源，保存种质资源 900 份，培育出"秦玉""秦丰" 2 个新品种，建立了配套的管护措施和基础条件。

### （二）技术升级，保"芯"增产，创新绿色高效栽培管理体系

基于生产实践和经验总结，研发中心在山茱萸产区开展了山茱萸绿色生产关键技术研究，主要围绕"秦玉""秦丰" 2 个新品种，建立以"园地选择、良种建园、土肥水管理、整形修剪、病虫害防控"为核心内容的山茱萸绿色栽培技术体系（图1）。

### （三）研发工艺，革"芯"增效，创新山茱萸精深加工技术

为了服务秦巴山区经济发展，研发中心探索延长山茱萸产业链，创新山茱萸果酒加工技术，研发形成山茱萸果酒产品。此外，还对山茱萸进行综合利用，建立山茱萸

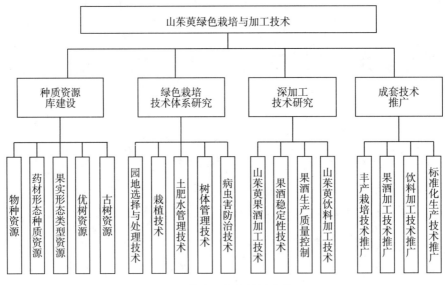

图 1　山茱萸绿色栽培技术体系

果酒生产线 1 条,初步实现了山茱萸加工产业化。目前已授权发明专利 1 件、实用新型专利 2 件,发表论文 10 篇。

(四)技术服务,"芯"火燎原,推广山茱萸新品种配套技术

研发中心采用建立示范基地、召开培训会、技术帮扶等方式,长年向秦巴山区辐射推广山茱萸新品种配套示范技术,带动农户脱贫致富。

## 二、主要成效

自 2019 年以来,研发中心连续 3 年获得陕西省"互联网+"大赛银奖荣誉。2021年,研发中心技术成果被农业农村部农产品质量安全中心认定为"科研技术创新重要亮点成果",成果先后被陕西杨凌长生生态农林科技有限公司等多家单位应用,技术指标和经济指标成效显著。截至目前,丰产山茱萸新品种配套技术累计示范推广 3.3 万亩,创造经济效益达 5000 万元。

# 三大技术助力土壤改良　新型产品赋能绿色发展

土壤的健康问题已经成为制约我国农业可持续发展的重要因素。近年来，我校土壤改良与修复团队围绕土壤退化问题进行技术攻关，探索形成了"生物炭技术＋有机质技术＋微生物技术"的三大土壤改良技术体系，研发出了核桃枝生物炭基肥土壤修复剂新型绿色产品，并在企业、农村进行推广应用，极大提高了土壤质量，助力农业的绿色发展，产生了较大的社会效益。

## 一、经验做法

### （一）构建三大核心技术体系，助力土壤改良修复

三大技术均契合了"高效、低碳、循环、可持续"等现代农业发展理念，在治理土壤污染、保护农业环境、维持生态平衡、促进农业与环境良性循环和可持续发展等诸多方面，具有重要的作用。

（1）生物炭技术，改善土壤理化性状。团队利用农林废弃物、城市中的固体垃圾等烧制成生物炭施入土壤，一方面可以保持土壤水分，疏松土壤结构，让原本生硬的土质变得松软；另一方面可以调节土壤酸碱度，满足作物生长的需要。

（2）有机质技术，改善土壤养分性状。有机质是土壤肥力的基础，团队成员积极探索"绿肥＋有机肥＋微肥"有机质技术，给土壤提供大量的有机营养成分和微量元素，起到补给和更新土壤有机质以及改善土壤养分库容量与特性的作用。

（3）微生物技术，调节土壤微生物结构。团队利用食用菌产后废料、农作物秸秆、羊粪加 EM 菌液进行混合发酵制备"EM 菌生物有机肥"（有效活性菌数≥2.0 亿/克），不但可以活化土壤中的各种中微量元素，还能分泌多种抗菌物质，抑制病原菌繁殖，减少土传病害的发生。

### （二）研发新型绿色生态肥料，赋能农业绿色发展

基于三大技术研发出了核桃枝生物炭基肥土壤修复剂新型肥料，以核桃枝为原料

制备成生物炭，通过 $Fe_3O_4$ 的改性制备得到 $Fe_3O_4$@生物炭的改性生物炭，再将微生物群落附着在改性生物炭上，用于改良修复土壤。核桃枝生物炭基肥土壤修复剂具有改良土壤理化性状、提升土壤肥料水平、调节土壤微生物群落结构的功能，是一种利国利民利生态的新型绿色生态肥料。

## 二、主要成效

团队基于"生物炭技术+有机质技术+微生物技术"的土壤改良技术体系，获批国家发明专利2项、实用新型专利2项、生产新型绿色生态肥料2种。团队依托国家级杨凌示范区的区位与平台优势，加快科研成果转化推广，取得了显著成效，为杨凌示范区、太白县、武功县等地区改良土壤累计面积达500余亩，乡村产业增收达700余万元；为杨凌瑜瑛家庭农场、杨凌威士妮亚农业科技有限公司等10余家企业累计开展技能培训30余次，惠及从业人员600余人次。项目推广成果得到政府、企业的认可，荣获陕西高等学科科学技术奖三等奖。

# 教授进村　技术上门　百团下乡支农"问诊"

乡村振兴关键在人、关键在干。杨凌职业技术学院作为有着89年办学历史的涉农高职院校，始终坚持以立德树人为根本，以强农兴农为己任，充分发挥自身农科教、产学研技术与智力资源优势，助推"三农"发展。乡村振兴战略实施以来，学院围绕破解乡村振兴战略推进中缺人才、缺技术、缺思路等瓶颈问题，结合省情、农情、校情和地方产业发展需要，勇担时代使命，立足发展实际，创新开展了"百名教授进百村"乡村振兴暑期大调研活动，围绕踏实备课、扎实调研、务实解难、充实提升、切实互动"五个实"，以高度的责任心和使命感，开展联系一个村、举办一场专题培训、提供一项技术、帮扶一个产业、撰写一份调研报告的"五个一"工作，落实加强组织领导、统筹协调、监管指导、成果凝练、宣传引导"五个加强"要求的特色做法。326名专家教授投身基层，深入田间地头，当乡村基层群众的"联络员""培训员""农技员""服务员""参谋员"，以智力和技术服务输出助力乡村振兴发展，取得了良好的效果。"教授进村　技术上门　百团下乡支农问诊"的经验做法被陕西省教育厅在全省发文推广，中国教育新闻网、《农业科技报》等多家主流媒体相继进行了宣传报道。

## 一、经验做法

### （一）联系165个村，摸清村情、民情，当好"联络员"

调研团队的足迹遍及陕西省11个市（区），团队成员深入高码头村、红河谷村、十里沙村、普乐塬村、王上村、府池村、华山村等165个村，通过走访座谈，主要与村委会干部、村镇合作社工作人员、涉农企业负责人、村民代表、种植大户、致富带头人、驻村干部、经营户和县镇农业局工作人员等进行交流，了解当地的产业发展、人居环境整治、基础设施建设、乡风文明等方面的基本情况，摸清村情、民情，了解村民真实需要和实际困难，与村民面对面互动交流，给予"结对帮扶"；以学校新型职业农民培训班和村干部学历教育班成员为联络员，访民情、问民意、解难题。

## （二）举办176场培训、548场宣讲，普及科学知识，当好"培训员"

调研团队结合当地实际，编制乡村振兴政策宣传册，设计问卷调查、访谈提纲、技术手册，制作课件视频等，踏实备课，进行党史宣讲、政策解读、产业发展介绍、技术指导、科学理论普及、文明乡风建设、村务管理等专题培训，开展实用技术培训176场，给农民答疑解惑，普及科学知识，边培训、边指导，当好群众的"培训员"。举行各类政策宣讲548场，将编制好的乡村振兴政策宣传册2160份、党史学习教育讲解方案1080套、线上和线下23套调查问卷、访谈提纲、技术手册和课件视频送到农民手中，共计发放资料2.3万余份，受众4.19万人次，开展帮扶访问5万人次。在村组群众聚集区域张贴致富实用技术年历和幸福农家百宝书，让先进实用的技术和知识惠及更多村民。根据涉农企业及合作社需求，与多个县镇就职业农民培训达成长期合作意向，共同开发课程，携手"联合培训"。

## （三）提供167项技术指导，解决疑难杂症，当好"农技员"

调研团队深入田间地头，走进畜禽圈舍，通过实地调研，发挥专业优势，积极给群众提供所需的农业实用技术、培训、信息、人才等服务，手把手给群众传授技术，解决农水灌溉、农作物生长、牲畜和家禽的饲养、兽医培训、（果蔬、林木、中药材等）病虫害防治、培育和种植、园艺、生态保护、农产品和食品加工、农技推广、农机作业和维修、集体经济、农家乐、民宿、文游发展、村支部党建、乡贤培养等"疑难杂症"和技术难题，"对症下药"，当好群众的"农技员"。

## （四）帮扶100个县产业，"摸脉问诊开方"，当好"服务员"

学院依托现在开设的农、林、水、建、理、工、管、经8大类73个高职专业，由108名专家教授带头组队，根据蓝田县、旬邑县、麟游县、洛川县、略阳县、镇巴县、定边县、旬阳县等100个县的当地农村产业发展情况，瞄准产业、产品、销售、品牌、产业链等环节，针对缺技术、缺思路、缺资金、缺项目等实际困难和瓶颈问题，通过"广走访、细研讨、深交流"，虚心学习、挖掘案例、摸准症结、摸透问题，找准着力点和切入点"对症开方"，帮扶水利大类、农业类、林业类、畜牧业类、生物技术类、食品工业类、药物制造类、电子商务类、旅游类、餐饮类等相关产业，积极发挥职业院校科技和人才服务乡村振兴战略实施的优势。

（五）撰写108份调研报告，问需建言献策，当好"参谋员"

108支调研团队及时召开调研总结交流会，结合村委会、镇政府、合作社及涉农企业的发展实际和存在的问题，提出建议，最终形成108份切实合理、翔实具体、操作性强的调研报告，真正把调研变成了解民情、发现问题、解决问题、促进发展和提升自我的过程，为基层发展出谋划策、献计出力。

## 二、主要成效

（一）形成乡村振兴资政调研报告汇编，搭建服务乡村振兴数据库和长期观察点

学院积极组织专家对形成的108份调研报告进行打磨、评选，精选"深入渭北生产一线　破解乡村振兴难题""发挥水利专业人才优势　提升农业灌溉技术水平""打造优势秦药品种　助力洛南乡村振兴""走进沙苑腹地　助力乡村振兴""铸魂乡风文明　助力乡村振兴　谱写为农情怀""挖掘乡村多元价值　打造文化吸引硬核""党建引领　内外联动　精准把脉促振兴"等51例调研报告及22个优秀调研团队，在"百名教授进百村"乡村振兴大调研总结表彰暨陕西职业教育乡村振兴研究院成立大会上进行表彰、颁奖。精选的乡村振兴资政调研报告按五大振兴分类排列、汇编成册，将为地方产业发展、生态文明、美丽乡村提供智力支持。同时，搭建服务乡村振兴数据库和长期观察点，为地方政府乡村治理机制创新和农村发展搭建平台。

（二）技术指导赋能农民，解决影响产业发展的瓶颈难题

调研团队针对100个县165个村产业发展中缺技术、缺思路等实际困难和瓶颈问题，找准着力点和切入点"对症下药"，手把手提供167项技术指导，不断为农民赋能，培养农民的乡村振兴能力，解决了影响产业发展的瓶颈难题。例如，马乃祥教授团队深入麟游县的3个乡村，解决了农村养猪产业发展的品种管理不当、饲料体系不配套的难题，提高了农民养猪的生产效益；食用菌专家胡煜在汉中略阳五龙洞镇九股树村现场进行技术培训和指导，针对袋料香菇（夏菇）不出菇的问题，指导村民采用昼夜温差、摩擦碰撞和光照调节3种刺激法，顺利解决了九股树村村集体经济合作社30个香菇大棚夏菇出菇难题。

## （三）社会反响热烈，媒体宣传报道助力振兴

调研团队里的专家教授走下讲台，深入农村，撸起袖子、扑下身子、放下架子，把学校"小课堂"和社会"大课堂"有效结合起来，实现了双赢，得到了地方政府部门和农民群众的广泛欢迎和充分肯定，调研活动先后被中国教育新闻网、《农业科技报》《三秦都市报》、西部网、头条、群众新闻网、腾讯网等国内20多家知名媒体跟进报道，提升了职业教育助力乡村振兴调研活动的社会影响力和知晓度。

# 渭北旱塬农业技术集成推广模式

杨凌职业技术学院在长期的办学历史进程中，始终坚持走"农科教结合、产学研互动"之路，成效显著。尤其是"双高"院校建设以来，学院聚焦渭北旱塬农业产业发展现状，以服务干旱半干旱地区农业高质量发展为己任，为组建果业等专业服务团队提供技术支撑，促进科技成果及时转化为生产力，有力促进了学校科技创新和地方经济社会发展。

## 一、经验做法

### （一）基地建设搭平台，服务农业产业转型升级

学院紧密结合陕西西北部干旱半干旱地区农业产业发展，在陕西、宁夏等地建立了 24 个集现代产业示范、教育培训示范、文化建设示范、队伍建设示范、合作机制示范、模式品牌示范为一体的"六结合"产学研示范基地，推广新品种、示范新技术，服务农业产业转型升级，辐射带动区域农业经济发展。学院建成了省级动物疫病检测高校工程研究中心等 6 个综合实验室，成立了蜂产业、北方草莓等 5 个特色产业研发中心，为渭北旱塬农牧林水产业发展提供了技术支撑。

### （二）农技推广为抓手，提升基层农业科技水平

学院 37 名专家教授和骨干教师被陕西省科学技术厅选聘为科技特派员，成为助力地方农业产业、巩固拓展脱贫攻坚成果、推进乡村振兴的科技力量。12 名教师被陕西省农业农村厅确定为陕西省农业产业体系岗位专家，在各自领域积极进行共性技术和关键技术研究、集成、试验与示范，为农业产业发展提供全方位的技术支撑和服务保障，充分发挥示范引领和带动作用。100 余名科技人员常年深入田间地头开展科技服务，解答农民在生产实践中遇到的技术难题。连续 18 年举办"科普大集"活动，为当地农民现场解答种植、养殖专业知识。建立了陕西省首个全国农产品质量安全科普示范基地，为我省农产品质量安全科学研究、科普宣传、生产消费检测评估体检、展

览展示等作出了积极贡献。

### （三）团队建设作支撑，强化科学技术服务推广

学院根据彬州市当地实际产业需求，组建科技服务团队到当地开展技术培训，现场指导农业生产。科技工作者常年活跃在基层农业企业一线，精准对接农村产业发展需求，开展技术推广工作，促进科技成果转化。先后在小麦育种、作物生产、果蔬业、畜禽养殖、安全高效节水用水等15个专业领域推进应用性技术成果集成、示范与推广，推广示范农业高新技术、新品种，为干旱半旱地区农业产业转型升级做出了贡献。

## 二、主要成效

学院经过长期实践，探索形成了"技术服务型、基地示范型、企业带动型、科技包村型、专家大院型"5种农业高职院校产学研示范推广模式，成为全国同类院校的典范。2020年学院科技成果转化工作获批陕西省高校科技成果转化绩效"优秀"等级。彬州市产学研基地被农业农村部授予"农业科技创新与集成示范基地"，被陕西省科学技术厅授予"陕西省县域科技创新试验示范站"。

学院针对渭北主导产业技术体系不完善、农技推广模式障碍等问题，在旬邑县设立了"渭北生态农业建设示范与应用"产学研基地，开展了系列技术研究及推广应用，创建了"4321金桥模式"（4：建设四支队伍；3：搭建三个平台；2：寻找两个途径；1：抓好主导产业），搭建了快速推广技术、信息传播、人才培养等"桥梁"，培训职业农民8640余人、新型经营主体带头人150余人，培养"土专家"236名。外县来学习的人数达到1600余人，为乡村振兴提供了人才支持，该模式荣获陕西省农业科技推广二等奖。

# 聚焦羊肚菌种植技术　为农户撑起"致富伞"

羊肚菌具有很高的营养价值,被誉为"菌中之王",具有周期短、效益高、见效快等特点,是实现助农增收的好产业。但是,羊肚菌主要集中在我国湖北、云南等南方地区,如何在北方实现高产优质生产是限制羊肚菌发展的一大难题。作为具有 87 年办学历史的涉农高校,我校坚持把科研作为教学的"发动机"和"生产力",积极构建教学与科研的互助平台,鼓励和支持教师开展科研工作。近年来,我校秦岭食用菌产业研发中心团队在羊肚菌种植技术方面取得了进展。研发中心经过引进、试种、改良,在陕西已经实现了规模化人工种植,衍生出一个颇具优势的特色新兴产业。

## 一、经验做法

### (一)产教融合搭平台,有效带动村民就业增收

2001 年,以我校教师胡煜为主要成员的食用菌产业研发中心团队将科研与教学有机结合,在我校农林综合实训基地从事赤松茸、黑皮鸡枞、平菇等食用菌菌种及产品生产工作,承担相关专业学生的实训。2016 年,该团队瞄准市场需求,开始试种羊肚菌,经过 5 年探索初见成效,羊肚菌种植技术越发成熟。

**1. 建立秦岭食用菌产业研发中心,引领行业发展**

为进一步支持羊肚菌产业发展,我校于 2021 年 10 月成立了秦岭食用菌产业研发中心,并划拨专项经费。秦岭食用菌产业研发中心团队主要由我校生物工程分院专家教师和企业技术骨干组成,包括研发中心主任胡煜、教授王锋、博士杜璨等 7 名核心成员,博士或高级职称以上教师 6 名。研发中心主要对羊肚菌种植关键技术进行科技攻关,加强新品种引进与推广。研发中心定期召开农民培训会,通过课堂讲授、现场观摩会、发放学习资料等方式向当地贫困户传授食用菌种植技术,通过产业帮扶,进一步发挥引领、示范、带动辐射作用。

**2. 建立产学研用示范基地,校企合作育人才**

为了培养服务产业发展的高素质人才,研发中心积极对接食用菌龙头企业,建立

产学研用示范基地，结合我校农业生物技术专业教学、实践、就业创业，培养适合行业需求创新型高素质技术技能型人才。至今，该团队先后引进羊肚菌新品种5个，并且依托杨凌君宝家庭农场，建成了1000平方米的现代工厂化车间、12栋双膜双拱棚、6栋日光温室，开展技术培训、技术咨询40余次，培养优秀毕业生100余人。

### （二）科教融汇破难题，建立羊肚菌高效栽培管理体系

羊肚菌对生长环境要求相对较高，如果栽培环境管控不当，如出菇期间土壤的高温和阳光直射，就会导致原生质体的形成、子实体的变形、幼菇死亡以及童菇顶灼伤畸形等现象，直接影响羊肚菌产量。为此，胡煜老师带领研发中心骨干成员攻坚克难，从菌种筛选、标准化种植、菌渣开发等方面，探索建立羊肚菌高效栽培管理体系，助力我省羊肚菌产业高质量发展。

**1. 筛选适合我省栽培的羊肚菌品种**

羊肚菌的品种非常多，包括黑色羊肚菌类群、黄色羊肚菌类群和红羊肚菌类群，目前市场上流通的人工种植羊肚菌品种主要是黑色羊肚菌类群。不同羊肚菌品种对光照、温度、湿度等环境要求差异较大，因而研发中心以优质、高产为菌种选育研究方向，收集优质菌株资源，通过菌种比较试验，筛选出适应西北地区食用菌产业发展的优质高产菌种，进行品种申报、审定。

**2. 制定食用菌标准化种植管理标准**

羊肚菌栽培存在技术环节复杂、对环境敏感等问题，为了破解种植难度高的问题，研发中心通过对设施温室内的温度、湿度、光照、氧气浓度等条件进行比较试验，研究并形成一套羊肚菌标准化种植管理模式。在此基础上，制定形成了食用菌菌种生产、栽培管理等地方标准。通过推行标准化生产技术，有力确保了羊肚菌的产量与品质，促进了我省羊肚菌产业的迅速发展，取得了良好的社会和经济效益。

**3. 探索利用食用菌菌渣生产有机生态型无土栽培基质技术**

食用菌菌渣是食用菌栽培过程中收获产品后剩下的培养基废料。随着食用菌产业的发展，每年有大量的食用菌菌渣产生。未经处理的菌渣被乱堆乱放，已造成新的环境污染，同时给规模化产区带来了严重的生产隐患。研发中心以羊肚菌、木耳、平菇等食用菌菌渣为对象，结合其他有机辅料，进行腐熟工艺及条件的研究，使食用菌基质经菌丝降解后，纤维素、木质素含量大幅下降，有机质、菌体蛋白、多糖等活性物质含量丰富，并筛选出适于蔬菜等栽培的有机生态型无土栽培基质，从而延长生产链

条,是实现循环农业的关键途径,为土壤资源保护和菌渣合理利用提供技术支持。

## 二、主要成效

我校秦岭食用菌产业研发中心团队着力技术创新与成果转化,以技术服务引领农业特色产业发展,产生了良好的经济与社会效益。研发中心长期以来致力于羊肚菌、大球盖菇、黑皮鸡枞、平菇等珍稀食用菌菌种及产品研发工作。近年来,研发中心先后引进羊肚菌新品种 10 余个,为省内地区 20 余家企业开展技术培训、技术咨询 40 余次,惠及从业人员 800 余人次。在旬邑县、太白县建立多个种植基地,向周边群众免费提供种植管理技术,指导当地农户种植羊肚菌 60 多棚。研发中心积极在有效带动村民就业增收的同时,不断为羊肚菌产业发展提供有力的科研力量。

# 基于渭北生态农业建设的农技推广"金桥模式"

为了响应党中央的号召，认真贯彻落实习近平总书记关于"三农"问题的系列重要讲话精神，2017年开始，杨凌职业技术学院与咸阳彬州市、旬邑等5个县（区）开展了校企校政合作，围绕种植业、养殖业、旅游等主导产业开展了一系列职业农民培训、技术指导、生态农业建设、精准扶贫等工作。同年，陕西省委统战部、陕西省委教育工委组织开展了"高校党外人士同心·追赶超越，精准扶贫助力区域经济发展"活动，学院作为唯一一所高职院校参与该项活动，党政领导高度重视，在人力、物力、财力等方面为活动组织实施提供了全方位保障。

## 一、经验做法

2019年，学院在旬邑县设立了"渭北生态农业建设示范与应用"产学研示范基地，针对渭北主导产业技术体系不完善、农技推广模式障碍等问题，集成开展系列技术研究及推广应用，在乡村人才培养、产业结构优化等方面取得了一些值得推广的经验。

### （一）构建新型职业农民培育"金桥模式"，助力乡村人才振兴

依托杨凌职业技术学院、旬邑职业农民培育学院和"渭北生态农业建设示范与应用"产学研示范基地，团队创建了适宜于渭北旱塬的农业科技推广的"4321金桥模式"，即建设四支队伍，搭建三个平台，寻找两个途径，抓好主导产业（图1）。这一模式的推广，在区域经济发展以及乡村振兴中发挥了巨大的作用。

### （二）创新实施"1+4+8"模式，优化农业产业结构

在旬邑县乡村振兴局的支持下，团队创新实施"1+4+8"模式，即一个龙头企业（旬邑县百富农业科技有限公司）牵头，四项机制保障，八家农业企业参与，组建了陕西百富产业联盟，因地制宜、跨村联动、六权入股、推动"三变"。通过"1+4+8"模式的运行，在旬邑县乡村振兴局监测体系和考评体系的保障下，陕西绿苹果业公司、

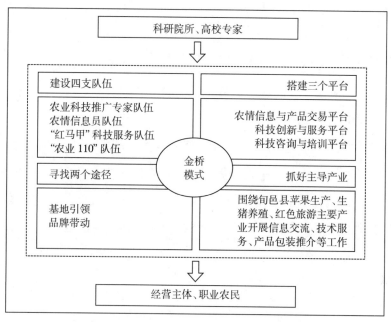

图 1　基于渭北生态农业建设的农技推广"4321 金桥模式"

陕西驴先生肉驴养殖有限公司、旬邑百富农业科技有限公司、旬邑禄莱农业科技有限公司、旬邑艾草洼家庭农场有效防止了贫困户脱贫后返贫。

## 二、主要成效

基于渭北生态农业建设农技推广的"4321 金桥模式"通过多年的实践应用，取得了显著成效。

### （一）为乡村振兴提供了人才保障

依托新型职业农民培育学院，先后选派了 100 多名专家，联合旬邑县农业农村局、职业农民教育培训中心的 50 多名科技推广人员组成专家团队，根据旬邑县支柱产业的发展、生产经营实际情况设立培训、教育课程，真正做到培训为产业服务。在培训前先行调研，根据培训对象、内容等，按照"三分培训"，即分层次、分内容、分季节，有针对性地开展工作。一是组织合作社负责人、产业带头人等精英农民，开展新的经营理念、创业创新的方向、抵御经营风险的能力等方面的高层次培训。二是把需要技术及其他方面培训的农民，按照所需知识、技术的不同，分班分内容培训。三是结合每个季节的关键技术及经营管理开展培训。通过培训，农民群众在社会认知、综合素质等方面都有新的突破。模式推广先后接待外县来学习的人数达到 1600 多人次，为乡村振兴提供了人才支持。

（二）集成式技术推广服务促进产业提质增效

一是果园土壤改良，开展有机肥替代化肥试验工作，完成了"果-沼-畜"技术模式13万亩；"有机肥＋水肥"一体化技术模式50亩，共推广应用水溶肥12吨；"水肥一体化基础设施建设"50亩、"自然生草＋绿肥"技术模式30亩，明显改善了土壤的理化性能、培肥地力，是迟效速效兼备的无公害肥料。二是苹果绿色防控，开展"八示范"，减少农药用量、果品残留，提高了苹果品质。三是猪粪无害化处理及资源化利用，通过生态堆沤还田、压榨有机肥、沼气沼液综合利用等措施，生产有机肥，改善果园土壤条件，提质增效。

（三）"三效协同"成效显著

"金桥模式"在旬邑县应用推广以来，产生了经济、社会、生态"三效协同"的良好效应。经济效益方面，促进旬邑县总计新增净产值1372.82万元，纯技术效益的推广投入得益率为22.8%，年农民得益率为13.07%。社会效益方面，模式应用推广带动贫困户增收，每年带动从业人员（包括贫困户）收入累计达108.4万元；职业农民证书获得人数每年平均增加63人，促进乡村振兴事业蓬勃发展。生态效益方面，集成式推广应用的苹果园土壤有机质含量提升0.2%～0.3%，试验区苹果获得有机认证，农村人居环境大幅度改善。

# 夯基垒台聚力科技创新 提升服务农业产业效能

杨凌职业技术学院作为国家首批示范院校、国家优质校、国家"双高校",在长期的办学历史实践中,始终坚持"农科教、产学研"紧密结合道路,依托陕西秦创原农业板块创新驱动平台,搭建科技创新平台和高新技术示范推广基地,打造科技创新服务团队,创新服务模式,不断提升学校科技创新能力,激发科技服务效能塑品牌,提升"杨职科创"含金量,让更多科技成果惠及农业农村农民。

## 一、经验做法

### (一)搭平台,奠定科技创新基础

以服务教师开展科学研究和实用技术研发推广为核心,成立"1院6中心"。一是以品种研发为核心,传承我校赵瑜老师60年的小麦育种传统,成立赵瑜旱区作物(小麦)育种工程中心(工程中心下设"武农"系列和"杨职"系列两所小麦研究所),致力于旱区小麦育种研究。二是成立蜂产业研究院、北方草莓产业研发中心、秦岭食用菌产业研发中心、山茱萸产业研发中心、无花果产业研发中心、火龙果产业研发中心,形成集教育研究、科技创新、技术推广、成果转化等功能于一体的"1院6中心"的科技创新体系,聚焦科技创新、协同产学研用,加大科技成果转化,着力打造学校技术创新和社会服务的"高原"和"高峰",引领产业发展,服务国家战略。

### (二)建基地,强化技术服务推广

坚持将论文写在大地上,从生产一线发现问题、寻找项目、激发创新。学校先后与陕西、甘肃、宁夏等省区的县域合作,建立24个集成技术创新、标准化生产、生态农业示范、科技信息服务、农产品销售等功能的农业高新技术示范基地,先后在小麦育种、作物生产、果蔬业、畜禽养殖、安全高效节水用水等15个专业领域推进应用性技术成果集成、示范与推广,推广示范农业高新技术、新品种,辐射带动陕西、甘肃、宁夏、西藏等省区40个县区农业经济发展,为干旱半旱地区农业产业转型升级做出贡献。

## （三）聚合力，打造科技创新团队

集聚校内外各种专家教授资源，打造科技创新团队。一是以院士为引领，建立高水平研发团队，引进院士康振生、张涌等，成立了农业生物技术创新研发团队、畜禽繁殖技术创新研发团队，30余名中青年骨干教师深度参与其中。二是以赵瑜研究员为引领，成立"武农"系列小麦研究团队、"杨职"系列小麦育种研究团队，立足干旱半干旱小麦良种选育开展研究。三是以博士为引领，成立30个"博士生＋高职生"工作室，立足杨凌农业高新技术产业示范区实施的"农产品质量安全提升计划""设施农业新技术推广计划""'两减三基本'技术推广计划"等3项产教融合计划，研制农业生产技术标准规范、农业产业标准规范，构建干旱半干旱地区现代农业生产技术、绿色农产品标准体系，助力杨凌示范区产业转型和农业技术升级。四是以教授为引领，建立10个"专家教授＋科研成果＋推广基地"工作室，以学校建立的24个产学研示范基地为依托，示范新品种，推广新成果、新技术，解决生产中遇到的新问题。

## （四）创模式，加速科技成果转化

在长期的办学实践中，学校始终坚持"农科教、产学研"紧密结合道路，形成了科技推广"杨凌模式"，加速科技成果转化。

一是选派科技人员送技入村。学校有100余名科技工作者常年活跃在基层、农业、企业一线，精准对接农村产业发展需求，开展技术推广活动，促进科技成果转化，解答农民在生产实践中遇到的技术问题。11名教师被认定为陕西省现代农业产业技术体系岗位专家（首席科学家1名），37位教师被认定为省级自然人科技特派员，学校被认定为法人科技特派员。

二是积极开展技术攻关活动，帮助解决生产技术难题。学校农业生物技术专业群团队紧密对接地方和区域产业发展需求，与企业合作研发有机基质培育旱地水稻种植技术，改变了黄土高原地区无水稻种植的历史。杨振华副教授经过3年的应用研究，形成的设施草莓"新机立智"高效栽培管理技术体系，补齐陕西省草莓生产的各项短板，极大提高了草莓品质和产量。

三是开展小麦新品种观摩，加速品种转化推广。学校多年来坚持将旱区小麦新品种推广应用与技术培训延展到田间地头。每到小麦成熟前，育种研发团队成员都要跑遍整个黄淮麦区每一个试验基点，观察各个品种小麦的生长情况；每年在多个试验示范基地举办小麦新品种观摩会，邀请全国各地的小麦育种专家、农技人员及黄淮麦区大型种业公司，参观评定小麦新品种，多途径寻求合作，加速科研成果转化推广。

## 二、主要成效

### （一）小麦育种不断取得新突破

小麦育种专家赵瑜研究员带领团队先后培育出了"武农132""武农99""武农113"等9个小麦品种，其中大穗大粒优质超高产系列新品种"武农981""武农988"于2021年6月9日通过农业农村部审定，"武农66"通过省审。学校培育小麦品种累计推广面积达8000多万亩，遍及黄淮麦区，实现农民增收50亿元。

### （二）探索形成产学研合作新模式

探索形成了"技术服务型、基地示范型、企业带动型、科技包村型、专家大院型"等5种农业高职院校产学研示范推广模式，成为全国同类高职院校的典范，获全国高职服务贡献50强。

### （三）社会影响力扩大

学校的乡村振兴工作、科技创新工作、百名教授进百村大调研被多家中省媒体宣传报道，学校被评为陕西省高校科研管理先进单位，彬州产学研基地获批省级县域试验示范站。

# 校企协同 "五联一抓" 打造乡村振兴全国样板

为全面贯彻落实国务院《关于进一步支持杨凌农业高新技术产业示范区发展若干政策的批复》（国函〔2018〕133号）和杨凌示范区第十次省部共建会议精神，打造全国科技引领乡村振兴示范样板，我校以深入推进区校融合为主线，采取"院系联村组、专家联产业、教学联基地、企业联市场、干部联群众，书记包抓典型村"的方式，实施校企协同，"五联一抓"，助推乡村振兴。该方案紧紧围绕"产业兴旺、生态宜居、乡风文明、治理有效、生活富裕"二十字方针，开展联村结对推动乡村振兴工作，突出产业发展、分类指导、典型示范的原则，重点探索以科技引领产业振兴的新模式，统筹推动生态振兴、人才振兴、文化振兴、组织振兴。"五联一抓"工作启动实施以来，我校高度重视，积极完善工作机制，全面整合优势资源，组织精干助力团队，压实包抓工作责任，创新实践探索举措，确保协同落地见效。

## 一、经验做法

### （一）高位组织实施，构建推进机制

校企协同"五联一抓"工作启动后，我校成立了由校长任组长、分管校领导和职能部门组成的领导小组，全面统筹协调，强化组织督导，加强沟通联系，扎实推进工作。领导小组先后5次召开工作推进会，进行具体研究和扎实部署，确保"五联一抓"做实做细。我校15个二级学院（部）积极对接联系，深入对口包抓村，聚焦村情民况、产业发展、村集体经济建设和基层党建等方面，针对性地开展工作，形成了"组织领导统筹、包抓学院落实和全校合力推进"的工作机制。目前15个村全部完成党支部结对共建和深入对接。

### （二）立足自身优势，有力助推振兴

我校各包抓单位立足自身专业特色，充分发挥技术与人才优势，"依实情、出实招、办实事、求实效"，开展技术服务指导和各类共建活动70余次，推动包抓村乡村

振兴工作走实走深。动工学院组建专业交叉团队，创新集成技术，系统规划权家寨金银花产业发展。经贸学院依托电商专业，在太子藏村田间开展产品直播销售和技能实操培训，延伸产业链、优化价值链。

（三）整合优质资源，集中破解难题

针对包抓村科技支撑力不强、产业发展薄弱和人才培育不足的问题，我校全面整合人才、智力、科教优势资源，组建37个科技服务团队，寻找问题突破口，指导确定主导产业及发展路径，策划发展项目，拓展产业链、升级价值链，通过专业服务、产业诊断和技术指导等一系列切实举措，精准破解难题，激发内生动力，提升发展质量。旅管学院在元树村建立研学基地，合力创建"一村一品"乡村文旅品牌。交测学院利用无人机对夹道村2700余亩土地进行航拍测绘，为科学制定发展规划奠定基础。

（四）强化党建引领，实现协同发展

通过开展主题党日活动、政策宣讲、签订党建结对协议等多种方式，探索支部共建、"党员＋民主党派人士"等党建引领乡村振兴模式。生态学院发挥省级党建标杆院系优势，与崔东沟村建立"乡村振兴党建协作共建实践基地"，开展"六个一"活动。马克思主义学院立足包抓村实际，围绕乡村振兴开展党建研究，理实一体推进工作。

## 二、主要成效

在杨凌示范区的统筹部署和多方的共同努力下，我校积极推进落实重点目标任务，深入农村，扎实工作，通过校地合作、校企协同，发挥科研与人才资源优势，加大政策指导力度，把劳动课从校园搬到田间地头，签订共建协议，助力基层组织振兴，助推产业发展提质增效，进一步打造教学科研实践基地，建立教学研修基地，探索产业与教育、文化等合作模式，开展扶农助农活动，帮助村民拓展市场，以实际行动为乡村振兴贡献智慧和力量，得到了村民们的一致好评。此外，"正禾"工程"校村协同、劳动育人"主题实践活动等的开展也取得了一些成效，并涌现了一些优秀团队，在杨凌示范区2022年度"五联一抓"工作考核中，我校生态环境工程分院等包抓工作队获得"优秀"等级。

# "五共一建"赋能乡村振兴 校政行企携手再开新局

为认真落实习近平总书记关于"在全面建设社会主义现代化国家新征程中,职业教育前途广阔、大有可为"的重要指示,全力推动地方经济发展和职业教育深度融合,打造职业教育助力乡村振兴示范样板,着力形成可复制、可推广的新时代职业教育服务乡村振兴战略新路径新模式,我校充分发挥职业教育优势,推进产教融合、共建共享,促进乡村振兴高质量发展,经与彬州市人民政府商定,采取"团队共组、机制共推、产业共扶、人才共育、品牌共造"的校政合作方式,创建全省职业教育助力乡村振兴示范样板。

## 一、经验做法

（一）团队共组,形成乡村振兴智囊团

一是集聚职教力量,学校二级学院分别对接彬州市示范村,组建10个乡村振兴工作队。工作队由学校二级学院院长及联络员各1人、乡村振兴特派1人、帮扶包抓单位负责人1人、镇（街道）主要领导及包抓领导各1人、村支部负责人等组成。工作队实行队长负责制,队长由镇（街道）主要负责人担任,副队长由学校二级学院选派1名熟悉农村工作的同志和1名镇（街道）包抓领导担任。二是组建由"教授＋企业行家＋乡土专家"组成的专家技术服务团队定期赴彬州市精准发力指导"一镇一特、一村一品"工作。

（二）机制共推,激活融合发展新动力

一是实行联席会议制,由学校科技与教育研究处牵头,各相关部门具体负责,按照"每季一调度、半年一通报、年终一考评"方式推动工作。二是实行电视专栏访谈制,由学校宣传部牵头,融媒体中心具体负责,开设乡村振兴访谈专栏,围绕"五大振兴"内容,邀请工作队每季一次轮流专访。三是实行问题化解制,校政融合过程中遇到的各类问题通过协商解决。

### （三）产业共扶，种好乡村振兴产业试验田

按照"四个万亩"（万亩吨粮田基地建设、万亩高标准苹果基地建设、万亩彬州梨基地建设、万亩中药材基地建设）和"两大示范园区"（设施农业示范园、产业融合示范园）的产业布局，一方面从土地要素、资金要素、基础设施等方面予以支持，积极帮助协调土地，协调解决必要的生产、办公设施，全力支持校方推广农业新产品、新技术，合作共建一批教学科研实训基地；另一方面学校积极实施精品战略，将科研试验成果就地转化应用到彬州市农业生产中，全面提升产品的科技含量、品质和档次，组织专家教授帮助推动农业产业发展，在时间安排上每期一般不少于 5 天。

### （四）人才共育，锻造乡村振兴主力军

一是实施农村实用人才培育工程，每年联合培育致富带头人、职业农民等乡土人才 300 名，培训各类人才 1000 人次，切实提高农民增收致富能力。二是实施现代学徒学习机制，由学校联合彬州乡村振兴学院，引企入校，集合资源，实现师资队伍共享、课程体系共建，依据行业标准培养人才，达到学生"一出校门，就进厂门"的就业直通车效果。三是实施乡村振兴青年行动，培育农村创业青年，探索培育一批"领头雁""电商精英"人才等，催生"培育一个人才、带来一个团队、兴起一个产业"的链式反应。四是探索实施学历和职业技能双提升，联合开展大中专衔接，创建彬州优质生源基地品牌，推进"学历证书＋职业技能等级证书"制度，共同培育高技能人才。

### （五）品牌共造，开辟产品销售新路径

一是加快电商三级物流体系建设和快递进村工作深度，由学校专家团队指导，将彬州市现有快递公司进行整合，建设彬州电商产业园，实现共仓、共配、共运，推动快递进村和电商服务全覆盖。二是大力推进数字乡村建设，助力农产品网络品牌、农副产品知名度、区域公共品牌稳步提升。三是打造品牌电商助农直播间，培育直播带货人才，提高网销比例，实现助农直播促增收。

## 二、主要成效

近年来，校地紧紧围绕中省咸巩固拓展脱贫攻坚成果同乡村振兴有效衔接工作整体安排部署，以"人才兴彬、技能强彬"为目标，我校在连续 39 年的校地合作基础

上，挂牌成立了杨凌职业技术学院彬州乡村振兴学院、陕西省农业科技创新试验示范站、彬州市现代果业产学研基地和10个乡村振兴示范基地。同时指导彬州市组建了乡村振兴专家人才服务团，累计开展各类技术培训和服务指导60余场次，惠及群众1.2万余名，创建了"五共一建"助力乡村振兴彬州模式。

# 内部治理类

　　高校治理直接关系到培养什么人、怎样培养人、为谁培养人的根本问题，关系到传承与创新什么样的文明等重大问题。必须紧紧围绕"立德树人"这一根本任务，尊重教育规律和人才成长规律，坚决破除一切不合时宜的思想观念和体制机制弊端，突破利益固化的藩篱，深入推进职业院校内部治理结构、管理体制和运行机制改革与完善，加快建立具有中国特色的现代大学制度，不断推进治理体系和治理能力现代化。

# 五线并行　全面建设　典型引领
# 推进信息技术与教育教学融合创新

教育信息化建设成为了新时代职业教育快速发展的重要推进手段。自 2018 年以来，学院围绕环境建设、资源服务、教学应用、教育评价、教学管理等方面，以信息化全方位赋能教育综合改革，探索形成了"五线并行、全面建设、典型引领"的工作模式，仅用 3 年时间就实现了信息化课程全覆盖，学院被教育部评为数字校园建设示范校单位和陕西省智慧校园。

## 一、经验做法

### （一）强化顶层设计

一是制定制度方案，先后出台《杨凌职业技术学院线上线下混合课程建设与应用工作实施方案》等 10 多项信息化教学有关管理制度及方案。二是搭建基础环境，建设优慕课信息化课程教学平台，建成校园网络出口带宽达 11.2G 的集有线、无线一体化全覆盖的校园网络环境，形成"时时学、处处学"的信息化教学支撑环境。三是构建"保、培、评、奖、监"工作机制，形成了专项经费保障、压茬推进培训、多元考核评价、以奖代补激励、动态灵活监督等 5 项工作机制。

### （二）创新工作模式，有序推进信息化

创新形成"五线并行、全面建设、典型引领"工作模式。五线并行：理论研究与实践应用并行、线上建设与线下教学并行、培训提升与组织实施并行、基础建设与制度完善并行、教师成长与学生成才并行；全面建设：在全院范围内，对所有教师开展系统化的信息化教学能力培训，对所有课程全面开展线上线下混合式课程建设；典型引领：按照教师的信息化素养与学习接受能力，先期安排 20 门左右的课程建设应用，并在此基础上全面启动全校课程建设，其余课程逐步跟进建设，直至全部课程建成投入使用。

## （三）实施能力提升

一是与清华大学教育技术研究院、优慕课公司进行深度合作，通过面授、座谈、在线指导等多种方式支持学院教师进行混合课程教学改革实践。二是建立由校内外专家组成、涵盖各个二级分院的混合教学校内建设与指导团队，为广大教师课程建设与应用提供从课程设计、建设、应用等方面的技术支撑，面向全体教师开展不同层次的线上线下混合教学能力培训。三是以教研室为单位，积极开展混合教学研讨活动，形成良好的混合教学课程改革氛围。

## 二、主要成效

推进各类优质教学资源的共享共用，推动"物理教室向虚实融合教室转变，固定时间教学向时时可学转变，班级授课向集中面授+在线学习转变，实操实验向虚实结合转变"的4个教学转变，提升信息化教学的适应性和有效性，提高学院师生的信息素养和应用水平，实现人人、时时、处处可学。截至2023年7月，课程平台共注册课程1538门（其中为职业农民建设了96门网络在线课程），注册教师用户1099人，学生用户111465人，累计访问量11572.7万人次；获批线上线下混合式教学模式改革项目78个。

教师参加国家级、省级信息化教学大赛（教师教学能力比赛）作品累计达到103个，国赛二等奖1个、三等奖5个；行业国赛一等奖9个、二等奖9个、三等奖12个；省赛一等奖12个、二等奖26个、三等奖29个；12人获陕西高校思政"大练兵"教学标兵、教学能手等称号。

建成拥有3个国家级专业教学资源库、7个省级专业教学资源库、7个校级专业教学资源库的国省校三级专业教学资源库学习中心；建成精品在线开放课80门，其中国家级课程6门，省级课程22门，校级课程52门；上线国家智慧教育平台课程41门。

# "讲学做评"联动 构建常态化师德水平提升体系

长期以来，学校坚持将师德建设作为教师成长和职业发展的根本基石和高水平教师队伍建设的首要任务，对标国家关于职业教育高质量发展的要求，创新开展"讲学做评"联动举措，构建常态化师德建设体系，引导教师始终牢记为党育人、为国育才的初心使命，争做"四有"好老师，涵育职业教育的"大先生"。

## 一、经验做法

### （一）"讲"好师德报告

邀请全国教书育人楷模林冬妹、西安交通大学"西迁精神"代表人物马知恩等10多名国内知名师德大家，每学期作一场高水平的师德专题报告会，宣讲师德典型事迹，解析师德丰富内涵，分享师德个人建设经验，用名师大家的榜样力量，熏陶、感召教师坚守立德树人根本使命，坚定为党育人、为国育才的理想信念，不断增强教师自觉提升师德修养的思想动力。

### （二）"学"好师德理论

将政治理论学习制度和师德学习制度相结合，制定年度师德学习计划，坚持将党支部建在教研室。以教研室（党支部）为单位，每两周开展一次以师德建设有关政策、制度、文件、先进事迹，提高师德修养的途径和方法手段等为内容的集中学习研讨活动，组织全体教师参加教育部寒假（暑假）教师研修计划，认真学习习近平总书记关于教育的重要论述等专题，持续开展年度教师师德专题培训，不断从政策水平、思想境界、文件精神中汲取高尚师德力量，促进教师思想政治水平和师德理论水平同步提升。

### （三）"做"好师德践行

出台《关于加强和改进新时代师德师风建设的意见》，明确师德建设工作目标，大力提升教师职业道德素养，将师德建设要求贯穿教师管理全过程。深化课程思政改革，严格教学管理，把教师师德修养融入第二课堂育人工作。坚持每周五下午师生同上劳动课，要求教师对学生言传身教，从日常言行中感染学生，做学生成长成才的榜样和表率。修订《教师系列职称评审条件》，明确教师职称晋升师德要求，对教师进修培训、职称晋升、项目申报、评优推优等进行师德一票否决。实行教师准入查询制度，严把教师招聘"师德关"，全方位促进教师在工作和生活中践行、检验、磨砺师德，锤炼提高师德水平。

（四）"评"好师德典型

出台《师德师风考核办法》，列出师德失范负面清单，将教师师德考核与年度工作考核同步开展，规定师德考核不合格者年度考核不能为"合格"以上等次，建立教师师德档案，规范教师师德管理。大力开展各级各类师德先进集体和先进个人评选表彰活动，树立师德先进典型，挖掘师德优秀事迹。在教学名师、优秀教师、青年杰出人才、优秀教育工作者、教学能手等各类人才评选推荐及职称评审、岗位聘任等工作中，坚持将师德作为先决条件，实行师德师风表现审查制度，规定"凡评必审、凡推必查"，擦亮代表性教师和群体的师德"光环"。把每年9月定为"尊师主题月"，召开教师座谈会，对在教育教学工作中做出突出成绩的优秀教师代表进行集中慰问，进一步增强教师职业荣誉感。组织开展新入职教师认家活动，不断增强教师责任感、使命感。

## 三、主要成效

学校实施的"讲学做评"联动师德建设举措相辅相成，相互促进。"讲学做"是师德建设由理论到实践不断深入的过程；"评"是对建设成果的巩固和发扬，为前三者的顺利实施并取得实效提供了良好的客观环境。创新之处在于：建设重心由理论学习教育转变为理论和实际相结合，侧重于通过教师日常工作中的自我反省提高其师德水平；建设主体由整体建设转变为学校整体和教师个体相结合，更加注重教师个体的自我师德修养；建设策略由师德水平的教育提升转变为师德水平的践行运用，更加突显教师良好师德修养在学生培养中的体现。学校《讲学做评构建常态化师德水平提升体系》案例获评教育部师德建设典型案例，生物工程学院等4个学院先后获评陕西省师德建设示范团队荣誉称号，刘玉凤家庭获评陕西省教育世家荣誉称号，教师累计获评陕西省教书育人楷模1人、师德标兵3人、师德先进个人1人。教师整体师德水平不断提升，有力支撑了学校高质量发展。

# "放管服"激活力　教育评价促改革
# 全面推进学校治理水平

深化"放管服"和新时代教育评价改革是落实立德树人根本任务，提升学校治理能力和水平的有力举措。近年来，杨凌职业技术学院不断深化"放管服"改革，优化学校治理结构，健全治理体系；深入推进新时代教育评价改革，以院部、教师、学生三类主体评价改革为突破口，充分发挥评价的指挥棒作用，校准社会主义办学方向，提升依法治理水平，全面推进学校治理体系和治理能力现代化，进一步增强学校高质量发展的内生动力。

## 一、经验做法

### （一）深化"放管服"改革，构建校院两级治理架构

学校以"放管服"改革为抓手，坚持"放"得适度，"管"在关键，"服"到实处，印发《"放管服"改革实施若干意见》，向二级学院下放人、财、物等审批权限35项，推动学校管理向宏观性、法治性转变，突显内设机构的服务职能，着力构建"校院两级"治理架构。一是在学校层面，进一步健全以"一章八制"为统领的制度体系，修订了《绩效工资分配办法》《教职工代表大会提案工作暂行办法》等与"放管服"改革相配套文件制度35项；优化了议事协调机构，充分发挥43个议事协调机构在学校管理决策中的作用；优化了包含6个专门委员会和14个学术分委员会的学校学术委员会体系架构，强化学术委员会的学术治校核心职能；开发了包含12类66项事务办理的网上办事大厅，增强了服务质效。二是在二级学院层面，出台了《二级学院党政联席会议议事规则》《二级学院党总支委员会议议事规则》，严格落实二级学院党政干部交叉任职，成立了二级学院分学术委员会，健全完善了二级学院自身治理体系，赋予二级学院（部）更大的办学自主权，夯实其办学主体地位。通过"放管服"改革，形成了校院两级、职责明晰、运行规范、协调发展的管理体系，实现由"校办院"向"院

办校"的转变，实实在在"放"出了活力，"管"出了效能，"服"出了满意（图1）。

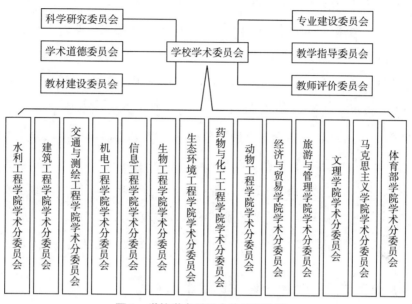

图1 学校学术委员会体系架构图

（二）改革院部评价，大力提升院部办学效能

学校不断完善《单位（部门）年度目标责任考核办法》《二级学院关键要素评定体系》《项目预算资金执行进度考核管理办法（试行）》等制度，建立健全与二级学院（部）办学主体地位相适应的评价机制。在评价内容上，推行关键要素评价，以"三教"改革实绩、人才培养质量、服务经济社会发展成效为重点，突出产教融合办学属性，综合评价二级学院（部）办学效能和发展水平。一是在评价方式上，建立了二级学院（部）质量报告制度，引入第三方评价机构，推动形成多元化评价主体，教师、学生、行业、企业多方参与评价。二是在评价结果运用上，将评价结果作为向二级学院（部）划拨绩效总量和办学经费预算的主要依据，运用于各类资源配置。通过对二级学院（部）评价机制的改革，进一步校准了二级学院（部）发展方向，充分发挥了二级学院（部）改革发展的自主能动性，极大地提升了学校整体发展动能。

## 二、主要成效

（一）改革教师评价，深度激发教师育人活力

学校坚持以破"五唯"为指导，以促进教师职业良性发展为目标，以评价内容由

荣誉业绩向能力素质转变、评价方式由简单量化向履职实效转变、评价指标由统一标准向分类分层转变为思路，着力解决教师评价中"五唯"要素引起的"强者恒强、优者更优"现象，构建更加有利于教师成长和各类教师作用发挥的评价体系。一是强化教师师德师风评价，将师德师风表现贯穿始终，出台《师德师风考核办法》，建立教师师德档案，在人才引进、职称评聘、评优评奖等工作中，严格实行师德一票否决制。二是制订教师评价系列管理制度，修订《教师分类管理办法》《教师职称评审办法》《岗位聘期考核办法》《教师教科研工作量化考核办法》《新任教师基本教学能力培养与测试办法》《"双师"素质教师认定实施办法》《专项奖励办法》《科技成果管理办法》等一系列制度，按岗位、类别进行分类评价，综合评价教师履职能力。通过改革，进一步提高了教师评价的科学性，推动形成了各级各类教师人尽其才、快速成长的良好局面，全面夯实教师发展之基，切实保障教师权益，激发教师立足岗位做贡献的积极性。

### （二）改革学生评价，全面促进学生成长成才

学校坚持以"为谁培养人、培养什么样的人"为出发点，着力构建体现德技并修的学生综合评价体系。一是在评价内容上，修订了《学生综合素质测评办法》《第二课堂成绩单指导教程》《学生素质教育成绩考核记载管理办法》《学生学分银行管理规定》，从"德智体美劳"5个方面全方位进行评价，加大了对学生德育、体育、美育、劳动教育评价在总体评价中的权重，并出台了《课程考试改革实施方案》，实施考试改革，将单一的课程教学评价转变为学生认知、情感及实践能力的综合评价，强化了对学生学业成长能力的评价。二是在评价方式上，改变以往结果性评价的策略，将学生学习过程中态度、行为等过程要素作为学生评价的主要依据。三是在评价手段上，建立了学生综合评价信息系统，推行学分银行制度，整合第二课堂、"正禾"育人工程，实现了学生学习及评价的信息化动态管理。同时，引入第三方评价机构，建立了就业质量年报制度，以用人单位学生评价反馈优化学校学生评价体系。通过改革，德技并修的学生综合评价体系更加健全，过程性评价得到了进一步强化，学生"德智体美劳"全面培养和评价更具操作性、实效性，有效调动了学生的学习积极性，促进了学生全面可持续成长。

# 构建"引培激评服"新机制
# 着力打造高水平教师队伍

杨凌职业技术学院认真学习贯彻习近平总书记关于教育的重要论述和全国教育大会精神，深入落实中央《深化新时代教育评价改革总体方案》和陕西省《贯彻落实〈深化新时代教育评价改革总体方案〉若干措施》部署要求，把教师队伍建设作为学校高质量发展的首要工作，通过拓宽渠道引才、搭建平台育才、深化改革激才、综合评价选才、优化服务留才等措施，构建了"引进、培育、激励、评价、服务"新机制，打造了一支高水平、高素质、创新型的教师队伍。

## 一、经验做法

### （一）"引"——实施多样化引才模式

充分研判教师队伍现状、结构及建设目标，创新多样化引才模式。一是成立人才工作领导小组，不断完善教师队伍建设的组织领导机构，大力实施人才强校工程，持续巩固教师主体地位。二是制定出台《"十四五"师资队伍专项规划》，提出"四项目标""七大计划"，确保教师队伍建设目标方向正确。三是修订出台系列制度，先后出台了《高层次（高技能）人才引进与管理办法》《教师教学创新团队建设实施方案》《技能大师工作室建设管理办法（试行）》《产业教授选聘与管理办法（试行）》《客座教授聘任管理办法（修订）》等系列制度5项，采用刚性引进与柔性引进相结合的方式，形成了灵活多样的用才形式。

### （二）"培"——构建全方位育才体系

结合学校办学定位及目标，立足教师队伍现状，构建全方位育才体系。先后出台了《"双师"素质教师认定事实办法》《新任教师基本教学能力培养与测试办法》《骨干教师培养实施办法》《教师进修培训管理办法》等，不断搭建完善教师培养制度体系。

围绕专业群高层次人才需求，与西北农林科技大学共建"院士工作室"2个，培养国家级水平教学名师1人、省部级教学名师4人，形成了一支具有重要影响力的领军人才队伍。瞄准重大技术突破，与行业内高新企业共建"协同创新中心"6个，鼓励教师参与其共同申报、开展重大技术难题研究项目20余项/年，教师创新能力不断提升。聚焦企业技术创新需求，建设"技能大师"工作室15个，搭建校内教师技术技能创新及社会服务平台，组建校内外教师团队，教师社会服务能力不断提高。不断深化产教融合，与中国水利水电建设集团有限公司等500强企业合作，共建高水平教师企业锻炼基地173个，安排入职5年内的青年教师进行教师暑期跟岗实践锻炼，选派教师赴企业顶岗锻炼，教师"双师"素质能力不断提高。着力教师能力素质培养，与西安交通大学、西北农林科技大学等知名高校建立教师培训基地23个，加入"西北地区高等学校教师教学发展中心联盟"，借助"国培""省培"平台，选派教师参加各类培训2000余人次/年，提升教师教学水平及能力素养。经过建设，多功能教师培养平台基本搭建成型，教师教育教学、工程实践、科学研究、社会服务等能力显著提升。

（三）"激"——建立高效能用才机制

构建多元绩效薪酬体系，完善《绩效工资分配实施办法》，持续优化校院两级分配。构建完善"关键要素"评价体系，作为学校目标责任考核的重要组成部分，以此引导二级学院组织教师创新开展工作、培育标志性成果、破解发展瓶颈、推动学校高质量发展。修订出台《专项奖励办法》，将奖励类别分为教科研成果及集体（个人）荣誉两大类五小类，不断细化褒奖类别，形成多劳多得的正向激励，引导教师围绕学校重点工作持续发力。建立教师表彰激励机制，开展校内优秀教师、优秀教育工作者、光荣从教三十年创评活动，畅通推荐渠道，积极开展国家级、省级最美教师、教学名师、师德标兵、教书育人楷模、教育世家等评优推优工作，持续激发教师坚守立德树人初心使命担当，不断增强教师荣誉感、责任感，建立高效能用才机制。

（四）"评"——创新多元化评价机制

严把师德师风关，在职称评审、推优评优、进修培训、项目申报等各类工作中，将"师德"作为第一标准，严格执行师德一票否决，坚决筑牢教师师德底线。深化职称改革，修订出台《教师系列职称评审条件（修订）》《教师工作量化考核办法》，单列思政课教师、辅导员职称评审条件，将晋升讲师、副教授、教授等三个级别的代表性业绩成果分为教育教学成果、科学研究成果、社会服务成果三个类型，各类型中详细规定了教学工作量、企业实践经历（或担任重点工作、班主任经历）等多项标准，对教师工作进行量化并积分，以此作为教师晋升职称的重要参考，充分激发教师干事创业热情。探索多维度教师考核评价新模式，多主体开展教师评价，于每学期中期开展教学检查，召开教师、学生座谈会，发放打分表，分别开展学生评教、教师互评、督导评教等。在职称评审中，引入校外专家进入学校评委专家库担任评委，对申报晋升职称人员进行评价。深入开展校企合作，邀请企业对教师顶岗锻炼、跟岗锻炼成效进行评价。优化教师岗位，出台《教师岗位分类管理与考核评价意见》，实施教师分类管理，坚持以德为先、以人为本、分层分类、业绩导向等四大原则，创新教学为主型、教学科研型、科研教学型三种不同教师岗位类型，按教育教学业绩要求、科学研究业绩要求、公共服务业绩要求等三个板块分别对各类型教师岗位设置标准，引导教师确立目标、找准航道。

（五）"服"——坚持高标准服务保障

成立教师发展中心，制定年度教师培养计划，分层分类开展教师培养，实行校院两级培训制度。帮助教师做好职业规划，提供个性化教师咨询服务、经验交流等，引导教师找准航道、成长成才。搭建多功能教师发展平台，助力教师"双师"能力提升，建成大师工作室、产业学院、协同创新中心等各类平台近20个，鼓励教师深化产教融合，立足企业技术需求多途径参与企业技术攻关、工艺改良等，多形式组织开展教师实践锻炼，助力教师职业发展。畅通人才晋升通道，开展校级各类教学水平及能力竞赛，组织校级各类推优评优，逐年增加校级科研指标及经费，多举措助力教师校级各类成果孵化。多渠道打通国家级、省级各类评优及项目申报，积极组织申报各级评选，激发教师获得感。营造良好留才氛围，学校出面沟通地方政府，在域内三级以上医院为教师就医开辟绿色通道，定期组织教师体检，解决教师子女入学问题，加强对教师关心关怀，增强教师幸福感。加大对紧缺高层次人才的资金投入，提升高层次人才科研启动经费，按照"多劳多得"原则，对工作成绩突出的教师提升待遇。

## 二、主要成效

通过"引进、培育、激励、评价、服务"多措并举，学校教师队伍水平大幅提升。近3年，学校引进院士等知名权威专家7人、技能大师15人、优秀博士20余人，新增国家级教学创新团队 3 个、教育部课程思政教学团队 2 个、陕西省高校黄大年式教师团队 1 个、省级师德建设示范团队 2 个、省级青年创新团队 2 个，新增省级教书育人楷模 1 人、师省级德标兵 2 人、省部级及行业协会等名师 11 人，教师获省级以上教学类比赛奖项 37 项，指导学生参加国家级、省级学生技能竞赛、"互联网+"大学生创新创业大赛等获奖百余项，入选国家职业教育"十三五"规划教材 14 本。

# 双向绩效考核"指挥棒"
# 跑出专业群高质量发展"加速度"

生物工程学院围绕农业生物技术专业群治理的组织基础、治理结构、治理过程和评价机制等方面，以教师对专业群发展指标贡献度为依据，制定适配专业群各类人员的双向绩效考核管理办法，历经 3 年运行与完善，实现了全覆盖、分层次量化考核，充分调动了多元主体参与专业群建设的主动性、创造性，有效提升了教学、科研、管理水平及人才培养质量，跑出了专业群高质量发展的"加速度"。

## 一、经验做法

### （一）创新构建双向考核模式，制度基础逐步夯实

遵循"坚持突出贡献，强化激励；坚持效率优先，兼顾公平；坚持公开透明，接受监督"三个基本原则，依据学校《单位（部门）年度目标管理及考核实施办法（修订）》等文件要求，围绕学校及专业群"双高"建设任务和关键要素评定体系，通过目标定位分析→考核体系确定→意见建议征求→量化考核实施→考核结果诊断 5 个过程，结合重点工作、日常工作两个维度，创新制定《生物工程学院工作量化考核办法》，形成了"重点＋日常"相结合的双向考核模式（表1）。

表 1　生物工程分院重点工作量化考核细则

| 序号 | 项目 | 项目内容 | |
|---|---|---|---|
| 1 | 项目一：教学科研 | 科研项目 | 纵向课题 |
| 2 | | | 横向课题 |
| 3 | | 教改项目 | |
| 4 | | 课程思政项目 | |
| 5 | | 发明专利、实用新型专利、软著及其他 | |
| 6 | | 教学成果 | |

续表

| 序号 | 项目 | 项目内容 |
| --- | --- | --- |
| 7 | | 科研成果 |
| 8 | | 社会服务 |
| 9 | 项目二：专业建设 | 高水平专业群建设 |
| 10 | | 人才培养方案 |
| 11 | | 新专业申报 |
| 12 | | 专业教学标准和简介 |
| 13 | | 课程标准 |
| 14 | | 金课 |
| 15 | | 质量年报 |
| 16 | | 优秀教材 |
| 17 | | 正式出版教材编写 |
| 18 | | 校本教材编写 |
| 19 | | 发表论文 |
| 20 | 项目三：提质培优 | 提质培优 |
| 21 | 项目四：教师教学能力 | 教学名师 |
| 22 | | 信息化教学大赛、教师教学竞赛、课堂教学创新大赛等 |
| 23 | | 精品在线开放课程 |
| 24 | | 线上线下混合式课程建设 |
| 25 | 项目五：各类大赛 | "互联网+"大学生创新创业大赛、挑战杯 |
| 26 | | 技能大赛 |
| 27 | 项目六：党建工作 | 获"优秀党员""优秀党务工作者""三八红旗手""优秀教育工作者""工会优秀积极分子"等荣誉称号 |
| 28 | | 党建、校园文化创建案例优秀项目 |
| 29 | | 国家级党建标杆院系 |
| 30 | | "双带头人"工作室、样板支部 |
| 31 | | 优秀基层党支部 |
| 32 | | 各类演讲、征文活动 |
| 33 | | "三会一课" |

续表

| 序号 | 项目 | 项目内容 |
|---|---|---|
| 34 | | 工会工作 |
| 35 | | 发展党员工作 |
| 36 | | 各类宣传报道 |
| 37 | 项目七：校企合作 | 校企合作 |
| 38 | 项目八：招生就业 | 招生与就业 |
| 39 | | 学生工作先进集体或个人 |
| 40 | 项目九：学生管理 | 及时处理学生重大突发事件 |
| 41 | | 指导学生参加社会实践 |
| 42 | | 谈心谈话 |
| 43 | | 会议 |
| 44 | 项目十：其他工作 | 名班主任工作室 |
| 45 | | "正禾"育人工程 |

### （二）合理制定考核指标体系，推进机制不断完善

扎实开展绩效管理改革实践活动，构建三级绩效考核指标体系。一级指标是农业生物技术专业群工作量化考核的基本遵循，是专业群承担学校的主要工作任务；二级指标是对一级指标内容、要求的细化，是各教研室的主要工作任务；三级指标是落实考核工作的关键和核心，是教职工个人的主要工作任务。同时，增设教辅人员、辅导员日常量化考核办法，形成了"分层次、多方位、全覆盖"的专业群绩效管理工作格局。

### （三）强化结果应用，管理链条持续优化

一是组建考核小组，以学院领导班子成员、各教研室主任为成员的绩效考核小组，开展重点工作考核；成立教研室考核小组，开展日常工作量化考核。二是实施定期考核，按季度进行考核。三是规范考核程序，重点工作量化考核由党政联席扩大会议进行复核。考核小组对绩效考核工作进行全过程监管，同时把握政策处理疑难问题，消除误解和抵触。四是注重结果运用，考核结果与年度考核、年终奖励津贴挂钩，注重考核结果的反馈和利用，规避简单量化考核权重的偏差，使得考核细则合理有据，达到激励先进、鞭策落后的目的。

## 二、主要成效

《生物工程学院工作量化考核办法》经过 5 年的实践探索，高质量考核的正向激励、发展引领、综合促进作用不断显现，多方参与的自律机制和监督机制持续引导教师及教育工作者担当尽责、比学赶超，成效显著。生物工程学院获评省级新时代党建标杆院系、省级高等学校先进基层党组织、省级师德建设示范团队、陕西省高等学校教学管理工作先进集体、陕西省高校青年创新团队、陕西省高校黄大年式教师团队等荣誉，曾连续 5 年获得学校目标责任考核优秀单位，先后培育国家级课程思政示范课程思政教学名师 5 人、省级教学名师 5 人、省优秀教育工作者 2 人、省最美科技工作者 1 人、省优秀共产党员 2 人、全国农业职业教育教学名师 2 人、省农业产业体系岗位专家 5 人、省级科技特派员 11 人、省青年杰出人才 1 人。此外，培育国家级课程思政示范教学团队 1 个，教师获国家级教学能力比赛 2 项，国家级教学成果奖二等奖 3 项，为多所同类学校借鉴学习，示范带动效果明显。

# 深化教育教学改革
# 打造高水平职业院校教师教学创新团队

杨凌职业技术学院园林技术专业国家级教师教学创新团队,是一支由"名师＋教授＋大师"引领,专兼结合的高水平教学团队,现有成员20人,覆盖思政、园林、林业等专业领域。团队始终坚持以园林行业高素质技术技能人才培养为己任,以园林技术专业建设为重点,以团队能力建设为核心,以服务园林产业为依归,通过建立名师牵头创新团队建设机制、大师引领技艺传承机制、建设教师科学考核体系、打造一流技术技能创新服务机制、探索国际交流合作路径等,形成了可复制、可示范、可推广的园林技术专业教师教学创新团队建设的模式、机制、标准和经验,成效显著。

## 一、经验做法

### (一)发挥示范引领,创新教师团队建设新机制

通过修订《教学创新团队建设管理办法》《高层次优秀人才引进与管理办法》《"双师型"教师评聘管理办法》等,加强团队运行机制建设;结合思想铸魂引领机制、内外结合的激励机制、多方联动的协同机制等,修订了《关于建立师德建设长效机制的实施办法》,建立师德师风建设的长效机制。在教师能力建设过程中,通过修订《教师培养培训办法》《教师下企业挂职锻炼实施办法》,完善了团队教师能力提升方案,健全管理制度,形成了教师能力提升的有效运行机制;制定《创新团队教师能力提升测评办法》,成立了由院长、书记、办公室主任、资深教师、职教专家及企业专家组成的测评小组,对教师执教能力进行精准评价。团队成员通过国内访学、国外研修、短期考察、学术交流、社会服务、实践锻炼、比赛竞赛等途径,强化教师技术创新和实践教学能力,充分提升了资源建设、课程开发、课堂教学、课程思政等方面的创新能力,取得了丰硕的教学成果。

## （二）加强技术革新，创新园林技能传承新路径

通过设立衣学慧教授工作室、王博技能大师工作室、张英杰名班主任工作室、石光银劳模工作室、王小鸽博士工作室等，形成了行业领军人才、大师名匠、教授博士等各类高层次人才引领的园林技术技能传承新路径。团队成员充分发挥专业特长，组建技术技能创新团队，以培养园林行业高素质技术技能人才为目标，以提升人才整体素质为核心，建立园林创新成果推广和绝技绝活传承机制，培养了一大批园林高素质技术技能人才。

## （三）护航团队启程，创新园林团队考核新体系

团队坚持德技并修、以德为先的原则，制定《师德师风考核办法》，切实落实教育部《新时代高校教师职业行为十项准则》，针对违背党的路线方针政策、学术失范和学术不端行为等情形，实行师德考核一票否决制。团队采取定量与定性相结合的原则，以严格教学工作量最低考核要求，提高教学质量业绩和重点工作量在绩效考核中的比重，加强重点工作量和日常工作量量化考核，制定《专职教师其他工作量量化考核细则》《创新团队工作质量及量化考核办法》，建立量化考核评价机制，充分调动团队教师从事教育教学工作的积极性。优化教师激励制度，健全以激励为导向的考核分配制度，激发教师教学创新的主动性。

## （四）领航专业前沿，创新园林产业服务新平台

团队建设不断深化产教融合，与陕西三木城市生态发展有限公司、北京绿京华生态园林股份有限公司等多个规模化的园林企业深度融合，打通校企人员双向流通通道，共建园林三木学院，成立园林技术专业"双师型"教师培养基地，提升专业建设和校企合作育人水平，推动合作共赢、开放共享的实践育人机制。团队成员结合专业特长，扎实服务园林产业，聚集园林行业企业优质资源，打造引领园林行业可持续发展的资源共享的园林技术技能产教融合综合实训平台。依托技术技能服务平台、产业学院和产教融合基地，充分发挥园林行业科技攻关及园林技术服务等方面的功能，助力美丽陕西建设。

## （五）加强国际交流，开拓团队国际合作新途径

团队通过海外学生引进来、骨干教师走出去的途径扩大园林技术专业的国际影响力，选派多名教师分赴荷兰、德国、英国等地进行考察学习，邀请德国专家格哈尔特·布莱特舒教授为团队开展基于乡村振兴的林业技术培训。

## 二、主要成效

团队主持"园林规划设计"等3门国家级教学资源库课程建设，建成"园林艺术""园林规划设计"国家精品课程，"园林艺术""园林规划设计"国家精品资源共享课程，"园林艺术赏析"国家精品在线开放课程，"园林艺术赏析"等陕西省精品在线开放课程2门；团队教师获国家级教学成果二等奖1项，省级教学成果特等奖1项、二等奖2项，行业教指委教学成果二等奖3项，全国生态文明信息化教学成果B级2项，全国信息化教学大赛二等奖1项，陕西省信息化大赛一等奖2项，陕西省微课教学比赛一等奖1项，陕西省教学能力大赛一等奖1项、二等奖2项、三等奖1项；团队教师主编、参编教材20余本，以第一作者撰写论文100余篇（核心期刊40余篇），主持参与各级课题50余项；被评为全国技能大赛优秀指导教师4人，全国技能大赛优秀工作者2人，全国林业草原行业创新创业大赛优秀指导教师2人，陕西省思政课程教学标兵1人。2020年，团队被评为陕西省高校师德建设示范团队。

# 智能财务：让数据活起来 让师生更便捷

近年来，高校财务部门在合理分配财力资源、提升财务工作效率、提高财务服务质量、加强资金内部监管等方面进行了一系列探索。特别是随着新时代信息技术的高速发展，高效财务部门也已经开始尝试利用相关技术对高校财务管理服务机制进行优化，财务信息化已成为高校加快发展的必然趋势和发展方向。提升高职院校财务管理服务信息化是国家实施政府会计制度改革、推动学校教育事业发展和服务师生等多元化需求的共同诉求。利用数字化手段改造财务流程，优化办事程序，提高财务工作效率，实现财务智能化，打造数字化校园，为学校建设发展提供精准、安全、有力的财务支持。

## 一、经验做法

（一）问题导向，梳理存在问题

长期以来，报账人对学校相关财务制度、标准掌握不清不全，报销单填写不规范、不准确，附件不完整等问题时常发生；报账人与财务核算、稽核人员沟通信息不对等，时常多次往返，带来工作不便；单位分三个校区教学，报账人报销审批难。同时，财务工作经常会面临审计、纪检等部门的审计、核查，要面对报账人查询以前报销的凭证、附件等，而每次查账、审计等需要翻阅大量实物资料，导致业务工作量大、效率不高等问题。因此，基于方便服务师生和有效提升审计工作质效，需要进一步改革财务管理水平。

（二）精准调研，科学编制方案

经过市场调研，选定与国内领先财务数字化企业合作，制定了以实现票据稽核、智能填报、在线审批、自动化核算、资料影像化管理等开发内容为重点的实施方案，根据学校特点，因地制宜编制方案。

## （三）场景复现，优化技术方案

企业安排技术人员深入学校财务部门，现场调研学校财务软硬件配置、财务制度流程、标准、权限及各项财务支出报账环节等，部署智能财务稽核平台（俗称财务机器人），并针对学校实际，优化平台应用功能，定制开发形成学校智能财务稽核平台，并与天财财务管理平台实现对接，实现财务数据对接共享。

## （四）流程数字化，提高报账效率

智能财务稽核平台通过创新性互联网财税服务平台的智能影像识别技术及审核引擎，实现自动完成费用的审核工作；通过智能影像识别技术，实现智能识别成结构化数据并自动匹配报账单；通过机器人流程自动化技术，实现报账单自动补充填报、自动关联票据、自动编制凭证、自动复核等工作功能。

结合学校组织管理架构、现有软件使用状况等因素，经过调整开发形成适合我校报销审核的自动化服务流程。该流程的特点是对教职工目前的报销运作流程、财务系统等不产生影响，产品作为财务报销审核的智能工具，为财务处服务，大幅提高学校财务工作效率。

## （五）融合共进，多维推进财务信息化

通过嵌入学校网上办事大厅、数字杨职等学校信息化平台和移动客户端，同时部署于学校财务处微信公众号，无须单独下载使用专门APP，便于教职工使用，可实现全天候、即时化线上便捷报账填单提交和财务自动化智能稽核。

# 二、主要成效

智能财务稽核平台的应用大大提升了财务工作效率。财务报销票据的线上稽核、会计核算记账凭证的自动提取生成，使会计人员单笔核算记账处理时间从原来的3~5分钟，缩短到不到1分钟。会计基础工作日趋规范，实现了报销单据的自动生成，避免了线下手工填写报销单容易出现的乱涂乱改现象，同时系统自动匹配生成记账凭证，避免了因不同会计人员职业判断不同带来的差异现象。通过在线票据的稽核，报账人员可以随时将获得的发票上传系统进行合法合规性审核，避免了报销时才发现票据不合法、不合规等问题。实现了财务报销线上审批，解决了单位职工报账审批难、时间

跨度长的问题。报销人可以通过微信公众号随时查看自己的报账情况，了解报账的进度。财务稽核方便快捷，报账人上传原始单据的影像资料随记账凭证的生成而保存下来，在查账时可以直接通过查看记账凭证的附件进行调阅查看，也可以通过系统自带的搜索引擎进行模糊查询，避免了大量翻阅纸质资料，提高了工作效率。财务智能稽核系统的上线应用，实现了学校网上办事大厅等学校信息化平台互通，打破财务信息孤岛，提升了学校财务管理和治理水平，为学校治理决策提供了强有力的支持，为教育事业高质量发展提供了基础财务支撑。

# 围绕"三关键" 用好"三杠杆"
# 激发学校改革创新高质量发展的内生动力

提升院校治理水平是中国特色高水平高职学校建设的核心任务之一，也是保障学校"双高"建设计划顺利实施、推动学校高质量发展的重要保障。"双高"建设计划自启动实施以来，我校深化改革，优化内部治理结构，构建科学、有力、完善的内部治理体系，不断增强学校高质量发展的内生动力。

## 一、经验做法

### （一）围绕"三个关键"，健全考核评价制度体系

（1）突出"关键要素"，强化单位和部门考核评价。学校坚持"目标导向、突出重点、注重实效、促进发展"的基本原则，贯穿"考少、考精、考重点"的思想，修订完善了《单位（部门）年度目标责任考核办法》，将二级学院（部）等教学单位考核划分为单项考核、关键要素考核、年度目标任务考核三部分，将职能处室等管理服务部门考核划分为单项考核、年度目标任务考核两部分。关键要素考核是二级学院（部）考核的核心，内容涵盖招生就业、预算经费执行、教学改革与建设、产教融合、师资队伍建设、科技与教育研究、社会服务等九部分31项，突出对二级学院（部）重大工作、重点任务推进落实情况和"两赛一课"等重要成果的考核。单项考核则包含校校合作、年度改革举措、区校融合、三全育人、宣传稿件及网站建设等9项内容，突出工作创新。年度目标任务考核依据学校制定下发的各单位年度目标任务、年度重点工作任务、"双高"计划建设任务和"提质培优行动计划"项目，考核二级学院（部）年度目标任务完成情况。

学校二级单位和职能处室考核评价，切实把学校发展目标与单位（部门）年度目标统一了起来，将学校工作重点与单位（部门）工作重点统一了起来，强化成果（关键要素）导向，突出业绩和贡献，实实在在把单位（部门）的工作重心转移到落实学

校重大决策部署、推进重点工作实施、培育标志性成果上来。

（2）聚焦"关键少数"，强化领导干部考核评价。为全面、客观、准确考核处科级干部政治素质和履职情况，建立规范有效的管理、监督、激励、约束机制，进一步加强对处科级干部的管理，客观、公正、准确地评价处科级干部的工作业绩，学校结合工作实际，修订完善了《处科级干部年度考核管理办法》，坚持德才兼备、以德为先，注重实绩、客观公正，群众公认、综合评价，考用结合、奖惩分明的原则，定量考核与定性考核相结合、组织考核与群众评价相结合、平时考核与定期考核相结合，在"德能勤绩廉"全面考核的基础上，实行党总支书记、分院（院长）、党政管理及教辅部门处级干部分类考核，突出创新性、开拓性、典型性、标志性成果和关键时期重要表现的考核评价，考核内容与岗位职责挂钩。同时，采取了一些强有力的措施，如部门或个人取得省级以上荣誉奖励、有较大的创新或重大突破、形成典型经验做法的考核直加分，对履职不力、工作失误的考核直减分；受通报批评、擅离职守、庸懒散慢等不得确定为合格及以上等次；等等。

处科级干部考核办法的改革完善，有助于进一步夯实处科级干部职责，调动各级领导干部的工作积极性和主动性，激发创新性，提高执行力，切切实实发挥处科级干部这一"关键少数"在学校高质量发展中的骨干带头作用，推动各项工作落实并取得开创性进展。

（3）紧抓"关键群体"，强化教师队伍考核评价。2019年，学校出台了《岗位聘期考核实施办法》，对聘任在各岗位等级教师应取得的业绩成果进行了明确量化，规定聘期考核结果是续聘或受聘更高岗位职级的依据，聘期考核不合格者将不再续聘原岗位或职级，予以调整工作岗位、低聘或解聘。同时，实施了新一轮的岗位聘任，进一步优化了人员结构，整合了人力资源。此外，修订完善了《教师工作量化考核办法》，对教师任现职期间教学、专业和课程建设、指导学生参加技能大赛、科研、教改、社会服务、个人荣誉及奖励等各方面业绩成果进行全面考核，将其作为教师职称评审的重要依据。修订完善了《引进高层次（高技能）人才管理办法》，对引进的高层次人才实行年度专项考核，考核不合格者将取消有关待遇或解聘。出台了《高级专家校内延缓退休暂行办法》，对延迟退休的返聘人才实行年度考核和聘期考核，年度考核基本合格的，对其诫勉谈话，给予一年的改进期，期满经考核仍基本合格的，予以解聘；年度考核不合格的，直接解聘；聘期考核合格的，予以续聘；聘期考核不合格的，不再续聘。

经过不断的完善，学校建立了年度考核、聘期考核、任职期考核等多种考核方式相结合，与教师岗位管理相适应，教学中心地位明确，科学研究与社会服务相协调，内容全面、易于操作，有利于促进教师成长发展的教师业绩量化考核体系，形成了能者上、庸者下的灵活用才机制。

（二）用好"三个杠杆"，健全奖励激励机制

（1）发挥绩效分配的调控作用。学校将绩效分配制度作为调动单位（部门）和广大教职工切实履职尽责的根本性制度，不断改革完善绩效分配制度，充分发挥绩效分配这一"杠杆"的宏观调控作用。学校在广泛调研、深入研讨、认真总结经验的基础上，修订出台了《绩效工资分配办法》。学校绩效工资坚持目标导向和问题导向，坚持以教学为中心，向一线教师、优秀人才和重要岗位倾斜的优绩优酬原则，充分融合了学校"双高"建设等发展新阶段面临的新任务、新要求，实行二级分配，将"关键要素"考核评价结果作为向二级学院（部）下发绩效总额的重要核算指标，并要求二级学院（部）结合工作实际制定本单位绩效分配办法。通过绩效分配办法的改革，把履职尽责、工作实绩与绩效分配有机结合了起来，有力地将单位（部门）和广大教职工的工作重心、工作方向转移到了学校重大工作、重点任务上。

（2）发挥职称评审的导向作用。学校顺应职称评审权下放，不断深化职称评审制度改革，构建与学校发展相适应的职称评审制度体系，切实发挥职称评审这一"杠杆"的激励和引导作用。学校职称评审制度改革的重点是：提高教学业绩在评审中的比重，把代表性成果与成果转化、技术推广等实际贡献相结合，科学制定教师职称评审条件；推行教师工作业绩量化考核，并将量化考核结果作为职称评审的重要参考；规定在教书育人、科学研究、技术开发与成果转化等方面成绩卓著的教师，可申请破格晋升。通过职称评审制度改革，校准了教师努力的方向，激发了人才活力。

（3）发挥专项奖励的激励作用。为了充分调动二级学院（部）、职能部门和广大教职工的工作积极性，学校不断加大对各类业绩成果的奖励，切实发挥专项奖励这一"杠杆"的激励作用。在总结多年来奖励工作经验做法的基础上，对原《教学科研等成果专项奖励办法》《集体和个人荣誉奖励办法》《关于进一步鼓励教师参与教科研项目及各类竞赛活动的意见》进行了整合，修订出台了《专项奖励办法》。《专项奖励办法》突出了对教学成果、科研成果、教师教学能力比赛、学生技能大赛等代表性成果的奖励，进一步加大了奖励力度，精简了奖励范围，在激励各单位（部门）和广大教职工

争创佳绩的同时，激发了"一奖两赛"等代表性成果培育的动力。

## 二、主要成效

### （一）以放权激活力，办学主体重心下移

人才引进、教师培养培训、岗位聘用、考核等由各用人部门自主实施，学校备案。职称评审权下放各学科组。由各学院（部）自主制定奖励津贴分配办法及工作量化考核办法，实行二级分配。

教学改革、技能大赛、一般性教学经费、职业证书、教材编写、班主任考核和学生请假审批权等全部下放到各学院（部）。5项科研项目管理权限松绑下放，实行项目负责人制。

印发了学校《"放管服"改革实施若干意见》，出台了17项人事管理、15项财务管理、3项资源配置和4项学院（部）工作规则制度，推动"放管服"改革向纵深推进。

### （二）以管强治理、规范运行提质增效

加强了规划指导，各学院（部）自主编制事业发展规划，学校审核备案制度和检查、评估、考核，实现两级规划的有效衔接。加强了综合考评，修订《单位（部门）年度目标管理与考核实施办法》，健全目标任务制定、落实、考核和责任追究机制。加强了监察审计，建立对各学院（部）常态化监察和内部审计机制，重点监察和审计学校重大改革、政策、规章制度落实。修订完善了《二级学院（部）党政联席会议议事规则》，成立15个分院学术委员会，在专业、课程、教师、科研等独立行使职权，各学院（部）办学目标规划能动性和治学活力增强。

### （三）以服务促改革，转变职能创新机制

优化管理机构设置，制定学院《调整优化机构设置方案》，新增发展规划、产教融合、招投标、审计等6个服务部门。提升精准服务水平，建立事前指导、事中服务、事后检查评价的服务机制，职能部门服务意识增强，师生满意度提高。下放审批权限35项，简化了办事流程，提高了效率，5类33项财务业务"最多跑一次"。

经过不断的探索实践，学校以优化治理结构、提升治理水平为目标，聚焦"双高"建设等重大工作、重点任务、重要成果，从二级单位、职能部门、领导干部、教师队

伍，全方位多层面构建了完善的考核评价制度体系，形成了健全的奖励机制，引导与约束并举、奖励与惩处并重，营造了干事创业的良好客观环境，增强了全校上下立足本职做贡献、出成果、创佳绩的积极性和主动性，激发了学校扎实推进"双高"建设、努力开创工作新局面、实现高质量发展的内生动力。

# "四聚焦""四注重" 扎实推进教师评价改革

杨凌职业技术学院认真学习贯彻习近平总书记关于教育的重要论述和全国教育大会精神，深入落实中央《深化新时代教育评价改革总体方案》和陕西省《贯彻落实〈深化新时代教育评价改革总体方案〉若干措施》部署要求，以树立科学的人才评价机制为导向，遵循高校教师职业特点和发展规律，用好"师德第一标准、分类第一原则、实绩第一标尺"的职称评审"指挥棒"，不断激发教师活力动力，推动建设高素质、专业化、创新型教师队伍。

## 一、经验做法

（一）聚焦师德评价，注重教师思想政治素质与师德涵养

出台《建立健全师德建设长效机制实施办法》，成立师德建设委员会及二级单位师德建设小组，形成党政一把手主抓、主管副校长主管、职能部门通力配合、二级单位具体落实的工作格局。不断压实二级学院师德建设主体责任。将师德师风作为教师职称评聘的首要标准和前置条件，在职称评审中由基层党组织对教师思想政治素质和师德师风表现进行全方位鉴定，执行师德失范行为一票否决制。制定《师德师风考核办法》，明确教师师德失范负面清单，推动师德师风考核标准化、规范化，开展年度教师师德师风考核，建立教师师德师风档案，注重师德师风评价结果运用。

（二）聚焦质量评价，注重教师教育教学效果

一是强化教师教学水平与质量评价，在《教师系列职称评审条件》中将认真履行教育教学职责作为评价基本要求，确定各岗位类型不同标准的教学工作量，按成果不同等级和教师实际贡献量化赋分，引导教师认真履行教书育人职责。二是注重育人成效，对课程思政元素做出基本要求，出台《课程思政实施方案》，开展"匠心杨职"课程思政教学改革、金牌示范课建设创评及教学案例评比活动，将中青年教师从事学生思想政治教育及学生管理工作经历作为晋升上一级专业技术职务的必备条件，引导教

师回归立德树人本职工作。三是狠抓新教师教学能力评价，为新进教师指定"职业导师"，对其进行跟踪帮扶指导；要求新教师必须接受教学方法与能力等岗前培训，组织新教师进行基本教学能力测试，从教学设计、课件制作、现场授课等多个维度对新教师进行评价，要求评价结果不合格者不得晋升上一级职称。四是着力破除"五唯""帽子"顽疾，实行代表性业绩成果评价考核，对论文、科研、人才称号等不做限制性要求。

### （三）聚焦综合评价，注重工作实绩评价导向

一是创新岗位类型，改变"一把尺子量到底"的评价模式，出台《杨凌职业技术学院关于教师岗位分类管理与评价的意见》（杨职院发〔2022〕121号），将教师分为教学为主型、教学科研型、科研教学型等3个类型，分别设置各类型岗位的评价标准。二是完善量化评价标准，在职称评审中分设专业课教师、思政课教师、辅导员等序列并设置不同标准，对各序列单列计划、单设标准、单独评审。三是注重教师业绩贡献，出台《教师系列职称评审条件（修订）》（杨职院发〔2022〕177号），对各岗位类型教师按照代表性教育教学业绩成果、代表性科学研究业绩成果、代表性公共服务业绩成果3个板块分别设置各类型、各级别职称的晋升条件，对教师师德、教学、研究、成果、业绩、荣誉、社会服务等进行全方位量化评价，为职称评审提供精确参考。四是实行多主体评价，引入校院两级督导评课、同行评价、学生评教、企业评价、自我评价等多个主体，通过听课评课、问卷调查、座谈会、年度考核、聘期考核、职称晋升考核等形式对教师教学实绩进行评价。五是引入多维度评价，从教师素质、能力、绩效、社会服务、专业发展等5个维度搭建评价体系，从而推动教师分类评价改革，结合学校岗位聘任、聘期考核、职称评审、绩效分配、推优选优等工作，加强评价结果应用，构建教师分类评价长效机制。

### （四）聚焦标志性成果评价，注重领军人才培养

畅通"绿色通道"设置，引导教师服务国家战略、社会经济发展重大方向及学校重点工作。突出标志性成果评价，对于教书育人成效显著、教育教学成果丰硕、重大技术被行业广泛应用者，可直接提交评审委员会评审高级职称。优化破格申报高级职称通道，对于任现职以来，教材著作、教学成果、科学研究、科研推广取得重大突破及重要成果者，在满足学历学位及规定任职年限条件下，可破格申报高一级职称。

## 二、主要成效

多措并举，学校教师评价体系改革扎实推进，高层次人才队伍建设提质增效，教师对新时代教师素质能力要求的把握进一步增强。近3年，学校获批国家级教师教学创新团队1个，申报立项国家级教师教学创新团队课题研究项目1项，获评陕西省高校黄大年式教师团队1个、省级师德建设示范团队2个、陕西高校青年创新团队1个；教师获评省级教育世家1人、省级教书育人楷模1人、省级师德标兵2人、省部级教学名师3人、全国水利职教名师1人、水利职教新星2人、三级教授4人；教师主持的项目获陕西省林业科技进步奖一等奖1项、陕西省农业科技推广二等奖1项、教育厅科学技术奖二、三等奖共3项；教师参加省级以上各类教学竞赛获奖43项，指导学生参加职业技能竞赛获国省级奖项共222项。

# 校园文化类

校园文化建设是学校育人工作的重要环节。加强校园文化建设对于推进高等教育改革发展、加强和改进大学生思想政治教育、全面提高大学生综合素质，具有十分重要的意义。

# 开展经典晨读活动　提升学生文化素养

"中华经典晨读"活动是我校落实立德树人根本任务，实施文化育人工程的重要载体和抓手。活动实施5年来，在促进校园文化建设、弘扬优秀传统文化、提升学生综合素质等方面发挥了重要作用。活动契合高职教育发展趋势，结合高职学生特点，坚持用中华优秀经典文化教育培养、感染熏陶学生，丰富立德树人工作内容，坚定师生文化自信，创设培养德才兼备、全面发展的社会主义建设者和接班人的新方式、新方法、新路径和新载体，打造具有学校特色的校园文化，提升校园文化品位。

## 一、经验做法

### （一）建章立制，建立活动长效机制

学校将"中华经典晨读"活动作为打造特色校园文化的重要举措，由12个二级学院结合工作实际，分别制定《中华经典晨读工作方案》，对活动的组织方式、进度安排等进行了部署。经典晨读活动由学生处、团委统一组织实施，各分院党总支、学工办负责安排落实检查，辅导员、班主任全程参与，第一节课由代课老师督促指导。各学院为每班确定5~10名学生作为领读者，辅导员坚持每天早晨深入班级跟班领读，班主任每周深入班级跟班领读不少于2次，提倡每天第一节课教师利用课前领读。语文课、思政课教师若遇第一节课，先领读解读经典。学生处、团委工作人员分别深入班级，检查各学院晨读工作落实情况。图书馆配合晨读活动，通过开展读书节、阅读奖励、读书心得交流、读书沙龙等多途径、多形式提高学生阅读兴趣，确保晨读活动有章可循、有规可依，建立健全活动的长效机制。

### （二）精心组织，确保活动有序推进

学校主要领导亲自挂帅，抽调相关人员，组织编写了《中华经典晨读百篇》（2021年修订第3版）；每周通过校园网站、官微、校刊上传录播音频，让学生提前熟悉；教学周内利用每天早上7点50分至8点10分第一节课前的20分钟时间，由任课教师带

领所授课班级学生诵读《中华经典晨读百篇》中的篇目，鼓励教师发挥自身特长创新性开展晨读活动，可采取领读、领诵、讲解、表演等多种形式进行，让清晨的校园里书声琅琅；各团总支每年举办"经典诵读大赛"等活动，检验中华经典晨读活动成果。

（三）加强督导，促进活动落到实处

学校成立"中华经典晨读"督导组，定期不定期深入 12 个二级学院检查督导晨读工作落实情况。学生处、团委全体工作人员每天早上 7 点 50 分准时深入所安排的校区，督促检查晨读活动的开展情况。各二级学院党总支书记、学工办主任、辅导员对本学院跟进检查和督导。学校还将"中华经典晨读"活动纳入素质教育成绩单考评体系，考评结果纳入学生综合素质测评，体现在三好表彰、五四表彰等评优争先工作中，推动晨读活动扎实深入开展。

## 二、主要成效

（一）营造了良好的校园文化氛围

"中华经典晨读"活动开展以来，6 万余名学生广泛参与，每天早晨校园里书声琅琅，营造了良好的校园文化氛围，极大提振了广大师生的精气神，学生第一节课迟到现象明显减少，许多学生在不知不觉中纠正了自己的不良行为习惯。校团委微信公众平台开设《经典晨读》专栏，每周日定期推送下周学生晨读内容，并附音频与注释，加深学生理解；二级学院网站、团属新媒体平台等及时宣传中华经典诵写讲活动开展情况，推广中华经典诵写讲经典作品，创新经典文化作品传播方式，提高传统文化的影响力，使经典晨读教育工程内化于心。

（二）提高了学校的社会声誉

"中华经典晨读"活动自 2017 年启动以来，《中国教育报》、杨凌电视台等多家媒体相继进行报道，形成的典型案例在全国高职院校党委书记论坛年会上交流，《中华经典晨读：创新校园文化育人路径培育学生文化自信的实践探索》获 2018 年陕西省高校校园文化建设优秀成果一等奖，学生朗诵作品《沁园春·长沙》荣获陕西省中华经典诵读大赛二等奖，学校连续 3 年被评为陕西高校共青团工作校园文化建设先进单位，中国高职高专教育网、杨凌电视台等多家媒体相继报道了"中华经典晨读"活动，学校社会声誉不断提升。

### (三)形成了有效的推广机制

学校组织编写了《中华经典晨读百篇》读本,构建了中华经典晨读进教材、进课堂、进成绩单、进网络、进活动、进考评的长效机制,依托图书馆、二级学院、学生社团开展"4·23世界读书日"暨校园读书节系列活动、"推普周"系列活动,"水院人 忆水情"水韵杯诗歌朗诵比赛、"翰墨飘香歌盛世 水韵丹青颂党情"书画展演等活动,使中华经典诵写讲教育活动呈现出协同性、规范性、关联性和系统性,实现了"两促进、两不误",形成了"制度化、体系化、项目化、常态化、精细化"的中华优秀传统文化教育工作格局。

# 挖掘后稷文化　传承千年文脉
# 构建新时代耕读教育范式

杨凌，我国古代农神后稷"教民稼穑，树艺五谷"之地，孕育了五千年的华夏农耕文明。杨凌职业技术学院自1934年建校以来，一直扎根于这片热土，经国本、解民生、尚科学。近年来，学校以挖掘弘扬后稷文化为主线，将其与人才培养有机融合，构建以后稷文化为引领的耕读教育体系，着力培养学生"勤学善思、身体力行、锲而不舍、开拓创新、乐于奉献"的精神，引导学生刻苦学习、崇尚劳动，知行合一、砥砺求索，形成了具有杨职特色的新时代耕读教育范式。

## 一、经验做法

### （一）挖掘后稷文化丰富内涵，培塑学校精神长相

学校通过深入研究后稷教民稼穑的过程、后稷对中华农耕文明的贡献，进一步挖掘后稷文化的深刻内涵，并赋予其时代意义，凝练出了"胸怀天下、扎根大地、力耕勤读、矢志兴农、立己达人"二十字后稷文化内涵，将其作为全校师生的价值引领与成才目标。具体来讲就是：培养师生胸怀天下的责任担当、扎根大地的种子精神、力耕勤读的优良品质、矢志兴农的坚定理想、立己达人的价值追求，使广大师生自觉担负起新时代赋予的历史使命，像种子那样质朴、坚韧，扎根泥土、默默奉献，努力做到知行合一、以知促行、以行求知，坚定扛起科技为农、强农兴农的责任，用奋斗的姿态书写精彩人生。

### （二）构建后稷文化课程体系，赋能专业人才培养

为加深学生对后稷文化的了解与认识，学校结合涉农高职院校育人的目标和特点，成立课程思政研究中心，根据学生的素养发展和学习水平，将后稷文化融入专业教学中，通过学习后稷教稼事迹、了解中华农耕文化、感悟劳动之美、践行后稷精神等，

形成了"通识教育课（后稷文化传承课）+专业教育课（在专业教学中融入耕读教育元素）+第二课堂实践课（以劳动课、社会实践、创新创业、志愿服务为主）"的课程体系，开发了《二十四节气暨农耕文化》教育读本，增强学生对后稷文化的认同和为农服务的奉献精神。

（三）开辟后稷文化育人阵地，拓展耕读教育路径

学校着力建设后稷学镇，构建"一个平台、三个体系、四大基地"发展格局，形成打造现代农业人才高地、服务全民终身学习的合力。成立后稷书院，通过探索书院制通识教育实验班、举办文化专题讲座、开展系列后稷文化活动，赋予后稷精神新的时代内涵。建成面积达1000平方米的耕读文化馆，构建"力耕勤读"的校园文化体系，打造全区乃至全省大中小学师生耕读研学基地。建成大学生劳动教育基地，每年有计划地组织学生在此进行生产劳动和义务劳动，基地获批陕西省大学生劳动教育实践基地。

（四）开展后稷文化主题活动，突出一校一品特色

学校每年组织师生参加后稷祭祀祈福暨农耕文化传承大典，排演大型史诗舞台剧《后稷》，成为传承后稷文化的品牌剧目。开展中华经典晨读活动，要求学生以班级为单位，利用早晨第一节课前20分钟，开展包含农耕文化、二十四节气、经典古诗文等内容的中华经典晨读，诵读内容以学校编写的《中华经典晨读百篇》读本为准。组织开展二十四节气暨农耕文化传承活动，通过挖掘节气历史由来，诠释节气概念，组织学生了解基本信息，掌握节气养生常识，学习节气民谚、七十二候、节气歌、节令歌等。利用杨凌后稷教稼园开展研学活动，组织学生通过仰望后稷塑像、沿走教稼台、寻踩巨型脚印、参观仿古代石农具、辨识"五谷"图片、了解"农事授时图"、研究花卉苗木生长特性等，感悟深厚的后稷文化。

（五）创新后稷文化社会实践，扛起乡村振兴使命

学校开展"百名教授进百村"乡村振兴大调研活动，在全校遴选326名专家教授，组成108个服务团，深入陕西省11个地市100个县165个村支农助农，形成了乡村振兴系列资政调研报告。开展"培育爱农情怀 助力乡村振兴"劳动实践活动，在果蔬采收季节，组织大批学生走进田间地头，老师现场传授采摘技巧，使学生在帮助农户

采摘果蔬的过程中体味劳动快乐。组织师生常年送科技下乡，开展科普大集活动，依托学校 11 个校外产学研示范基地，选派骨干教师带着学生和课题到田间地头、进农民家中，了解群众的真正需求，围绕当地特色产业项目，提升农民依靠科技致富的能力。

（六）营造后稷文化浓郁氛围，凝聚力耕勤读情结

学校以后稷文化为魂，在全校开展大学精神总结凝练活动，形成了校训"明德强能　言物行恒"、校风"诚朴　勤奋　求实　创新"和学院精神"找准目标　矢志不渝"，并组织师生广泛宣传学习、全面深刻领会，将其内化于心、外化于行。校园楼宇命名与后稷文化相结合，为三校区教学主楼取名水韵楼、林和楼、乐农楼、行知楼、致用楼等，发挥了校园环境的育人功能。在各教学楼内绘制了二十四节气文化墙，在学生劳动教育基地设立了二十四节气标识牌，并为每一个节气配有相关图画、农耕活动、诗词和谚语。在学生劳动教育基地设立了"力耕勤读"景观石，并在背面镌刻《劳动赋》，以弘扬"耕以养身，读以明道"的后稷文化精神。

## 二、主要成效

（一）构建了特色文化育人体系

学校通过挖掘后稷文化丰富内涵、构建后稷文化课程体系、搭建多元育人载体平台、开展形式多样主题活动、创新社会实践内容形式、营造浓郁校园文化氛围等，不仅使广大师生深入了解了后稷文化的丰富内涵，增强了弘扬好、传承好后稷文化的责任担当，还构建了"课程体系夯基、载体平台促学、文化活动赋能、社会实践深化、校园环境浸润"的后稷文化育人体系，形成了学校独有的文化魅力。

（二）促进了学生全面成长成才

后稷文化为学生成长成才提供了丰厚滋养。近年来，学校在全国职业院校技能大赛中国赛获奖百余项，位居全省高职院校前列；学生"互联网+"创新创业大赛奖项数和名次位居全国高职院校前列；1 名优秀毕业生作为代表参加了中国共产主义青年团第十八次全国代表大会，1 名学生获"中国大学生自强之星"称号，1 名学生获"全省优秀共青团员"称号，1 名学生获全省暑期"三下乡"社会实践活动先进个人，3 名学生获杨凌示范区道德模范。

## （三）涌现了一大批后稷新传人

在后稷文化的熏陶下，学校一大批专家教授、青年教师带着学生和课题深入基层，与群众同吃住，了解群众的真正需求，围绕当地特色产业项目服务群众脱贫致富，涌现出了常年扎根一线、钻研业务、致富乡里的著名小麦育种专家赵瑜、全国优秀教师杨和平、陕西最美科技工作者马志峰和马文哲、陕西蜂产业技术体系首席科学家黎九州，以及扎根农业生产一线的优秀毕业生李松、姜凯、许彦云、赵向阳、王炳科、葛岩凯等百余名后稷新传人。

## （四）形成了五种产学研示范推广模式

学校探索形成了技术服务型、基地示范型、科技包村型、专家大院型和企业带动型等五种产学研示范推广模式。技术服务型即依托学校的科技和人才优势，组织百余名农业专家深入田间地头，"问诊把脉"，解决问题；基地示范型即在彬州市、凤县和杨凌等地，建立产学研示范基地，由学校专家带着科研项目开展试验研究，形成示范，辐射带动；科技包村型即在三个结对帮扶点，由当地政府确定产业发展目标，学校选派专业教师和学生组成承包团队开展一对一帮扶；专家大院型即在千阳县、扶风县建立专家大院，由学校选派专家教授长期驻院，开展科技推广，组织学生实践技能训练。这五种产学研示范推广模式使教学、科研、推广和为农服务有机地结合起来，构建了全方位、更精准的支农助农工作体系，推进了乡村振兴落地见效。

## （五）获得了多项文化研究成果

在弘扬传承、创新发展后稷文化的进程中，学校取得了多项研究成果。"二十四节气暨农耕文化"活动入编教育部《全国高职院校学生管理50强案例成果汇编》丛书，《基于二十四节气暨农耕文化传承教育的实践探索》获陕西省高校校园文化建设优秀成果一等奖、全国水利院校德育教育优秀成果一等奖，《中华经典晨读：创新校园文化育人路径培育学生文化自信的实践研究》获陕西省高校校园文化建设优秀成果一等奖，《高职院校劳动教育路径的探索与实践》获陕西省高校校园文化建设优秀成果三等奖。

# 弘扬匠心文化 传承木雕技艺
## ——生态环境工程学院吴文军技能大师工作室建设案例

木雕是中华民族的文化瑰宝，它蕴含着中国人民的智慧，融汇了中华民族特有的气质和文化素养。吴文军是我校雕刻艺术与家具设计专业2010届毕业生，目前为陕西省工艺美术大师，渭南市一级工艺美术大师，杨凌示范区非物质文化遗产木雕代表性传承人，杨凌示范区工艺美术协会秘书长，渭南市工艺美术协会理事，杨凌民俗文化研究会常务理事，杨凌示范区教育系统书法篆刻协会理事。吴文军技能大师工作室依托杨凌职业技术学院生态环境工程学院，开设木雕课程，通过名师带徒、拜师学艺等方式，对木雕技艺进行教学和传承，培养了一批具有高超技艺和工匠精神的高素质技术技能人才。

## 一、经验做法

### （一）大师引领，创建技术技能传承创新团队

吴文军对木雕艺术非常热爱，他积极传承传统木雕文化和技艺，2014年在咸阳开设咸阳工艺美术职业技能培训学校，收徒传艺，在业界享有较高的知名度。为更好发挥技能大师工作室技术技能创新、教学改革、社会服务等的平台作用，工作室成立了由吴文军引领的技术技能传承创新团队，聘请具备一定的绝技绝活，并在积极挖掘传承传统工艺上做出了较大贡献的雕刻大师，同时选拔有培养潜力的教师进入大师工作室学习和研究，加大培养力度，提升教师专业发展台阶，培养一批大师后备梯队人选，打造骨干教师为主的"工匠"团队，让大师工作室成为优秀教师培养的发源地、优秀青年教师的集聚地和未来大师的孵化地。

### （二）完善功能，打造技术技能传承基地

为了更好地传承木雕文化和技艺，2019年我校为改善培训条件，投资50余万元对农林综合实训基地的原生产实训厂房进行重新设计装修，专门设立吴文军大师木雕

工作室，占地 500 平方米，已招收学员进行木雕技艺传授。2021 年还添置了一套质量一流的精细木工加工设备，不仅能满足木雕制作的原料加工，而且通过功能提升，拓展了家具和精细木工制作项目培训，让大师工作室成为功能更加完善的技艺传承基地。

### （三）凝聚合力，培育高素质"工匠"技师

通过技能大师工作室的建设，在深化人才培养模式的基础上，实施以培养学生核心素养的课改目标。技能大师工作室团队成员深入企业生产实际第一线，了解现代企业对人才的需求和岗位能力目标的要求，参与并通过生产实践和课堂教学改革，关注学生个性化的学习需求，联合教师编写具有地方特色的《木雕艺术制作》活页式教材，培养学生核心能力，深化课程改革，帮助学生不断进步，提高专业技能，打造名副其实的高素质"工匠"技师。

## 二、主要成效

### （一）推动了专业建设

技能大师工作室覆盖了室内设计、环境艺术设计、林业技术等专业，主要教授学生手工浮雕雕刻技法和机器浮雕雕刻技法的木雕技能。技能大师工作室的设立不仅发挥了技能大师的引领作用，造就了一大批具有高超技艺和工匠精神的教师队伍，还提升了教师的整体素质，提高了专业建设的水平。技能大师工作室建立以来，共有 300 余名学生参加活动，培养学徒 100 余名，部分学生毕业后专业从事木雕制作和木雕培训。

### （二）提高了人才培养质量

技能大师工作室充分发挥技能大师在技术创新、技艺传授、技能竞赛等方面的带头作用，提高人才培养质量，实现了技能大师在技能推广、课程开发、高技能人才培训研修等方面的作用。

2018 年依托于大师工作室的"木雕艺术制作与应用"课程通过了陕西省高校创新创业教育课程建设项目验收；2022 年陕西省职业技能竞赛赛事中陕西省人社厅授予工作室大师吴文军为"陕西省技术能手"；2023 年初陕西省人社厅和陕西省财政厅发布了省级大师工作室名单，吴文军木雕工作室被确立为省级大师工作室。

### （三）传承和发扬了优秀传统文化

技能大师工作室通过名师带徒、拜师学艺等方式，对木雕技艺进行教学和传承，培养现代青年对木雕的兴趣，实现了文化的推广和弘扬。工作室吴文军大师传承发扬木雕技能的优秀事迹被《陕西日报》《陕西秦都市报》、秦闻网、陕西法制网、陕西新闻广播、杨凌融媒中心等新闻媒体争相报道。

# 以二十四节气为载体 创新农耕文化传承教育

学校于2017年印发《国家非物质文化遗产——二十四节气暨农耕文化主题教育工程实施方案》，创新实施"二十四节气暨农耕文化"传承教育工程。每年组织全校2万余名师生挖掘节气历史由来，诠释节气概念，了解基本信息，掌握节气养生常识，传承节气的良好习俗，学习节气民谚、七十二候、节气歌、节令歌、农谚等农耕文化，使青年学生知节气、晓气候、学节气、懂农事、读节气、晓地理、研节气、通天文，用节气、益养生，丰富了立德树人工作内涵和载体，促进了二十四节气暨农耕文化的有效传承，形成了具有杨职特色的校园文化品牌。该工程荣获全国高职高专院校党委书记论坛二等奖等多项荣誉，入编教育部《全国高职院校学生管理50强案例汇编》丛书。

## 一、经验做法

（一）编写学习读本，认真开展交流学习

由校团委组织编写《国家非物质文化遗产——二十四节气暨农耕文化主题教育读本》（以下简称《读本》），指导各二级学院组织开展"国家非物质文化遗产——二十四节气暨农耕文化"主题教育工作。各二级学院以团支部为单位，组织学生学习《读本》，完成规定的学习任务。要求学生认真填写《国家非物质文化——二十四节气暨农耕文化学习心得体会写实登记表》，主要记载参加的节气学习情况、心得体会和传承路径等，定期组织学习交流活动。

（二）举办文化展演，传承节气文化

通过丰富多彩的活动传承二十四节气农耕文化。举办国家非物质文化遗产——二十四节气暨农耕文化书画展，书写二十四节气名称、节气歌、节令歌、七十二候以及有关二十四节气的诗词歌赋等，开展板报、手抄报、话剧、文艺、游艺、节气摄影、主题征文等展演活动，利用学校官微、校院两级网站、各级微信群和QQ群等平台进行展播传播。尤其是在"冬至"节气举办的"万名师生包饺子免费吃饺子"活动，在高职院校中引起了强烈反响。

（三）纳入学业考核，激发学习动力

一是将二十四节气暨农耕文化传承教育纳入有关课程教学，赋予相应的学分。二是将考评结果与学生素质综合测评、三好表彰、团员评议、团内表彰挂钩，激活了青年学生的内生动力。

"二十四节气暨农耕文化"传承教育工程的实施促进了二十四节气暨农耕文化的有效传承，形成了具有杨职特色的校园文化品牌（图1）。

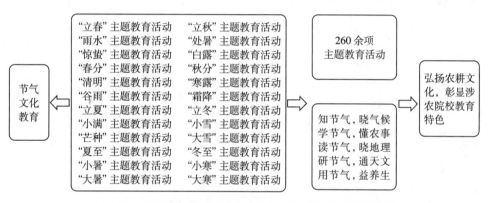

图1 "二十四节气暨农耕文化"传承教育顶层规划设计图

## 二、主要成效

（一）活跃了校园节气文化氛围，有效提升学生的人文素质

自2017年"二十四节气暨农耕文化"教育工程启动以来，大一2万余名学生撰写学习心得体会50.4万余篇，《基于"二十四节气暨农耕文化传承教育"的实践探索》荣获陕西省高校校园文化建设优秀成果二等奖，学校连续3年被评为陕西高校共青团工作校园文化建设先进单位。各类活动的开展引导学生在传承优秀传统文化的同时谨记爱农情怀，肩负强农兴农使命，起到了良好的育人成效。

## (二)促进了"三全育人"工作向纵深发展,为传承教育提供了基本遵循

构建"以学院党委牵头,以学工部、院团委为统领,以二级学院党总支具体组织,分团委、学工办、学生会为抓手,以班级为基本单元"的传承教育组织机构,成为学院立德树人工作的新亮点(图2)。创新形成了固化的、可复制、可示范、可推广的《杨凌职业技术学院"二十四节气暨农耕文化"主题教育工程实施方案》,为高校开展二十四节气暨农耕文化传承教育提供了成功范例。

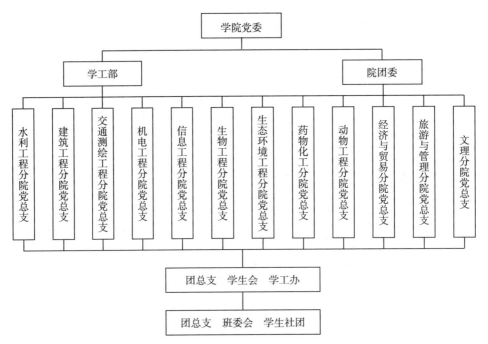

图2 "二十四节气暨农耕文化"传承教育组织机构运行框架图

# "秦人治水"文化在西部旱区水利人才培养中的深度实践

陕西有悠久的治水文化，以"秦人治水"为特征的陕西水文化是陕西人民适应自然、改造自然、发展水利事业的缩影。学校以打造"秦人治水"水文化品牌为抓手，深度开展水文化育人教育，提升了水利类专业育人成效。

## 一、经验做法

### （一）梳理"秦人治水"历史，挖掘陕西水利文化

春秋战国时期，陕西人的祖先——秦人在发展过程中，因水资源的匮乏和自身发展的需要，从秦邑（今甘肃清水一带）一路东迁，经汧邑（今陕西陇县）到达渭河一带的关中平原，开发水资源发展农业。渭河流域最终成为陕西人发展的根据地。

地处旱区的陕西同时受到洪水、干旱的双重威胁，在与大自然做斗争的过程中，形成了陕西特有的"秦人治水"文化。大禹凿龙门，开启"秦人治水"的先河；秦修郑国渠，灌溉关中60万亩农田，使泾惠渠灌区成为关中的"白菜心"，郑国渠与都江堰、灵渠同成为中国古代三大水利工程。

在引泾灌溉方面，继郑国渠之后，有汉代白渠、宋代丰利渠、元代王御史渠、明代广惠渠、清代龙洞渠，共同构成一个泾水灌溉的"历史博物馆"。生于陕西的近代水利先驱——李仪祉先生曾提出了一系列建设陕西水利的报告，还提出了治黄、治淮方案等水利规划，开辟了现代水利高等教育。

陕西先后开发了泾惠渠灌区、宝鸡峡灌区、交口抽渭灌区、东雷抽黄、石头河水库等现代水利工程20余万处，20世纪70年代修建的韦水倒虹曾引起全国关注。

党的十八大以来，以习近平同志为核心的党中央布局水利发展，提出十六字治水方针。陕西积极落实中央政策，先后实施东庄水库、渭河综合治理的民生水利和生态水利工程，位于陕西泾阳的陕西水利博物馆详细记录着陕西的治水历程，勾绘着当代

"秦人治水"的水文化。

（二）立足西部灌溉节水，深化"秦人治水"教育

**1. 提升育人理念，融入秦水文化进校园**

作为 1943 年就开设水利科的高职院校，学校始终坚持"以水育人，以文化人"的理念，以"善治秦者先治水"为主线，打造"水育文化"的办学特色。

校园建设以水利为背景，规划"水路标""水楼宇""水教室"等水文化工程；学校主干道名称为大禹路，其他依次为李冰路、长江路、黄河路、珠江路等；楼宇名称彰显特色，教学主楼为水韵楼，其他依次有天润楼、天工楼、秦风楼、淮雨楼，食堂为水善厅；实验室张贴新时代水利精神标识。

校园雕塑以秦水为特色，安置了"水雕塑""水石碑"等；李仪祉先生雕塑屹立于学校水流监测中心门口，时刻提醒广大师生缅怀先人；学校正门口、校史馆门口有多处校友捐赠的"上善若水""智者乐水""钟灵毓秀"等石碑，成为水文化教育的重要载体。

利用校园 LED 宣传屏，播放《秦人治水》《红旗渠》等纪录片，长期传播水文化；依托"水利青年影院"活动，免费播放与水利相关的影片，进行水情教育；启动了"节水校园"建设工程，引导师生增强节水意识。

**2. 开展课程思政，推进秦水文化进课堂**

将专业内容与水文化教育有机融合，达到同向同行、润物无声的目的；教师申报各类课程思政课题 20 余项，通过教学内容、教学方式改革，将秦人治水精神融入课堂，培养学生的水文化理念。

**3. 依托第二课堂，引导秦水文化进社会**

学校与杨凌水利部门开展常态化合作，每年利用"世界水日""中国水周"开展水资源知识宣传；组织学生参加"寻美家乡河"活动，对陕西清姜河、青海北川河进行寻美调研，在实际中深化水情认知；组织学生参加"爱国爱水北京行"活动，走进首都感受北方水文化。

**4. 发挥榜样效应，滋润秦水文化进头脑**

充分发挥杰出校友、技能导师、产业导师、教学名师的示范作用，从"讲身边故事"做起，增强当代"秦人"的亲切感，提升学习水利的自豪感。

## 二、主要成效

### （一）教师坚守初心、立志水利的情感更浓

广大教师挖掘水文化、学习水文化、推广水文化的热情得到激发，以"秦人治水"文化为统领，将水文化教育贯穿学生教育教学全过程。近年来，学院2名教师被评为课程思政育人骨干，多名教师开展课程思政课题研究。

### （二）学生刻苦奋发、投身水利的热情更高

以"秦人治水"文化为主线开展的陕西水历史、水资源、水工程，激发了学生的学习热情，增强了学生的创新意识、劳动意识、工匠意识，学生在全国水利行业技能大赛、职业技能大赛、"互联网+"大赛中屡获佳绩。

### （三）校园上善若水、海纳百川的氛围更好

与学校后稷文化相辅相成，通过软硬件建设，水文化氛围浓厚。学校新校区在建设中构建了以渭河为中心的水文化框架，将进一步弘扬"秦人治水"文化。

### （四）学校立足西部、服务水利的品牌更坚

学校立足西部，多年以来服务西部的灌溉和生态产业，具有丰富的社会服务经验。2016年以来，学校为"三江源"地区培养了玉树、果洛、黄南等3个订单班学生，以"秦人治水"文化为基础创建了"秦水文化+水源文化"的双主体水文化体系；为新疆、四川、甘肃等省区培养培训水利基层人才，西部"大水利文化"的格局正在形成。

# "大师+教师+学生"师徒三方联动 共筑水利匠心

水利工程专业群入选国家级高水平专业群建设项目以来，注重提升团队技术技能创新和育人能力，以"水利行业大师工作站"为抓手，聘请旱区节水关键技能领域全国水利行业首席技师石小庆、金天龙、王战义等3位大师进站，通过"大师+教师+学生"的师徒联动机制，继承水利绝技绝活，传承水利工匠精神，弘扬中华水文化，开展技术技能创新，提升团队技能育人水平，培养"德技并修"的高素质技术技能人才，经过2年运行取得明显成效。

## 一、经验做法

### （一）"大师+教师"，培养教师技能创新能力和工匠精神

对应大师绝活绝技领域，结合中青年教师专业背景和教学方向，成立"渠道防渗技术集成""渠道防冻技术集成""泵站信息化管理""流域水土保持治理"等4个技术技能创新组，各组教师与对应领域大师签订"大师带教师"协议。以"师父带徒弟"的形式，通过实训联合项目开发、"卡脖子"技术技能联合攻关等工作，把大师的绝活绝技传授给中青年教师，提升教师实践技能，培养求精创新的工匠精神。同时发挥大师"纽带"作用，大师所属单位为教师实践能力培养提供条件，双方合作发挥互补优势开展旱区节水关键技术技能研发，教师对接水利工程建设管理生产实际需要开展技术服务，提高教师的实践能力和教学水平。

### （二）"大师+学生"，培养学生实践动手能力和水利精神

发挥大师典型、引领和榜样作用，引导学生树立正确的职业观，激发学生的学习动力。从人才培养方案、实训项目等教学文件开发制定到认识实习、生产实习、顶岗实习、技能大赛指导等培养环节，大师全过程参与学生培养。新生入学教育大师现身说法，通过自身经历指导学生做好职业生涯规划，认识实习、专业实习按照大师所在单位实施，让同学近距离感受大师的成才之路和大师工匠对我国水利事业发展的重大

贡献，引导学生学水利、爱水利、投身我国水利事业发展。大师投身教学一线将自身"手艺"手把手教给学生，通过"名师出高徒"，提升学生实践动手能力，培养学生新时代水利精神。

（三）"大师＋教师＋学生"，德技并修、技能成才

建立"大师＋教师＋学生"师徒联动长效运行机制，按照《水利部人事司关于充分发挥全国水利行业首席技师培养水利技能后备人才作用的通知》，学院出台《杨凌职业技术学院大师工作站管理办法》，明晰"大师工作站"的育人功能和内涵，明确大师、教师和学生三方的关系和职责，为大师来校顺利工作提供制度保障，建立激励和三方制联动机制，调动大师参与人才培养的积极性，充分发挥大师在培养"德技并修"技能人才中的作用。

## 二、主要成效

大师工作站运行 2 年来，取得了明显成效。中青年教师取得节水领域专利 23 项，超过前 5 年的总和；在校生获得全国水利行业技能大赛中一等奖 12 项，2019 年总成绩排名全国第二，2020 年总成绩排名全国第三；水文化建设案例《"秦人治水"文化在西部旱区水利人才培养中的深度实践》荣获全国水利院校首届水文化育人优秀案例一等奖。

# 国际交流类

高职院校要积极主动地融入教育国际化的发展潮流中，谋划全局，有效利用国外优秀教育资源，积极开展国际交流合作，主动对接，在学习借鉴国外先进职业教育理念和办学经验的基础上，结合我国职业教育实际，努力在人才培养、教学模式和社会服务等领域开展交流合作，提升自身国际化办学水平，在国际教育舞台上传播中国职教声音，贡献中国职教方案，实现我国高职教育的快速、协调、可持续发展。

# 抢抓上合新机遇　播撒职教金种子
## ——中国—哈萨克斯坦农业创新园建设

2020年10月，上海合作组织农业技术交流培训示范基地在陕西杨凌揭牌。作为上海合作组织农业技术交流培训示范基地建设成员单位，学校抢抓这一机遇，成立了专门工作机构，强力推进"杨凌职业技术学院上海合作组织国家农业实用技术培训中心"建设，努力开拓国际合作新空间，在打造"上合空间"的沃野里播撒下了一颗颗职业教育的"金种子"。

## 一、经验做法

### （一）加强基础设施建设

学校与杨凌示范区在哈萨克斯坦阿拉木图州图尔根尼共同建设的中国—哈萨克斯坦农业创新园（以下简称"中哈园"），主要开展小麦、玉米、油料、蔬菜、苗木等品种示范和设施大棚、节水灌溉、农资机械等技术推广工作，制定了"中乌现代农业科技园区"实施方案，完成3座日光温室贴牌设计、配套设施、临时用水、用电和场地平整等建设。其中，学校在中哈园建立的第一个海外现代农业技术培训中心为中哈现代农业示范园提供涉农技术培训和指导。

### （二）开展引种品种推广

学校通过在中哈园引进试验品种，提升当地小麦品质和产量。其中，引种试验的WW-5号小麦品种表现出抗锈、抗旱、口紧、高产等突出优点，亩产319 kg，较当地品种增产82.3%；P2大豆品种表现出生长旺盛，植株粗壮，分枝多，结荚多，籽粒大等特点，亩产232.5 kg，较当地品种增产32.7%；MZ-7玉米品种亩产370 kg，较当地品种增产34.7%。目前，冬小麦WW-5示范平均亩产313.7 kg，较当地品种增产57.4%；春玉米MZ-7示范平均亩产371 kg，较当地品种增产27.5%。

### （三）进行对外技术培训

学校与哈萨克斯坦国立农业大学、农耕研究院、农业部植物保护与检疫研究所等农业教学科研机构建立了合作关系，不断扩大学校在哈影响力，为农业技术在哈推广奠定了基础。学校已承办 23 期援外培训项目，培训各国学员 460 人，其中培训上合组织国家农业官员和技术人员 120 人，举办乌兹别克斯坦、巴基斯坦双边培训班各 1 期，共承接其他省份承办的 16 期国家援外培训项目，先后有 400 余名各国学员在杨凌参加培训，其中 200 余名来自上合组织国家，线上线下累计培训 15840 人/次。

## 二、主要成效

学校通过在哈萨克斯坦、柬埔寨等上合组织国家建立的基地，把杨凌设施农业、温室大棚以及先进的种植技术等农科资源带出国门，力求精准地为上合组织国家农业发展提供一个个"杨凌方案"。学校与新疆乌尔姆特公司开展农业技术合作，派技术人员在哈萨克斯坦阿斯塔纳阿历克尚德夫卡蔬菜种植基地负责西红柿、黄瓜等 13 类 17 个品种 230 亩蔬菜的种植技术管理，成效显著，在当地得到充分肯定。2020 年夏收和秋播（冬小麦 60 亩）工作均采用远程联系哈方进行收获和种植。

目前，学校共向中哈园引种试验小麦、玉米、大豆、油菜、蔬菜、苗木 6 大类 45 个品种，累计种植面积 1500 亩；与哈萨克斯坦农业教育研究中心等四所农业科研单位建立了广泛联系与合作。此外，学校还在俄罗斯库尔斯克园区为员工开展农业技术培训，为中亚国家举办农技人员培训，并与柬埔寨有关教育机构初步达成合作意向，共同建立"杨凌职业技术学院农学院"。学校与乌兹别克斯坦驻华使馆代表团讨论了我校深度参与"中乌现代农业科技园区"建设的意见以及开展教育与人文交流等方面的事宜，并达成一致意见。

# 办分校　设中心　建基地　助推职业教育走出国门

杨凌职业技术学院贯彻落实《关于加快和扩大新时代教育对外开放的意见》等文件精神，充分发挥自身人才资源优势，积极响应国家"一带一路"倡议，深度参与上海合作组织农业技术交流培训示范基地建设，贯彻落实中非合作"八大行动"，以新观念、新形式不断加强对外交流，努力打造校际合作平台，在海外建立了2所分校、1个技术培训中心、1个创新示范基地，并开发专业课程标准，进一步拓展了国际交流合作的广度和深度。

## 一、经验做法

### （一）服务"一带一路"倡议，在沿线国家设中心建基地

为响应国家"一带一路"倡议，发挥自身农业科技及人才优势，更好地服务于发展中国家的农业发展需求，学校聚焦实用技术，以突出技术特色、推广技术实践、实现技术价值为重点，在哈萨克斯坦设立了现代农业技术培训中心，在乌兹别克斯坦设立了现代农业技术创新示范基地。截至目前，学校以基地和中心建设为平台，推广3项温室大棚技术，为当地从业人员提供现代农业技术培训，有效服务当地农业生产，提升了中国农业品牌知名度和学校办学影响力。

### （二）围绕上合组织建设，在乌兹别克斯坦建立海外分校

学校立足农业专业优势，发挥课程标准"走出去"策略中的先导性、示范性和引领性作用，与乌兹别克斯坦古利斯坦国立大学、杨凌现代农业国际合作有限公司在深度沟通、专业对接、课程认定的基础上，签订了《中国—乌兹别克斯坦农业专业教育合作项目协议》，成立了杨凌职业技术学院—古利斯坦国立大学现代农业学院，深入开展"中文+专业技能"模式教育合作。为履行好协议，学校及时组建专业教师团队，结合海外分校实际和人才培养目标，开发了7门农业类专业课程标准，分两年4学期在海外分校落地实施，通过三方协同合作，共同培育现代农业国际型技术技能人才。

## （三）落实中非"八大行动"，在几内亚建立海外分校

习近平总书记在中非合作论坛北京峰会开幕式上的主旨讲话中提出"八大行动"，为中非合作擘画了美好未来。学校抢抓机遇，开拓创新，与几内亚科纳克里大学在协同育人方面达成一致，签订了《中国—几内亚水利工程专业教育合作项目协议》，成立了杨凌职业技术学院—几内亚水利工程学院。双方本着"中文＋职业技能"的人才培养目标、"以水育人"的专业教学目的，共同研究确定核心课程，开发了6门专业课程标准、课程内容以及实践课程教学指导方案，将水利工程技术通过理论与实践相结合，与科纳克里大学分享课程标准与课程内容，共同培育水利人才，为非洲水利行业和中国走出去企业发展赋能，推动构建更加紧密的中非命运共同体。

# 二、主要成效

学校通过与东盟、中亚、非洲等"一带一路"沿线国家加强多领域合作，服务跨国农业产业合作，促进产学研国际融合链条延伸，开展中外合作办学，推动农业技术走出去，拓展了学校对外办学影响力，取得了显著成效（表1）。

表1 杨凌职业技术学院海外办学一览表

| 序号 | 名称 | 标准 | 建立时间 |
| --- | --- | --- | --- |
| 1 | 杨凌职业技术学院—乌兹别克斯坦现代农业技术创新示范基地 | 3项温室大棚管理技术 | 2021年10月 |
| 2 | 中国—乌兹别克斯坦农业专业教育合作项目（杨凌职业技术学院—古利斯坦国立大学现代农业学院） | 1个专业人才培养方案、1个专业教学标准、7门农业类专业课程标准及教学内容 | 2021年11月 |
| 3 | 中国—几内亚水利工程专业教育合作项目（杨凌职业技术学院—几内亚水利工程学院） | 1个专业人才培养方案、1个专业教学标准、6门水利工程技术专业课程标准及教学内容 | 2021年10月 |
| 4 | 杨凌职业技术学院—哈萨克斯坦现代农业技术培训中心 | 现代农业技术标准培训 | 2018年9月 |

# 开创中乌教育合作新模式
# 为旱区农业发展提供中国方案

乌兹别克斯坦是丝绸之路上的"活化石",也是"一带一路"建设的重要伙伴。杨凌职业技术学院积极响应国家"一带一路"倡议,依托区位和科研优势,聚焦乌兹别克斯坦产业发展实际需求,通过制定专业标准、开发核心课程、规范制度保障、"多位一体"合作等途径,分享高等职业教育发展成果,促进中乌职业教育交流与合作,为中国—乌兹别克斯坦农业专业教育合作项目的顺利开展提供坚实的人才保障和智力支撑。2021年,杨凌职业技术学院同古利斯坦国立大学、杨凌现代农业国际合作有限公司共同签订《中国—乌兹别克斯坦农业专业教育合作项目协议》,成立了杨凌职业技术学院—古利斯坦国立大学现代农业学院,分享高等职业教育发展成果,通过实践与探索,形成可复制、能推广、易见效的教育合作模式。

## 一、经验做法

### (一)把握涉农专业特色,制定合作专业标准

结合我校涉农专业特色,围绕上海合作组织农业技术交流培训示范基地工作,与乌兹别克斯坦古利斯坦国立大学合作开展园艺技术专业(温室种植与管理方向)人才培养合作,以温室园艺生产、种植,规划新技术、新成果为核心,顺应产业发展趋势,明确合作专业内涵,培养面向园艺行业的设施蔬菜生产技术、设施果树生产技术、温室花卉生产技术、无土栽培技术等技术领域,能够在温室园艺生产相关企业和家庭园艺场从事生产、建设、服务和管理第一线需要的高素质技术技能人才,为在乌兹别克斯坦现代农业科技园区和上合组织中亚国家的中资企业及其他企业提供技术和人才支持。

### (二)高度契合产业发展,完善核心课程建设

以乌方产业发展实际需求为主要依据,结合我校现代农业专业国际先进的技术标

准，根据合作制定的园艺技术专业人才培养目标和定位，建设"中文+7门专业课"课程教学标准，设置土壤与植物营养、农业设施设计与建造、温室系统控制与管理等3门专业平台课，设置设施蔬菜生产、设施花卉生产、设施果树生产、无土栽培等4门专业核心课，实现国际教育合作与产业、中乌双方学校与海外企业的有机衔接。

（三）规范合作保障条件，筑牢教育合作基础

在充分调研借鉴国内高职院校海外分校建设模式、学习国家教育对外合作政策的基础上，结合我校工作实际，创新运行工作机制，制定了杨凌职业技术学院《海外分校项目建设实施管理办法》，形成"以专业课程教学为核心、以国际教育合作为平台、以分享教学成果为目标、以服务海外企业为任务"的海外分校建设模式，并委托陕西丰瑞律师事务所对其合法性进行审查，在我校海外分校项目建设中予以立项实施。此外，由杨凌现代农业国际合作有限公司负责我校与乌方高校合作课程的本土化及项目运行管理，确保中国—乌兹别克斯坦农业专业教育合作项目的有效施展。

（四）输出先进农业技术，开展"多位一体"合作

依据古利斯坦国立大学实际，结合学生主体情况，中国—乌兹别克斯坦农业专业教育合作开展3年时间，培养国际学生100名，每届学生2年时间完成课程教学任务。在此期间，通过"中文+职业技能"、师生专业技术培训、与上合组织中亚国家分享学校现代农业专业及课程标准、服务中国走出去企业等多项国际合作交流工作有机结合，形成"多位一体"的国际教育交流合作模式，提升古利斯坦国立大学相关专业学生的技术水平和就业竞争力，为乌兹别克斯坦农业生产提供强有力的技术及人才支持。

## 二、主要成效

中乌两国都是农业国，存在许多共性和互补之处，也各具特色和典型经验，合作前景广阔。通过院校共建、资源整合、分享发展经验等进出并举相结合的实践与探索，学校开发园艺技术专业（温室种植与管理方向）1个，人才培养方案1个，向乌兹别克斯坦输出"园艺技术"课程资源7门，培养服务当地发展的园艺技术领域国际化人才100余名。这种教育合作模式，在培养多样化人才、传承技术技能、促进就业创业等方面取得显著成效，为当地经济社会发展提供了人力保障和智力支撑，成为以科技教育推动"一带一路"沿线国家与地区农业发展、生态建设、经济繁荣、文化交流的合作平台。

# 推广高水平专业标准　培养海外本土化水利人才

《国家职业教育改革实施方案》《关于推动现代职业教育高质量发展的意见》《中国特色高水平高职学校和专业建设计划》以及《职业教育提质培优行动计划（2020—2023年）》等文件均提出推动国际化办学，创立职业教育国际化品牌，提升我国职业教育国际影响力。杨凌职业技术学院是中国特色高水平学校高职学校立项建设单位（B档），农业生物技术、水利工程2个专业群被确定为中国特色高水平专业群建设项目。

杨凌职业技术学院积极响应国家"一带一路"倡议，紧紧围绕"双高"建设开展多元化、多途径国际合作交流工作，为推动学校国际化发展进程，扩大学校国际影响力，打造"金字水利"品牌，助力"一带一路"建设，与几内亚科纳克里大学和孔子学院达成协议，在几内亚开办杨凌职业技术学院—几内亚水利工程学院，分享我院的专业教学标准、课程体系与课程标准、人才培养模式，以满足几内亚水利工程技术技能人才培养需求。

## 一、经验做法

### （一）企业搭桥、中几合作，共建海外学院

我国的水利企业在海外的劳务输出主要面向欠发达国家，中国电建集团第三分公司在几内亚建筑市场占有不少于50%的份额，几内亚铝矿很多，由铝矿支撑的城市建设、水利工程、矿山开采、市政供水、矿井供水等涉水产业，是中国电建集团第三分公司的主要业务范围。中国电建集团第三分公司为了满足在几内亚的管理人才需求，十多年前与几内亚联手建立了中水三局—几内亚水利技工学校，但该企业没有办学资质，办学陷入困境。

我院与中国电建集团第三分公司紧密合作，联合建立了人才培养智库，开展水利人才培养。经中国电建集团第三分公司牵线搭桥，我院与几内亚孔子学院达成在几内亚开办杨凌职业技术学院水利工程分院的合作意向，并于2021年10月正式签约成立杨凌职业技术学院—几内亚水利工程学院，学院设在科纳克里大学。

### （二）标准推广，本土化人才培养

我院与科纳克里大学联合办学，将我院的专业教学标准、课程体系与课程标准、人才培养模式等整体输出，以满足几内亚培养水利工程技术技能人才的需求。

几内亚水利工程学院人才培养的标准是水利工程专业群向世界输出水利人才标准的窗口之一，为满足几内亚水利企业对本土人才的需求，按照中国水利国际化标准在几内亚水利工程学院开展"以课程教学为核心、双校合作为基础、本土化人才培养为目标"的办学机制，具体由我院提供人才培养方案、课程标准、教学内容、单元课程设计等教学资源，几内亚孔子学院中文老师负责教学实施，科纳克里大学负责学生招收、管理及就业。

### （三）优势输出，分享专业技术标准

我院向几内亚水利工程学院提供了完整的人才培养方案、专业教学标准、课程标准、实践性课程教学标准、课程教学资源等。我院目前已招收几内亚学生100人，开始了"水处理工程技术""给排水管网工程""给排水工程施工技术"等6门课程的教学任务。

## 二、主要成效

我院抢抓机遇，开拓创新，与几内亚科纳克里大学在协同育人方面达成一致，签订了《中国—几内亚水利工程专业教育合作项目协议》，成立了杨凌职业技术学院—几内亚水利工程学院。双方本着"中文＋职业技能"的人才培养目标、"以水育人"的专业教学目的，共同研究确定核心课程，开发了该专业教学标准、专业人才培养方案和6门专业课程标准、课程内容以及实践课程教学指导方案，通过专业课程教学合作，推动中国技术标准与学校课程标准的国际化应用办学目标，形成"以专业课程教学为核心、以国际教育合作为平台、以分享教学成果为目标、以服务我国海外企业为任务"的多位一体的杨凌职业技术学院职业教育海外分校办学模式。

我院与科纳克里大学分享课程标准与课程内容，共同培育水利人才，为非洲水利行业和中国"走出去"企业发展赋能，推动构建更加紧密的中非命运共同体，推动"中文＋职业技能"人才培养，有效服务国家"一带一路"倡议，助力上合组织农业基地建设，推动学校国际化办学进程。

# 发挥教育培训优势　服务"走出去"企业

实施企业"走出去"战略是国家对外开放的重大举措，是我国参与国际产能合作、构建国内国际双循环新发展格局的重要路径。在国家"一带一路"倡议的指导下，学校充分发挥水利类专业教师理论体系完整、教学经验丰富的优势，与中国水利水电第三工程局有限公司（以下简称中国水电三局）沙特国王港 P5 标项目部开展合作，为企业开展水利工程建设与管理人才技术更新升级等业务培训，进一步提升了产教融合、校企合作水平，护航"走出去"企业高质量发展。

## 一、经验做法

发挥专业群人才、技术技能优势，多方位开展社会服务，不断提升国际化人才培养与服务水平，建立"一带一路"境外"水利学院"，服务以中国水电三局为代表的水利电力大型"走出去"企业，帮助企业走出本土化人才需求困境。

### （一）校企合作，开发国际化教学资源

2019 年，中国水电三局中标沙特国王港 P5 标项目，学校与中国水电三局合作，开发了适合当地工人短期即可上手的培训教材 7 部，已经编写完成的教材包括《混凝土浇筑工》《钢筋加工与安装》《施工现场临时用电常识及常见问题》《爆破工程》《焊接》《架子工》，并提供完整的 PPT 教学课件等资源。通过不断加强对国际业务人员的培训和学习，有效支撑了主体工程建设顺利完工。

### （二）校企联动，培养具备国际竞争力人才

早在 2010 年，学校就与中国水电三局联合开设"安全技术管理国际订单班""水利机电安装订单班"两个订单班，共育国际工程技能人才。合作以来，通过订单培养等多种方式，每年为中国水电三局输送优秀毕业生 70 余人，以高素质技能人才支撑企业发展，助力企业走出去。

## （三）中几合作，共建海外水利工程学院

2021 年 10 月，学校与几内亚科纳克里大学、几内亚科纳克里大学孔子学院共同合作成立了杨凌职业技术学院—几内亚水利工程学院，与非洲国家分享学校水利工程专业及课程标准，开展"中文+职业技能"模式的国际学生培养，为"一带一路"倡议的中资企业培训了大量本土化基层管理和技术技能人才，在传承技术技能、促进就业创业中贡献了中国职业教育力量与智慧。

## 二、主要成效

截至 2021 年 7 月，学校已经完成海外培训的工作量达到 1800 人日。通过不断加强对国际业务人员的培训和学习，提升国际业务人员的业务能力和素质，以更好适应和融入"走出去"企业的项目建设。学校向几内亚水利工程学院提供了完整的人才培养方案、专业教学标准、给排水工程技术专业 6 门课程的课程标准，开发了《课堂指引》及实验实训《实践教学指引》等教学资源。通过创新人才培养模式，分享中国技术标准，为"走出去"水电企业培养了海外学员 100 余名。

通过专业课程教学合作，推动中国技术标准与学校课程标准的国际化应用，形成"以杨职水电技术标准分享为基点，以海外企业人才需求为导向，以科纳克里大学合作办学为平台"的"校—企—校"海外办学模式；在教学积淀中逐渐形成了"以专业课程教学为核心、以国际教育合作为载体、以分享教学成果为目标、以服务海外企业为任务"的多位一体的杨凌职业技术学院职业教育海外人才培养模式；现已实现了"专业课程标准分享、国际学生教育、服务中国海外企业发展"三位一体的可复制、能推广、易见效的对外职业教育合作模式。

# 探索四方合作新机制
# 打造"一带一路"职教发展共同体

《国家中长期教育改革和发展规划纲要（2010—2020）》提出"要调动行业企业积极性，建立健全政府主导、行业指导、企业参与的办学机制，制定促进校企合作办学法规，推进校企合作制度化"的发展目标。《国家职业教育改革实施方案》等文件提出深化产教融合、校企合作，促进教育链、人才链与产业链、创新链有机衔接。但在实施过程中存在体制机制不健全，企业人员参与教学活动积极性不高，校企在人员互聘、资源共享、合作共管等方面合作不够深入等问题。为有效实现学校人才培养与企业需求无缝对接，亟须通过实施现代产业学院等校企深度融合模式，实现人才培养供给侧和产业需求侧的全要素、全过程、全方位的深度协作。

2020年9月，水利工程专业群"政行企校"四方合作发展理事会成立，并组建了中水学院，围绕高素质技术技能人才培养，构建校企命运共同体，实现校企深度融合、优势互补、资源共享、共同发展的有利局面，引领全国乃至"一带一路"沿线国家职业院校高标准、高质量发展。

## 一、经验做法

为扎实有效地推进学校"双高"计划水利工程专业群建设，服务我国半干旱地区农业灌溉取水、输水、用水全过程的产业链，解决人才高质量培养和产业高水平技术服务的问题，学校根据《关于深入推进职业教育集团化办学的意见》《国务院关于进一步支持杨凌农业高新技术产业示范区发展若干政策的批复》等文件精神，依托中国杨凌现代农业职教集团、杨凌农业示范区和上合组织的独特优势和优越条件，组建杨凌职业技术学院水利工程专业群四方合作发展理事会，成立产业学院——中水学院，从而全面深化教学建设与改革，推动学校人才培养供给侧与产业需求侧紧密对接，培养更多高素质技术技能人才，加快我国水利事业的发展步伐。

## （一）主持编制国家水利类三大专业标准

学校组织全国水利类职业院校的18名专家对水利专业教学标准进行解读研讨，准确把握专业培养目标和规格，科学制定人才培养方案，深化教育教学改革，提高人才培养质量，规范水利专业教学标准，以体系、标准建设为抓手，促进水利人才职业教育高质量发展。学校主持编制完成水利工程专业、水文测报专业、水政水资源专业等3个专业国家教学标准，同时编制完成农业水利工程职业本科专业标准。

## （二）组织全国水利行业教学标准宣贯师资培训

为推动水利类专业教学标准的有效实施，提高水利职业院校专业建设水平，由中国水利教育协会主办、杨凌职业技术学院承办的职业院校水利类专业教学标准宣贯师资培训班在杨凌职业技术学院举办，为全国21所水利类职业院校开展培训。

## （三）进一步强化与中国水电三局校企合作深度

学校与中国水电三局签订深度校企合作协议，就国际人才培养模式改革与合作不断深化探讨，为中国水电三局沙特国王港项目开发《架子工》《混凝土浇筑工》《钢筋加工与安装》《施工现场临时用电常识及常见问题》《爆破工程》《焊接》6门用于职工培训的双语教材。

## （四）积极开展农业领域国际合作交流

学校与以色列塑力农业技术公司共同开展中国—以色列现代节水工程合作课程交流，双方就农业水利工程课程标准、以色列等相关国家农业灌溉技术及行业发展趋势等问题进行交流和研讨，与几内亚科纳克里大学、几内亚科纳克里大学孔子学院共同合作成立杨凌职业技术学院—几内亚水利工程学院，为几内亚学生开展"水处理工程技术""给排水管网工程""给排水工程施工技术"等课程的培训。

# 二、主要成效

学校针对国家高水平专业群深化产教融合，促进人才培养与产业发展精准对接，依托杨凌示范区"区校一体、融合发展"平台优势，引进行业龙头企业、领军企业，探索建设以学校为主导，"政行企校"四方共同参与的现代产业学院。创新产业学院管理制度体系，成立"政行企校"四方合作发展理事会，共建中水学院，理事会按照"共管、共建、共赢"工作机制，发挥"政行企校"各自优势和整体作用，四方联动引领专业群与产业发展方向，精准指导专业群动态调整，精心打造"一带一路"水利行业技术技能人才培养高地和技术技能创新服务平台，打造职教发展共同体。

（一）为同类院校共同体建设提供借鉴

项目实施以来，学校先后在国内产教融合研讨会、职教集团建设交流会上就产教融合进行主题报告、专题交流20余次，陕西铁路工程职业技术学院、广西职业技术学院等30余所院校来我校进行借鉴学习。"四方联动"合作新机制为同类院校深化产教融合，推进职教共同体建设提供了良好借鉴。

（二）打造职教共同体国际化发展格局

学校以中水学院为平台，坚持国家"一带一路"政策，服务"走出去"企业，为中国电建集团培养海外本土化人才。校企合作成立杨凌职业技术学院—几内亚水利工程学院，分享中国技术标准；利用我校优质教育资源，开展技术技能培训；以国际合作项目为抓手，形成产教共同体国际化办学发展格局，为"一带一路"建设贡献杨职力量。

# 企校定制国际班　为"走出去"企业精准培养人才

为深度参与"一带一路"沿线国家和地区重大项目的规划与建设，培养具有国际化视野、通晓国际规则、富有国际竞争力的高素质技术技能人才，杨凌职业技术学院针对"走出去"企业的人才需求，与陕西建工集团股份有限公司、中国建筑第五工程局有限公司、九冶建设（集团）有限公司、中国水利水电第三工程局有限公司、中国水利水电第十五局有限公司、中交第二公路工程局有限公司等具有海外资源的企业开展深度合作，校企联合组建建工国际班。建工国际班以培养一批具有国际化视野、通晓国际规则的国际化土建类应用型人才为目标，通过校企共同制定培养方案、开发校企合作课程、打造"双师型"教师队伍、加大顶岗实习力度等方式，建立校企合作的协同育人制度，在用人单位和毕业生之间搭建起双向选择的桥梁，为"走出去"企业精准培养人才。

## 一、经验做法

### （一）共同制定培养方案

学校、行业、企业三方共同研讨、共同制定建工国际班人才培养方案。在培养方案中大量增加实践教学的课时比例，专业核心类课程的实践教学课时不低于50%。加大开发校企合作课程，共同开发工学结合教材，并由校内和校外导师共同授课。共同建设实验实训条件、确定实训内容、开发实训项目。学生的考核由有关理事单位共同进行，成绩合格者，毕业时除了获得毕业证书外，同时还会获得有关企业颁发的结业证书。学生毕业时，合作企业可优先选择学生去本单位工作。

### （二）校企合作开发课程

为培养具有国际化视野的应用型人才，我校先后与英国、德国、新西兰、马来西亚等国家的相关职业院校开展合作，引入先进的教学模式，培养学生的语言能力和专业素养。与"走出去"企业合作开发课程，确定教学内容，深度融入企业文化，编制课程标准和整体设计。增设了国际工程招投标、FIDIC 合同条件及应用、专业英语和外国文化等能培养学生国际化素养的专业拓展课程，着力培养学生的国际交流能力。

### （三）打造国际化师资团队

采取"走出去，请进来"的模式，打造三支国际化师资团队。第一类是语言类教师，主要由外教和具有海外留学背景的专业英语教师组成，确保双语教学的顺利开展，培养学生的国际化思维方式。第二类是具有国外访学经历的专业课教师，将海外项目最新的施工技术和管理方法传授给学生，培养学生的国际化专业素质。第三类是校企合作企业的导师，参与专业教学的各个环节，特别是在实践性、操作性更强的教学环节，培养学生的实际操作能力。

## 二、主要成效

### （一）为"走出去"企业精准培养人才，学生就业质量显著提升

建工国际班自 2015 年成立以来，经过 8 年的发展，办学指导思想和定位更加明确，学员管理更加规范，人才培养质量不断提升，师资队伍建设进一步加强，人才培养成果丰硕，共培养学生 400 多名。10 名学生在完成建工国际班学习后出国深造，还有 30 余名学生毕业后服务于中国建筑集团有限公司、陕西建工集团股份有限公司等中资企业的海外项目，学生就业遍布欧亚非 15 个国家和地区。

### （二）人才培养成效显著，学生在各类比赛中屡获佳绩

在 2017 年丝绸之路国际青少年风采大赛"英语朗读者"总决赛比赛中，建工国际班学生安晓东获得一等奖，曹春平、李小楠、史玲妹 3 名同学获得优胜奖。在 2017 年 5 月，我校外国文教专家凯特琳女士和建工国际班的柳泽林同学在"枫叶杯·第六届我与外教全国大赛"中获得优秀奖。另外，建工国际班还有多名学生分别在陕西省和杨凌示范区举办的多个英语演讲比赛中获得奖励。在 2022 年 NEWCCS 全国大学生英语作文比赛中，建工国际班 22 名学生喜获佳绩。

# 创新来华留学生教学模式
# 培养中国技术标准的国际人才

《中国特色高水平高职学校和专业建设计划》《职业教育提质培优行动计划（2020—2023年）》等文件中均提出推动国际化办学，提升职业教育国际影响力，推进"中文＋职业技能"项目，助力中国职业教育走出去。根据学校"双高"建设工作任务及国际化建设工作内容，学校自2018年起开始招收培养来自哈萨克斯坦、乌兹别克斯坦、吉尔吉斯斯坦、柬埔寨等国家的国际学历学生，并从两大方面创新改革对国际学生的教学模式："1＋1.5＋0.5"学制模式和"中文＋文化＋职业技能"培养模式。该模式既有利于国际学生提高中文能力、融入校园生活，又能加强国际学生对中国风俗文化和习惯的了解与学习，旨在培养国际学生掌握汉语语言和专业技能，了解中国传统文化，适应现代国际社会多元文化交往需求的复合型国际人才，为促进"一带一路"沿线国家发展建设提供具有中文能力的本土化专业技能人才。

## 一、经验做法

### （一）"1＋1.5＋0.5"学制模式

学校在国际学生的培养中，采用"1＋1.5＋0.5"的培养模式，即第一年在校进行汉语学习，接下来的一年半时间为专业课程学习，最后半年为专业实习。针对这一模式量身制定了国际学生所学的"物流管理""室内设计""计算机应用技术"3门课程，在强化中文综合学习的基础上，适当调整了专业课纯理论课程比例，强化学生核心专业课和核心专业技能的培养，并在顶岗实习实践中加强对专业技术综合应用能力的锻炼，以提高国际学生对专业课程知识和技能综合应用技能，这是学校在国际学生培养模式中的初次探索与实践。

### (二)"中文+文化+职业技能"培养模式

在中文培养方面,学校制定了中文课程体系,国际学生经过一段时间的学习后须通过国家汉办组织的HSK4水平考试,为后续的专业学习奠定汉语基础。除了中文课,学校在国际学生第一年的汉语教学中还融合了中国概况、剪纸、书法、茶艺等以中国传统文化为内容的课程和活动。丰富多彩的文化活动加深了国际学生对汉语学习和对中国文化的浓厚兴趣,进一步提升了国际学生的中文水平。

在职业技能培养方面,学校在国际学生人才培养方案中设置了国际学生职业能力培养目标,要求国际学生在毕业前掌握各项岗位目标对应的职业技能并获得相关职业技能证书。为进一步加强国际学生对专业的认知和提高技能,2020年学校牵头组织了"首届全国涉农高职院校国际学生职业技能作品竞赛"活动,2021年学校组织了国际学生"我眼中的美丽中国"摄影比赛活动,国际学生积极参加。通过活动,极大地锻炼了国际学生的专业技能应用能力。

"中文+文化+职业技能"的培养模式充分考虑了汉语教学和职业技能教学各自的特点,坚持以中文教学为基础、以文化学习为载体、以职业教育为特色、以提高质量为核心、以文化活动为途径,不断完善模式,努力培养更多懂专业技术、懂语言、懂文化的优秀国际人才。

## 二、主要成效

自2018年至今,学校已招收共75名国际学生(含部分线上预录取学生),2019年已有12名国际学生完成中文和专业学习内容并顺利毕业,部分国际学生申请至国内其他本科学校继续学习,"中文+文化+职业技能"的培养模式初见成效。

# 依托上合农业基地　加强技术技能分享

2020年，上海合作组织农业技术交流培训示范基地在杨凌挂牌落成，作为该基地的建设成员单位，学校积极响应国家"一带一路"倡议，依托地理优势，发挥自身农业科技及人才优势，结合重点专业优势，为更好地服务于发展中国家的农业发展，不断加强与"一带一路"沿线国家分享优势专业的技术技能。

## 一、经验做法

### （一）与杨凌示范区联合举办对发展中国家技术官员的培训

为响应国家"一带一路"倡议，学校聚焦实用技术，以突出技术特色、推广技术实践、实现技术价值为重点，与杨凌示范区联合举办对"一带一路"沿线发展中国家和上合组织国家技术官员在基建、污水处理、畜牧养殖等领域的技术培训和指导，进一步推广农牧业技术在发展中国家的应用，提高了"一带一路"沿线发展中国家技术官员的理论知识和实践技能，加强了对发展中国家相关专业技术的了解与交流。

### （二）建立现代农业技术创新示范基地，服务当地农业技术发展

2021年10月20日，学校在乌兹别克斯坦上合农业基地中乌现代农业科技示范园揭牌成立了杨凌职业技术学院—乌兹别克斯坦现代农业技术创新示范基地。学校以示范基地为平台，重点做了以下工作：一是选派农业技术人员在示范园区开展干旱与半干旱现代农业技术推广，先后向该基地提供葡萄春季管理技术和葡萄花果管理技术，对该基地的工作人员提供技术支持，帮助其解决技术壁垒。二是在乌兹别克斯坦建立杨凌职业技术学院的海外分校。三是设立专项资金，加强与各方的合作，共同建设好示范园。同时，加大对乌兹别克斯坦来华留学生的培养力度，努力做好对"一带一路"沿线国家农业技术人员的现代农业技术服务和培训，做好上海合作组织农业技术交流培训示范基地的有关建设工作，为进一步推进中乌两国合作深度和广度做出贡献。

### (三)毕业生赴"一带一路"沿线国家指导畜牧养殖技术

我校动物工程分院2017级畜牧兽医专业2名毕业生盛超和杨澜于2020年初入职老挝琅勃拉邦省检疫公司,分别任职公司检疫科科长和检验科科长,入职后二人主要负责老挝琅勃拉邦省生猪屠宰检疫工作。盛超和杨澜二人入职以后,利用扎实的专业知识和技能建立了公司首套猪肉养殖检疫标准,负责培训指导琅勃拉邦省相关技术人员对猪肉进行检疫检验、猪场防疫和养殖技术指导等工作,给群众科普肉品检疫知识。同时,他们从养猪场抓起,对运输、屠宰和市场销售全程进行指导检疫,保证猪肉安全,使猪肉检疫工作顺利开展,维护了琅勃拉邦省养猪业健康持续发展,为老挝当地的肉类检疫工作和肉类食品安全做出一份贡献。

## 二、主要成效

学校通过3种途径,全方位、多层次服务"一带一路"沿线国家的技术人员和单位,发挥职业教育优势,共享职业技术,服务国外农业技术提高,促进当地经济发展。加强与国外合作机构的联系,了解合作需求,精准对接合作内容,依托地域优势,借助合作平台,发挥学校专业和技术优势,多途径开展合作,展示学校特色,树立学校技术品牌,扩大了学校的国际影响力。

# 以订单模式培养国际游轮复合技能人才

旅游管理（国际游轮）订单班以职业环境为背景，以企业岗位设置为依托，以学生自主学习为主，在人才培养、课程设置、课程内涵建设与改革、师资队伍建设、实习实训等方面与企业紧密结合，不断深化教学改革，注重学生专业知识、专业综合技能和职业素养培养，切实提高教育质量，促进了学生的高质量就业和社会服务能力的提升。

## 一、经验做法

### （一）重视入学教育

学校负责专业介绍、课程介绍、实训室参观、学生手册学习、开班等；企业负责介绍企业文化、实习就业环境，以小组活动培养学生团队协作意识和集体凝聚力。

### （二）开展专业认识实习

专业认识实习主要在学校进行，校内教师指导6天，企业教师指导4天。校内教师指导包括专题讲座、优秀毕业生现身说法、旅游企业参观学习等；企业教师指导主要以小组活动为主，包括活动策划、策划方案编写、接待方案编写等，培养学生发散性思维能力，提高学生专业认知感。

### （三）强化课堂教学

订单班课堂教学主要以校内学习为主。校内教师承担专业通识课、部分专业平台课和"四位一体"人才培养方案中的其他课程；从第二学期开始到第四学期，每学期均开设2~4门企业教师承担的课程。企业派专家来学校集中教学，均采取双语化教学，以小组活动的方式完成教学任务，培养学生团队协作意识和职业素养。

### （四）养成职业素养

订单班人才培养过程中注重学生职业素养养成，开设"商务礼仪""形体训练""旅游职业道德"等课程。

### （五）创新理念培养

合作企业每次选派不同的教师来给订单班上课，对企业教师的接待任务均由订单班学生完成，包括按组制定接待方案，分组PK，选定优秀可行的方案执行，并给予奖励。

### （六）注重课程实训

订单班人才培养过程中注重学生职业能力的培养，结合邮轮岗位设置情况，加大了"饭店服务与管理"课程的教学课时，而且以课程实训为主，另外学校教学还增加了"旅游英语""饭店服务英语""商务英语""旅游客源国"等课程。

### （七）推进行业考证

订单班学生必须在毕业前首先通过国际邮轮面试。面试前企业安排学生进行培训，直到面试成功为止，面试成功后在武汉外事局进行考证培训，一般培训1个月，学习8门课程，5门通过就可以取得船员证。

### （八）实现满意就业

校企双方在订单班的人才培养和课程教学过程中高度重视职业素养培养和专业能力提升，订单班毕业生就业层次高、薪酬高、满意度高。

## 二、主要成效

### （一）外语课程综合化

经与企业多次商榷调整，针对学生在船方初试、复试、实习、工作过程中需要大量使用英语的实际情况，建设了以"基础英语+英语口语+企业外语授课+第二外语"的综合外语培养方式，既巩固了学生的外语水平，又提高了面试通过率，增加了学生的就业机会。针对企业岗位需要和学生面试实际，校企共同开发编写了4本双语教材。

## （二）校企课程融合紧密化

本专业课程模式为"2（4）+1"：2年校内学习，1年校外实习实训，在校内学习中，穿插4次企业培训。在学期初由学校与企业进行协调，确定课程授课时间及内容，主要是根据面试过程中的技巧与实际应用进行授课。这种穿插授课方式，可以使学生在校期间对未来工作有个初步设想，提高学生对未来工作的期许及重视程度。

## （三）企业面试专业化

订单班学生第四学期就开始着手准备面试工作，企业对学生从着装、英语口语、面试考题、仪表等多方面进行培训、考核，增加了学生的面试通过率，经统计一次初试通过率可达到85%，一次复试通过率可达到50%，大大缓解了学生们就业前的紧张焦虑心情及学校的就业压力。

## （四）学生职业素养提高

以职业环境为背景，以企业岗位设置为依托，以学生自主学习为主的教学改革，增加了学生的学习兴趣，加快了学生对专业技能的学习和领会，提高了学生的职业素养。

## （五）专业人才培养成效显著

通过订单班的探索实践，旅游管理专业人才培养取得显著成效。旅游管理专业毕业生多证书获取率、一次性就业率、专业对口率和用人单位评价满意度分别提升8.6%、6.7%、20.5%、5%，校企合作订单就业落实率超过98%，可以满足景区、旅行社、邮轮、高铁等企业50%以上服务关键岗位。毕业生中涌现出高级导游、单位创新能手等若干名，在高职院校技能大赛中获取省级一、二等奖的成绩，旅游管理专业专升本通过率连续五年保持100%。

## （六）教学团队得到锻炼，专业实力不断提升

通过校企融合、订单引领，团队教师在课堂教学改革与人才培养中得到锻炼、提升。旅游管理专业获建陕西省一流培训专业、国家"双高"校建设校级双高专业群。

建成了史丽宁（金牌导游）技能大师工作室、乐华文化旅游学院（校内企业学院），建成了西安奥体灞河景区、西安曲江海洋极地公园、中华郡等校企融合基地，建成了陕西省国家级旅游类专业师资培训基地。校企共同开发了《旅游概论》《导游实务》《酒店体验》等国家规划教材，其中《旅游概论》入选"十三五"规划教材。建成1门省级精品在线开放课程（"导游业务"）、2门校级精品在线开放课程（"酒店体验之旅""陕西导游英语"），专业所有课程均建成线上线下混合课程。培育了1名校级教学名师、1名示范区劳模。

（八）教师教学科研水平提高，社会服务深入广泛

近年来，教学团队承担国家示范院校建设项目1个，教育部创新行动计划项目2个，国家旅游教指委项目1个，国家旅游局"万名旅游英才计划"项目13个，陕西省教育厅教改项目3个，院级项目30余个；积极开展各种行业培训，近5年累计培训旅游从业人员10000多人次，培训中职教师300多人次；结合北京奥运会、杨凌农高会、西安世园会、上海世博会等大型社会活动，积极组织学生开展社会实践活动，取得良好的社会评价。